LE PALAIS DES MIRAGES

L'Éternité fragile 3

Marcel Schneider est né en 1913 à Paris où il fait ses études. Agrégé de lettres, il enseigne à Rouen et à Paris avant de se consacrer uniquement à la littérature et à la musique. Il a publié des études sur Schubert, sur Wagner, et reçu plusieurs distinctions : le Prix Cazès en 1950 pour Le Chasseur vert, *le Prix Femina Vacaresco en 1965 pour un essai important sur la littérature fantastique en France, le Grand Prix littéraire du Festival de Nice en 1970 pour* Le Guerrier de pierre, *le Grand Prix de la nouvelle en 1974 pour* Déjà la neige, *le Prix Marcel Proust en 1976 pour* Sur une étoile, *en 1980 le Grand Prix littéraire Prince Pierre de Monaco pour* Le Prince de la terre *et l'ensemble de son œuvre, le Prix du Livre Inter en 1982 pour* Lumière du Nord *(nouvelles), le Prix Maurice Genevoix, le Prix Jean Freustié, le Prix Thyde Monnier pour* L'Éternité fragile *qui est le tome 1 des* Mémoires intimes *de Marcel Schneider. Le tome 2 est* Innocence et Vérité, *le tome 3,* Le Palais des mirages *(Prix Chardonne 1993) le tome 4,* Le Goût de l'absolu. *Il est membre du jury du Prix Médicis depuis 1965, et son président depuis 1976.*

Qui ne connaît, au Musée Grévin, le Palais des mirages, où, grâce à des jeux de lumière, on va de pagode en temple hindou, de féerie en féerie ? Peut-être le monde, ce royaume du néant selon Proust, n'est-il pas autre chose qu'un Palais des mirages – ce dont on s'accommode ici, à merveille, et, souvent, dans l'émerveillement...
Car dans *Le Palais des mirages*, troisième tome de l'autobiographie de Marcel Schneider, « L'Éternité fragile », c'est bien de féerie qu'il s'agit souvent. Fidèle à son propos de tout dire au risque d'impudeur, l'auteur raconte ce qu'il doit à l'opéra, au ballet, aux séductions de la mondanité découverte à Venise, ville idéale pour la vie rêvée. Il décrit un certain art de vivre à la française et donne des portraits pris sur le vif d'écrivains et de célébrités de notre temps, Paul Morand (à qui le livre est dédié), Jacques Chardonne, Poulenc, Rubinstein, Nancy Mitford, Denise Bourdet, Karen Blixen... L'ombre de Proust évoqué dans la personne de sa nièce Suzy Mante donne lieu à des pages

(Suite au verso.)

superbes. La fête, aussi, chez Elie et Liliane de Rothschild pour Madame Simone et le duc de Parme.
Voici, de 1950 à 1970, le portrait d'une époque par un intellectuel passionné, qui a des valeurs à défendre, avide de la vie vécue comme un art. Le livre, de surcroît, abonde en confidences, en révélations... Oui, ce livre est une fête.

Dans Le Livre de poche :

MÈRE MERVEILLE.
LA FIN DU CARNAVAL.
L'ÉTERNITÉ FRAGILE (Mémoires intimes, t. 1)
INNONCENCE ET VÉRITÉ (Mémoires intimes, t. 2)

MARCEL SCHNEIDER

Le Palais des Mirages

Mémoires intimes

TOME 3

BERNARD GRASSET

À la mémoire de Paul Morand.

CHAPITRE I

En 1950 Pauwels me propose la chronique musicale de Combat *– Changement de situation – Le festival d'Aix – Venise me fait découvrir l'aspect allégorique de la mondanité : le bal Beistegui, la première du* Rake's Progress *– Un couple magique – La haute société – Le « secret des ducs » selon Balzac – Rainier III comte de Ferrette – Je demande au monde de me divertir : ce royaume du néant selon Proust me sert de terre d'asile – La solitude s'apprend comme les mathématiques.*

Jusqu'à trente-cinq ans je ne savais rien du monde. Ma jeunesse s'était passée dans un demi-rêve, mes études en Sorbonne n'avaient fait que prolonger l'espèce d'exil où je vivais. La guerre, la défaite et l'Occupation m'avaient coupé de tout, sauf de rares amis. C'est seulement en 1948 quand la vie de société eut repris ses droits que j'ouvris les yeux sur ce qui m'entourait.

Ayant fait mes classes avec Saint-Simon, Balzac et Proust, je connaissais le monde par les images qu'en donnent ces auteurs, mais je n'en avais aucune expérience personnelle. Je n'étais jamais allé à une réception ni à un bal, la haute société m'était étrangère. Chaque écrivain me tendait un miroir où s'inscrivait l'idée qu'il se faisait du monde. J'en saisissais les reflets, mais nullement la réalité.

On peut fort bien passer sa vie sans savoir le monde, mais cela s'accorde mal avec un destin d'écrivain. Même un Rimbaud, présumé libertaire et révolté, a fait ce qu'il fallait pour prendre sa place en littérature : il a écrit à Verlaine, à Banville, aux Parnassiens célèbres. Ce n'est pas un hasard s'il figure sur le fameux tableau de Fantin-Latour. Une carrière d'écrivain réclame autant de soins qu'un jardin potager. Il m'aurait fallu fréquenter les caves de Saint-Germain-des-Prés, les bureaux des éditeurs, me démener pour percer l'obscurité où je végétais, mais je préférais me cacher, trouvant vulgaire toute agitation. J'allais jusqu'à refuser ma photographie aux journaux sous prétexte que les livres doivent se défendre par eux-mêmes et que votre figure, belle ou laide, est un appas trompeur. Je répugnais à être ramené à mon image, c'est-à-dire réduit, ravalé, alors que l'écrivain, homme de solitude, ne peut être qu'un personnage emblématique. On sourira de tant d'idéalisme. Je souhaitais que la notoriété me vînt de la valeur de mes écrits, et non de ma vaine agitation dans la société. Tout devait s'accomplir par l'effet du destin ou par l'opération du Saint-Esprit.

Mes premiers ouvrages ont suscité peu d'attention malgré les efforts de Robert Kanters et d'Albert-Marie Schmidt. Cela se comprend : à une époque où il n'y avait pas de salut en dehors de l'existentialisme et de la littérature engagée, mes livres s'en écartaient comme de la peste. Pourtant Émile Henriot, dans *le Monde*, salua mon *Chasseur vert* d'un article chaleureux. Cela me valut le Prix Cazes, succès que je n'ai pas su ni voulu exploiter.

L'événement qui devait changer la situation ne me vint pas de la littérature, mais de la musique. En juin 1950, Louis Pauwels me proposa la chronique de *Combat*, journal alors prestigieux parce que auréolé du patronage d'Albert Camus. Son propriétaire, un Juif tunisien du nom de Smadja, était un original, tout à fait indépendant du pouvoir. S'il payait mal ceux qui travaillaient pour lui, il leur laissait les coudées franches. Un de mes amis, Francis Dumont, y collaborait : c'est lui qui parla de moi à Louis Pauwels, lequel ne me connaissait pas.

Francis Dumont, nom de plume de Jules Ladislas Morell d'Aubigny, était un trouble-fête de génie. Il dérangeait les idées reçues, sapait les préjugés nouveaux au moyen de préjugés anciens et ne laissait pas les choses dans l'état où il les avait trouvées. À sa manière prince et dandy, poète et visionnaire, il inventa l'École des relations publiques dont il fit l'un des beaux-arts de notre temps.

Allais-je saisir l'offre de Pauwels ? Je sentais bien que c'était tenter le diable, n'ayant jamais songé à tenir cet emploi, j'y étais mal préparé. Mais dans certaines circonstances un peu de témérité ne messied point et puis j'eus l'intuition que cette proposition, qui me tombait du ciel, allait donner forme à mon destin. J'avais trente-sept ans, j'aurais dû depuis longtemps avoir frappé un grand coup. Cette chronique me procurait le moyen de transformer ma vie en fantasmagorie. Grâce à l'opéra et au ballet, j'allais pouvoir projeter mes désirs sur ce miroir magique qu'est le théâtre. J'avais soif d'illusion : qui, mieux que ces héros qui transforment le réel par le chant et la danse, pouvait me la donner ? La scène lyrique, un pays hors du monde, un ailleurs où l'on ne se perd que pour mieux se retrouver, vous métamorphose. L'art vous rend éternel. C'était là ce qu'avaient vécu Gautier et Nerval, le premier toute sa vie, le second pendant cette période qu'il appelle sa bohème galante. Allais-je moi aussi assister aux événements décisifs de notre temps ? Afin de mettre mes pas dans les pas de Gautier, de Nerval, de tous ceux qui ne séparent pas musique et littérature et pour qui le spectacle comporte une charge magnétique qui magnifie l'existence, j'acceptai.

Si j'avais prétendu faire une carrière d'écrivain rangé, je n'aurais pas dû tenir compte d'une proposition qui allait éparpiller mes efforts et qui égarerait l'opinion : lettres et musique appartiennent en France à deux domaines si différents qu'un gouffre les sépare ! Quand, au festival d'Aix, Denise Bourdet me présenta à Saint-John Perse, le poète me dit : « Enfin, voilà résolue une ambiguïté qui me dérangeait ! Là où je croyais trouver deux hommes portant le même nom, il n'y en a qu'un, vous. »

N'ayant jamais songé à faire carrière, j'ai saisi l'occasion qui s'offrait de m'accomplir dans ce qui me tenait à cœur, dans l'épaisseur du mythe et la rumeur des âges, dans l'intensité féerique de la scène.

Le sort ne me favorisa pas pour le premier article : je dus parler de la création de *Bolívar* au Palais Garnier. J'avais trop de respect pour Darius Milhaud pour mépriser son œuvre, mais enfin je m'apercevais qu'il avait tiré à côté de la cible. Nous convenions de tout cela, Madeleine Marceron et moi, tandis que nous soupions au Café de la Paix. Ses conseils me furent précieux.

– Gavoty dans *le Figaro* va se déchaîner. Il peut se le permettre. Mais vous, pour vos débuts, il faut user de prudence, gazez l'échec ! Vous vous rattraperez sur Léger. C'est un homme de gauche. L'éloge de ses décors fera bon effet à *Combat.*

Il faut dire que les décors à transformations avaient grande allure. On ne voyait rien de moins qu'un tremblement de terre avec une ville qui s'écroulait, une mairie dont les murs s'envolaient pour faire apparaître le char de Bolívar victorieux et une traversée des Andes avec des montagnes qui filaient vers les cintres.

Madeleine Marceron, réputée extravagante, pouvait aussi se révéler le bon sens et la prudence mêmes. Je découvris que cette chronique, qui dans mon imagination était affranchie de toute servitude, serait soumise à certains oukases : par exemple, le fait d'écrire dans un journal progressiste obligeait à ne point s'écarter de la vérité admise qu'un musicien moderne et un peintre communiste déclaré ne pouvaient faire fausse route !

Ce premier article mi-figue mi-raisin ne contenta personne. Pauwels me dit :

– La prochaine fois, parlez davantage de musique ! Le spectacle n'est pas tout, même à l'Opéra et signé par Fernand Léger.

J'eus vite l'occasion de prendre ma revanche. Le festival d'Aix faisait la part belle aux Modernes : Bartok, Milhaud, Auric, Poulenc et surtout la *Turangalîla-Symphonie* de Messiaen.

Créé en 1948, il avait aussitôt réussi. La société élégante qui se rendait sur la Côte d'Azur ne manquait pas de s'arrêter dans la capitale de la Provence. Cet été 1950, *Cosi fan tutte* avait enchanté tout le monde. Je n'avais pas revu l'opéra de Mozart depuis l'automne 1934 où j'en avais eu la révélation à Munich pendant la *Mozartwoche*. Ce marivaudage tragique et bouffon m'inspirait plus que Bolívar. On me complimenta de mon article : ma carrière de chroniqueur musical se dessinait [1].

1951 fut une grande année pour la musique : Menotti s'imposa à Paris par *le Consul*, Poulenc à Strasbourg avec *Stabat Mater* et Stravinski à Venise avec *The Rake's Progress* ou *le Libertin*. Là j'eus la chance de plaire aux deux dames qui décidaient des réputations, l'une était Marguerite Long, créatrice du *Concerto* de Ravel et amie de Fauré, l'autre la comtesse Volpi di Misurata dont la beauté impérieuse et blonde régnait sur la cité des Doges. Gabriel Dussurget que je connaissais par le festival d'Aix m'avait présenté à elles. Elles me jugèrent convenable et me patronnèrent. La première déclarait avec aplomb que je savais « ce qu'était la musique ». La seconde ne disait rien : ma présence auprès d'elle en disait assez. Fastueuse par nature, magnifique par goût, elle aimait à recevoir et recevait avec un naturel parfait. Ayant toujours vécu dans le luxe le plus raffiné, elle donnait à ses amis l'impression que tout allait de soi, que la vie qu'elle menait était la seule concevable.

Lili Volpi ne put me faire admettre au bal Beistegui au palais Labia, il était trop tard, les invités se trouvaient déjà en surnombre. Mais elle obtint que j'y fisse un tour après les entrées. Elle me prêta masque et domino et je pus m'imprégner un moment de ce spectacle magnifique ; les plus belles fresques de Tiepolo scintillant dans la lumière des lustres, les costumes de velours et de satin, la profusion des bijoux, les tapisseries encadrées de lauriers, les lustres en fleurs naturelles, les guirlandes ornant les tables me rappelèrent les divertissements de l'âge baroque. Je ne peux pas dire, hélas ! que j'aie assisté à ce bal puisque je n'ai pas vu le plus surprenant, les entrées, celle des géants conçue par Salvador Dali et Christian Bérard, ou bien celle d'Antoine et Cléopâtre avec lady Diana Cooper dans une robe qui reproduisait les atours dont Tiepolo a revêtu la reine d'Égypte et bien d'autres curiosités qui ont été souvent décrites, mais enfin j'ai quand même eu un aperçu du bal. Il faut avouer que pour un début je me haussais d'un seul coup au sommet.

Stanislao Lepri, mon voisin dans le Marais que je voyais avec Leonor Fini dans de petits restaurants dont les enseignes bizarres charmaient Leonor, À l'escargot qui tette, par exemple, me dit le lendemain que je n'aurais pas dû partir si vite. On dansait dans le palais mais on dansait aussi sur la Piazzetta où étaient invités tous les gens du quartier populaire où s'élève le *palazzo* Labia. Vers la fin de la nuit « ceux de l'intérieur » firent un tour sur la Piazzetta et les gondoliers, les plus pauvres artisans du Cannareggio, dansèrent avec des femmes qui portaient sur elles la fortune du monde. Pareil mélange ne peut se produire que dans cette ville où, semble-t-il, la haine de classe n'existait pas. Chacun, fût-il des plus démunis, aime le plaisir, le faste et même l'ostentation. Danser avec des princesses ou avec des milliardaires américaines n'arrive pas tous les jours, ont dû se dire les marchands de légumes et les ébénistes du quartier, profitons-en. Mais où, mieux qu'à Venise avec son ciel bleu-rose et ses ruelles où se confondent les remugles des canaux et le parfum des tubéreuses, où peut-on trouver de la féerie ? La cité des Doges marche sur les flots comme saint François de Paule, seulement elle n'atteint jamais la terre ferme, elle préfère rester en suspens...

La féerie recommença le soir où l'opéra bouffe de Stravinski, inspiré par la suite des gravures de Hogarth, *la Carrière du libertin*, fut créé. C'est un pastiche du théâtre italien du XVIIIe siècle, plein d'intelligence, d'humour et de drôlerie. Le maître dirigeait l'orchestre ; il vint saluer sous le crépitement des éclairs de magnésium et des bravos.

On sait que le théâtre de la Fenice, d'une préciosité somptueuse, ressemble à une énorme boîte à poudre :

tout y est bleu pâle et surdoré, mais d'un or vieilli, presque rose qui évoque un siècle raffiné. La salle réunissait ce soir-là ce que l'Europe et les deux Amériques produisent de plus brillant. La plupart des invités au bal Beistegui assistaient au spectacle en grand arroi. Je n'avais encore jamais vu tel scintillement de pierreries, sauf au récent bal masqué. Les Françaises portent moins de bijoux que les Italiennes, et celles-ci moins que les dames de New York et de Rio. Depuis lors il ne m'a jamais été donné d'apercevoir une telle accumulation de joyaux, si ce n'est derrière les vitrines du musée de Topkapi ! Mais là, ils ne sont pas portés, cela change tout...

Les belles inconnues de la Fenice rehaussaient le prestige de la soirée : l'éclat de leurs diamants m'amusait et me donnait des picotements de plaisir.

Pour la première du *Rake's Progress* les Vénitiens s'étaient massés sur l'étroite place du théâtre et avec l'entrain, la gentillesse qui leur sont propres, ils applaudissaient les femmes qui leur paraissaient les plus élégantes et les plus jolies. Les hommes qui reconnaissaient celles avec qui ils avaient dansé au bal Beistegui applaudissaient plus fort que les autres.

Au lendemain de cette carrière aventureuse qui avait commencé à Londres en 1735 avec Hogarth et qui s'achevait en musique en 1951 à Venise, on pouvait entendre les crieurs de journaux place Saint-Marc annoncer : « *La carriera libertina di Stravinski !* »

Je restai une quinzaine de jours là-bas, assez longtemps pour assister à la réception donnée par la comtesse Volpi dans son immense palais sur le Grand Canal, une véritable fête des Mille et Une Nuits où ne manquèrent ni la musique avec le Quartetto Italiano, ni les liqueurs ni les sucreries ; à un thé au palais Labia : les chatoyantes fresques de Tiepolo me parurent comme assagies, le climat avait changé ; enfin à un cocktail donné par Élisabeth de Breteuil au palais Polignac qu'elle louait chaque été. Sans parler des concerts proposés par le festival et de toutes les richesses de la ville. Il y avait presque vingt ans que je n'y étais revenu, mais tout s'était si bien gravé dans ma mémoire que je ne fis pas une découverte.

Si, une. Après *Attila* de Verdi donné en oratorio, Stanislao Lepri m'entraîna du côté des Zattere dans un club où il fallait montrer patte blanche pour entrer. Il me présenta comme son cousin. C'était un tripot clandestin doublé d'un théâtre minuscule où se donnait pour une cinquantaine de messieurs attablés devant du punch et des liqueurs une sorte de Légende des siècles. Hommes et femmes quasiment nus, le visage masqué, contaient de façon lascive et convaincante les histoires de Judith et Holopherne, d'Antoine et Cléopâtre, de Catulle et de Lesbie, etc.

Lepri, très pince-sans-rire et volontiers provocateur, aimait à parler de choses étranges et macabres. Il amusait ainsi Leonor Fini à qui de tels propos donnaient des idées de peintures. Aussi ne me surprit-il pas quand il me demanda tout à trac si j'avais peur de mourir.

– Non... D'ailleurs à Venise, où je suis inconnu, qui trouverait avantage à ma disparition ?

– C'est que chaque soir quelqu'un meurt ici. Un de mes oncles y a été poignardé.

Croyant qu'il me racontait des blagues, je me mis à rire. Je ris un peu moins quand, un peu plus tard, un homme d'un certain âge s'affala sur la table. Les tableaux vivants cessèrent tout à coup : on en était à Roméo et Juliette...

– Il a un malaise, il a une syncope, il est mort...

Chacun prétendait savoir ce que les autres ne savaient pas ; les Italiens ont le verbe haut, le ton montait. Je ne comprenais pas grand-chose à ce qui se disait, assez pourtant pour voir qu'on se querellait avec aigreur. Enfin l'homme regagna sa table en s'excusant d'avoir interrompu le spectacle. Il avait eu un vertige, rien de grave. Roméo et Juliette recommencèrent à s'enlacer.

Lepri m'accompagna ensuite jusqu'au quai des Esclavons, où se trouvait mon hôtel. Nous parlions de l'incident. L'idée me vint tout à coup qu'il s'agissait d'un numéro truqué.

– C'était bien un compère, n'est-ce pas ?

Lepri se mit à rire et quand il riait, il ressemblait à ses autoportraits, à un homme avec une corne de rhinocéros en guise de nez et un mufle d'animal.

– Oui, ça fait partie du spectacle... Mais il arrive parfois, paraît-il, que quelqu'un meure de saisissement. Ce soir ce n'était pas vous !

Pour mes débuts en mondanité, j'avais mis dans le mille avec l'intermède vénitien.

Des années plus tard, je pus remercier à ma façon Carlos de Beistegui, l'organisateur du plus somptueux bal du demi-siècle. Il aimait à parsemer de fabriques son parc de Groussay. Cet usage de l'âge baroque lui permettait de voyager en imagination. Il voulut édifier une pyramide et orner le socle d'un distique en vers latins. Charles de Noailles me demanda de venir à la rescousse. Je n'avais pas versifié depuis longtemps et la prosodie latine n'a jamais été mon fort. Mais enfin, en souvenir du bal, je voulus faire quelque chose : je donnais la parole à la pyramide même, elle regrettait son pays d'origine. Le distique commençait par *Aegypti memor...* Le vicomte de Noailles m'écrivit bientôt : « Votre talent de latiniste est divinatoire. Imaginez-vous que mon pauvre ami, dans son maladif besoin de déplacement, vient de décider de passer décembre en Égypte ! La pyramide ne sera certainement pas commencée avant son retour – à l'heure actuelle il y a deux fabriques en cours de construction. Rien ne pouvait mieux convenir que *Aegypti memor...* »

La société où je faisais mes premiers pas aimait les bals costumés, les mascarades, les fêtes dans les jardins et dans les jardins des obélisques, des tours chinoises, des mosquées, des fausses grottes, des ermitages où parfois un jardinier à la retraite jouait les pieux anachorètes. On se travestissait pour se divertir et cela multipliait les occasions d'aimer la même personne sous des aspects divers. C'était là un goût, une habitude hérités de l'Ancien Régime quand l'oisiveté vous forçait à inventer des jeux et des divertissements où l'art rivalisait avec la fantaisie.

Cette société avait partie liée avec le théâtre et la féerie. L'illusion du bonheur lui suffisait. Il lui fallait s'amuser à tout prix, mais tout ne l'amusait pas. Elle aimait les feux d'artifice, la chasse à courre pour le cérémonial, les pique-niques pour leur inconfort, la tapisserie parce qu'elle ne gêne pas la conversation, les alliances flatteuses, les places à table. Le soir où Suzy Mante-Proust donna un dîner en l'honneur de Georges Auric qui venait d'entrer à l'Institut, j'entendis Juliette Achard dire à Nora Auric : « De toute façon, j'aurai la préséance sur toi. L'Académie française passe devant les Beaux-Arts. » En revanche, ce monde détestait les danses folkloriques, les calembours, la pêche aux crevettes, les odeurs fortes, les attendrissements, les marées. J'ai vu à Biarritz un de ces messieurs revenir furieux de la plage où il n'avait pu se baigner : l'Océan s'était retiré... « Me faire ça à moi ! » bégayait-il. La haute société est plus divertissante que la bourgeoisie.

Quand on n'est pas né dans le sérail, il faut bien qu'il y ait une première fois : ce sont les fêtes vénitiennes qui m'ont mis le pied à l'étrier et m'ont fait découvrir le charme allégorique de la mondanité. Plutôt que de hanter les bars et de finir dans la crapule, mieux vaut fréquenter le monde. C'est le moindre mal pour ceux qui n'ont ni charges de famille ni devoirs d'État. Certes, cela vous attire la réprobation des terroristes intellectuels, mais la frivolité des mondains est plus facile à supporter que le prêchi-prêcha des pédants.

Que diable, va-t-on me dire, pour vos loisirs n'avez-vous pas l'action politique, les bonnes œuvres, le sport, sans parler de la gastronomie ? Tout cela m'assomme. Je n'entends rien à la politique et le marxisme de rigueur chez les gens de lettres en 1950 me répugnait. Dans ma rêveuse adolescence, j'avais fait partie des Équipes sociales et d'autres confréries charitables qui vous promettaient force roses dans l'au-delà si l'on s'occupait de son prochain : la VIe République ayant fait du social son principal objectif, la charité perdait son sens en devenant un impôt comme les autres. Le sport m'ennuie, la bouffe aussi. Il faut bien, dans ce cas, demander au monde qu'il vous divertisse !

Ce que j'ai fait. Non que je m'illusionne sur sa valeur. J'ai trop pratiqué Pascal et La Bruyère pour tomber dans cette frénésie. Le monde, royaume du néant selon Proust, vit sur du papier-monnaie que ne garantit aucune réserve d'or. On lui attribue une valeur fictive qui varie selon les siècles. Quand le magico-religieux tenait le haut du pavé, c'étaient les rois qui attiraient. Aujourd'hui on les relègue dans les contes de fées. L'aristocratie elle aussi a fait long feu, elle ne peut plus rien pour vous. C'est l'argent qui règne. Nous sommes gouvernés par une poignée de potentats. Hausse-t-on le prix du baril de pétrole, l'Occident éternue.

Mes détracteurs s'imaginent que j'ai fait des pieds et des mains pour être reçu. Cela s'est accompli tout seul. Un critique musical reçoit les invitations du Palais Garnier, des galas, des ambassades. La ronde des festivals, Aix, Bayreuth, Salzbourg, Vienne, Venise est pour lui de rigueur comme la tenue de soirée. Comment ne pas rencontrer des gens du monde et ne pas revoir certains d'entre eux à Paris ? J'aurais pu décliner leurs invitations, mais où passer les soirées ?

Ma triple activité de professeur, d'écrivain et de chroniqueur ne me laissait aucune occasion de vague à l'âme. Je savais que je ne pourrais pas mener longtemps ce train d'enfer, il dura pourtant dix ans. C'est que j'avais l'habitude de travailler beaucoup et que me tourner les pouces me déprime. Les vacances, le farniente, connais pas !

J'écrivais, j'écrivais sans désemparer. Fictions, chroniques, journal intime, sans parler de la routine scolaire, m'occupaient sans cesse et ma vie amoureuse, transfigurée par *Tristan* et *Don Giovanni*, par *Giselle* et *le Lac des cygnes*, renforcée par les prestiges de la scène, s'inscrivait en mon cœur en caractères de feu. Je revivais tout sur mon théâtre intime et cette remémoration d'aventures légendaires donnait à mon existence une couleur, une résonance particulières. Ma vie ne ressemblait à aucune autre parce qu'elle passait par le filtre du légendaire et du sortilège théâtral.

Ce secret-là, je le dois à Venise, dont la Fenice, les bals et les fêtes m'ont révélé un style de vie qui m'a enchanté. Sur la lagune chacun vit en perpétuelle représentation, chaque usage devient un rite et chaque geste se charge de sens. Le théâtre y est une seconde nature. Dans les années 50 j'avais besoin d'un changement dans ma vie, je ne pouvais continuer à faire alliance avec Martin, mon ami mort qui n'avait de sépulture que dans mon cœur, qu'à la condition d'allégoriser mon existence, ma façon d'aimer, mon destin : c'est Venise qui me permit de le réaliser.

Si j'ai pu faire de ma vie une vraie fantasmagorie, une traversée dans les légendes et les mythes, c'est grâce à Martin qui, tel Hermès conducteur des âmes, me montrait le chemin en écartant de moi les lémures et les vampires. Menacé de toutes parts, à la fois résolu et désarmé, je m'en remis à celui qui formait avec moi un couple magique.

Un couple magique est une alliance conclue entre un homme de chair et de sang comme vous et moi et un mort, ou encore avec un esprit élémentaire (elfe, ondine) ou bien un animal-fée comme le cerf anxieux ou le loup qui dévore les landes à foulées rageuses.

Comme cette transgression des lois ne gêne personne et n'offense pas la morale sociale, je ne fus jamais persécuté. On poursuit en justice les amateurs d'enfants impubères, les corrupteurs de victimes présumées innocentes, mais que faire contre un mort ?

Certains de mes amis se sont pourtant scandalisés de cette union précaire, estimant que je me servais de Martin comme d'un bouclier contre la vie. Entendez par ce mot l'instinct charnel. Il est vrai qu'il me tenait lieu de champion et portait remède à mon côté vulnérable.

Janine Papy, obsédée par la maladie et qui pressentait sa fin prématurée, approuvait cette alliance et Georges Dumézil, qui avait connu Martin et avait beaucoup sympathisé avec lui, l'encourageait avec ardeur. Il citait des exemples tirés de la mythologie celte ou scandinave. Tantôt le compagnon du vivant est un frère d'armes tombé sur le champ de bataille et qui expire dans les bras de son ami, tantôt un frère bien-aimé qu'une maladie emporte dans l'éclat de la jeunesse, ou bien un esprit qu'on n'a jamais vu, mais qui n'a cessé de veiller sur nous, ou encore une ombre terrible et désolée en quête d'un impossible amour. Dans tous les cas, il s'agit pour le vivant de prolonger l'existence de l'autre, de lui donner une réalité imaginaire.

La mort m'a pris Martin, je devrais plutôt dire qu'elle me l'a gardé. Vivant, il aurait épousé une Norvégienne ou quelque autre femme et nos destins auraient divergé. Sa sœur avait mis le doigt sur ce point capital quand elle avait conclu la lettre où elle m'annonçait sa disparition : « Maintenant il n'appartient plus qu'à moi – et à toi ! »

Il y avait tant d'années que nous ne nous étions vus – depuis 1938 ! –, que j'avais beaucoup de peine à reconstituer son existence à Pékin, ses amours avec la dame de Trondheim, son service sur le vaisseau de guerre, plus de peine encore à réactualiser sa mort dans l'estuaire de l'Escaut : tué sur le coup ou après une longue agonie ? Écrasé sous la ferraille ou projeté dans les eaux ? Il me fallait pourtant lui attribuer des sentiments, des idées conformes à sa nature. Par bonheur, nous avions beaucoup de points communs : à Warnemünde, quand je me penchais sur lui pendant son sommeil, je découvrais mon propre visage sur ses traits comme si l'eau d'un bassin me renvoyait mon image. Ces souvenirs, déjà lointains, m'aidaient à lui restituer le souffle, à lui conférer une vie pas aussi belle, aussi forte que l'ancienne, mais plus chargée d'angoisse et de mystère, peut-être pas aussi spontanée et harmonieuse que celle qu'il avait vécue, mais plus dense et plus tragique, comme si elle portait déjà en elle sa mort sur l'Escaut. Il aimait à citer ces vers de Rilke, que je n'altère pas, j'espère :

Der Tod, den jeder in sich hat,
Das ist die Frucht um die sich alles dreht.

(La mort que chacun porte en soi,
C'est le fruit autour duquel tout s'organise.)

Aussi cette mort qu'il mûrissait en lui, qu'il modelait par touches patientes et répétées, cette mort rilkéenne, je la projetais dans les opéras, dans les ballets auxquels j'assistais.

Si l'on vit en dehors des normes, autant pousser l'expérience jusqu'au bout : mon union spirituelle avec un mort flattait mon goût pour le secret. Personne en dehors d'amis intimes ne le savait, personne ne pouvait s'en douter puisqu'en apparence je menais la vie de tout le monde. Mais les choses se gâtaient quand il s'agissait des livres que j'écrivais. Les dames qui me recevaient me trouvaient un convive agréable, mais poussaient des soupirs à propos de mes écrits qu'elles jugeaient absurdes, morbides ou révoltants : « Le fantastique est le péché mignon de Marcel », disaient-elles avec indulgence, comme si ce à quoi je tenais le plus pouvait être comparé à un goût excessif pour les sucreries ! On estime que mes livres ne vont pas avec mon personnage social parce qu'on ignore ce que je suis dans la solitude.

La passion du fantastique qui s'est manifestée en moi dès mon enfance a trouvé son support, sa caution et son exaltation dans la mort de Martin et dans l'union ignorée de tous que j'ai faite avec son ombre. Elle a donné à ma vie son unité et sa cohérence, à ma littérature sa signification. Elle a été pour moi un courant d'eau souterraine qui a vivifié mon existence. Je ne m'en suis aperçu que bien des années plus tard : sans y penser, sans le vouloir, j'ai gardé fidélité à Martin parce qu'il est devenu ma propre substance : le trahir aurait été me renier moi-même et me condamner.

Le culte que j'inventai pour célébrer cette union ne pouvait consister que dans le ressouvenir : ce qui fut à l'origine, ce que fut la première fois, le serrement de mains à Budapest, la nuit d'orage à Warnemünde, l'apparition devant les ruines de la Strohburg, tout cela constituait une suite d'événements qui, par la répétition imaginaire, prenaient un caractère sacré. Une fois l'an, à la date présumée de sa mort dans l'estuaire de l'Escaut, le rituel s'achevait par une libation de semence comme on faisait jadis aux dieux infernaux. Rien ne doit menacer la survie mythique de Martin : pendant toutes ces années et d'une certaine façon jusqu'à aujourd'hui, c'est elle qui appose à mon existence le sceau de vérité.

*

La haute société aurait admis mon alliance avec Martin, elle n'est pas à une bizarrerie près, mais il m'aurait fallu la divulguer, ce qui était hors de question. Seule Marie-Laure de Noailles en fut instruite ; « Un loup de mer, me dit-elle, c'est ce qu'il faut. Surtout de la mer du Nord, Heine, Wagner, *le Vaisseau fantôme !* »

Quand je parle de la haute société, je n'entends pas le défunt faubourg Saint-Germain ni la riche bourgeoisie où il faut être milliardaire pour exister, non, il s'agit de ce cercle restreint où, à Paris, des noms de la noblesse ancienne côtoient ceux des écrivains et des artistes. Le trait essentiel de cette coterie est que l'argent n'y joue aucun rôle. Certains en possèdent beaucoup, d'autres très peu, quelques-uns ont dilapidé leur fortune, la plupart n'en ont jamais eu. Seuls comptent l'esprit et le talent. Les manières courtoises y sont appréciées, et si l'on a bonne apparence, tant mieux ! Mais la beauté ne suffit pas. Dans ce clan les hommes se font plus aisément admettre que les femmes, et surtout les célibataires : les maîtresses de maison ont toujours besoin de l'un d'eux pour compléter leur table. Les dîners priés, moins fréquents qu'au début du siècle, se pratiquaient encore dans les années 50.

*

Ce changement d'existence ne me déconcerta pas : j'avais toujours vécu à côté de ma famille. Neuf ans d'internat, les vacances d'été passées chez nos amis d'Alsace ou avec ma grand-mère Vulliet, puis les voyages à l'étranger, en Italie avec l'abbé Ventteclaye, ensuite toujours seul, cela n'avait pas développé en moi le sens du foyer, encore moins celui du clan tribal. Il n'y avait ni mots d'ordre, ni façons de penser particulières au groupe : nous ne formions pas un groupe. J'ai toujours vécu indépendant, autonome, curieux de tout. La haute société, si elle me flattait, ne m'épatait pas. J'en voyais les travers, les tares parfois, la futilité, mais son élégance d'allures me charmait, son indifférence au jugement d'autrui me semblait aller de soi et sa désinvolture la rendait accessible aux bizarreries de ceux qu'elle recevait. Enfin elle exerçait le mécénat comme une habitude prise depuis des siècles.

Cette race rose et dorée qui fascinait Marcel Proust, dont il retrouvait la marque en chaque membre de la famille Guermantes, il s'en faut de beaucoup qu'elle me soit apparue avec autant de splendeur. J'y ai trouvé tous les échantillons de l'espèce humaine, les uns étincelants d'esprit, de courage et de vertu, les autres laids à faire peur, d'intelligence bornée, consternants de banalité. Chez aucun je n'ai décelé la fameuse qualité que selon Balzac ils sont seuls à posséder, une pénétration d'esprit quasi divinatoire et qu'il appelle le « secret des ducs ». Dans *Splendeurs et misères des courtisanes*, le duc de Granlieu a « un de ces rapides regards par lesquels les grands seigneurs analysent toute une existence, et souvent l'âme ».

Quand en 1939, en Suède, le hasard me fit jouer au croquet avec le roi Gustave V, je ne me doutais pas que je serais un jour reçu par une Altesse (Sérénissime, il est vrai, pas une AR, une Altesse Royale) mais enfin prince régnant, ce qui ne court pas les rues aujourd'hui. En 1980 le prix de littérature Prince Pierre de Monaco me fut attribué. Dans mon compliment à Rainier III, je lui rappelai que parmi ses titres figurait celui de comte de Ferrette. Un de mes ancêtres sundgoviens avait dû rendre hommage à l'un de ses ancêtres Grimaldi, hommage qu'à mon tour je lui présentais sous la forme littéraire.

En tant que lauréat, je pris place au déjeuner à la droite de la princesse Grace. Elle me posa mille questions sur l'ancien fief des Grimaldi, m'assurant qu'elle désirait visiter Ferrette, les ruines du château fort, les forêts du Sundgau. C'était pure politesse, mais elle exécutait son numéro de mécène posant une couronne sur le front de l'heureux élu avec une exactitude professionnelle. Elle jouait Isabelle d'Este ou Vittoria Colonna. Elle avait perdu cette allure de sirène et ce cou de cygne qui avaient magnifié l'écran, mais elle restait la séduction même.

*

N'attendant rien du monde, je ne risquais pas de déception. Les gens de la haute société ne lisent guère ; n'ayant rien à faire, ils n'en ont pas le temps. Ce furent mes chroniques musicales qui retinrent leur attention dispersée. Je ne cherchais pas, dans la fréquentation du monde, le moyen de composer un nouveau *Bal du comte d'Orgel*, je ne suis pas un écrivain d'analyse ni un chroniqueur des milieux contemporains. La haute société ne m'a inspiré aucune intrigue, aucun personnage : tous mes livres ont pour origine un rêve ; ce sont des symboles et des mythes qui les déterminent et les nourrissent.

Que demandais-je au monde ? De me divertir. Il m'a diverti juste assez pour m'empêcher de sombrer dans la tristesse et la névrose où ma fabrique de sensibilité, ma façon de vivre et de lier ma vie à celle d'un spectre m'auraient assurément conduit. Si j'ai commis une erreur en fréquentant le monde, qui sait à quels périls j'ai échappé ? Je ne connais pas l'aigreur, la morosité, tout ce qui vous détruit quand on a le sentiment, justifié ou non, que la société ne vous a pas reconnu. Au cours d'une visite à Raymond Guérin à Bordeaux (il habitait en face de l'église Saint-Seurin un vaste appartement cossu, bien meublé), visite d'une heure où il ne me parla que de lui, de sa haine de Paris, de sa détestation des éditeurs et des cafés littéraires, et tout ça parce que *les Poulpes* qui devaient le mettre plus haut que Céline et Sartre étaient tombés des mains des lecteurs consternés, je m'étais dit, non sans quelque pathos : « Ne jamais devenir un autre Raymond Guérin ! Ni amertume ni fiel ni rancœur ! » Je ne savais pas qu'un cancer le minait. Il mourut quelques mois plus tard.

Qu'on ne s'attende pas à ce que je médise du monde : je m'y ennuie moins qu'ailleurs. En fait, je ne vis bien que dans un cercle restreint d'amis. Seulement ces amis avec un métier absorbant, femme, enfants, obligations de toute sorte sont rarement libres : je dois me contenter de ma seule compagnie. La solitude s'apprend comme les mathématiques.

Finissons-en avec cette étiquette de mondain dont on me gratifie : il aurait mieux valu pour moi être voleur, traître ou criminel, on m'aurait absous ! J'ai commis le péché sans rémission.

Eh bien oui, belles âmes, ce monde réputé royaume du néant me sert de terre d'asile. Non seulement il m'a préservé des fréquentations fâcheuses, mais grâce à sa superficielle agitation, il m'a gardé du véritable désordre, celui qui vous entraîne dans le rêve effrayant, dans l'expérience terrible. Pour soutenir une telle épreuve, il faut un fonds de santé, de robustesse qui me fait défaut, mon corps m'aurait trahi. Que n'avez-vous sombré, disent les bons apôtres, on parlerait de vous ! Je vous entends, mais pour un Nerval, combien de poètes ont glissé dans l'oubli malgré les convulsions de leur vie, et les désordres éphémères qui les avaient marqués ! N'est pas qui veut explorateur des abîmes, greffier des vertiges, champion des défis…

On s'exténue à vivre en marge, on devient la caricature de soi-même. Le monde, tout royaume du néant qu'il est, vous aide « à rester à côté » tout en sauvegardant votre identité secrète.

CHAPITRE II

Tito et les poètes maquisards – Le génie de la Bastille – Une plongée dans le merveilleux : « le Bouquet slovène » – Vengeance d'une princesse – Chasse au loup sur le Monte Nevoso – L'inconnu bosniaque – Les adieux au monde de l'archimandrite – La nuit de Saint-Jean-Bigorski – La Vierge barbue d'Ohrid.

Après 1945, nos intellectuels se prirent de passion pour Tito. J'avais beau vivre à l'écart, l'idolâtrie que suscitait le maréchal n'en venait pas moins jusqu'à moi. Le nom de Yougoslavie m'évoquait autre chose que la politique. Je gardais le souvenir lumineux d'une croisière faite avant la guerre le long des côtes dalmates et les images de Trogir, de Hvar, de Dubrovnik surgissaient devant mes yeux comme autant de tableaux de maîtres. On aurait dit que des décorateurs à l'imagination hardie avaient brossé des scènes théâtrales devant les flots de l'Adriatique. Le lion de Venise étendait ses ailes jusqu'à ces rivages et suspendait çà et là des scintillements de beauté.

Mais en 1945 la beauté n'était pas à l'ordre du jour. Ce qui excitait nos gens, c'était de savoir comment Serbes et Croates allaient se transformer en « bons communistes ». Ce que l'on apprenait des émigrés vous consternait. Malgré la conspiration du silence qui se faisait autour d'eux, on en apprenait assez pour frémir. Mais l'intolérance de nos hommes n'avait d'égal que leur volontaire aveuglement. Ils ne tenaient compte d'aucune réalité, seule l'utopie marxiste les faisait saliver. Ils salivaient donc pour Tito comme ils le firent ensuite pour le sinistre Castro.

Il s'en faut pourtant de beaucoup que poésie et révolution aillent de pair. En France, Chénier que l'on guillotine, à l'Est Essenine et Maïakovski qui se suicident. Croyez-vous que cela fît poser des questions ? Point du tout. Il fallait que Staline eût raison. Donc on se persuadait que les pays soumis au régime le plus abrutissant allaient produire ces génies ivres de liberté, affranchis de l'argent et des pesanteurs sociales que sont les poètes. Ils devaient bien vivre quelque part puisqu'on n'en voyait pas chez nous. Nos écrivains de la Résistance ne montraient pas la générosité que nous attendions d'eux : ils ne respiraient que la vengeance et, gratifiés des positions qu'ils convoitaient, menaient l'existence la plus banale. Seuls quelques écervelés voyaient encore en eux des anges exterminateurs.

Une tout autre splendeur auréolait les poètes yougoslaves ; s'ils exerçaient la terreur dans leur pays, nous n'en savions rien. Ceux qui venaient en France bénéficiaient d'une dévotion quasi religieuse. Ils avaient risqué leur peau dans les maquis, rendu la justice, édicté leurs lois. Ils auraient battu monnaie s'ils avaient trouvé des mines d'or dans la Carniole ou dans le Karst. Ils rejoignaient dans l'imagination de nos journalistes Spartacus, Stenka Razine ou Skanderbeg l'Albanais, tous ceux qui dans l'insécurité totale connaissent la liberté suprême, celle de tuer et de se faire tuer sans que la société s'en mêle. Comment aurais-je pu deviner que j'allais faire amitié avec l'un de ces inquiétants personnages, moi qui étais le plus rebelle à pareille aventure ? Ces bizarreries appartiennent aux ironies du destin. J'ai trop le sens de l'humour pour ne pas m'en divertir le tout premier. Un maquisard communiste chez moi, cela dépassait tout en extravagance et incongruité ; comme disent les bonnes gens : « Eh bien ! elle est raide, celle-là ! »

Un jour que je me trouvais chez Tanette Prigent, amie de Jacques Papy et angliciste comme lui, entra par la fenêtre en vol plané un de ces poètes nourris d'aventure et de vent dont les journaux chantaient merveille. Comme Tanette habitait au rez-de-chaussée, il n'eut pas à accomplir un exploit. Ce grand oiseau alla plier le genou devant une dame que je voyais pour la première fois, il poussa un éclat de rire qui s'acheva en rugissement. C'est ainsi que José Javorsek se manifesta à ma vue : le moyen de prétendre que cela passait inaperçu ?

Il faut dire que la dame en question était la sœur de Tanette et qu'elle avait épousé l'héritier du trône de Monténégro, Michel Niegosh. Avec raison elle avait déconseillé à son mari d'accepter le pouvoir quand les Allemands le lui avaient proposé en 1941, mais avait-elle eu raison de l'inciter à servir de chef de protocole à Tito ? C'était légitimer le régime communiste que de donner à son dictateur la caution de ce nom de Niegosh qui est celui des princes-évêques, des vladikas du royaume des montagnes. Mais la sœur de Tanette tenait à son image de princesse rouge. Sans doute est-ce là un titre flatteur puisque nous voyons, en Espagne comme dans les Balkans, tant de dames le revendiquer... Quand elle séjournait à Paris, la princesse Niegosh patronnait les étudiants et les poètes accrédités par Tito. C'est en protectrice des arts qu'elle avait connu Javorsek. L'arrivée de celui-ci en Nijinski et en oiseau rugissant devait correspondre à une histoire connue d'eux seuls.

L'événement se passait en octobre 1947. Jusqu'à l'été 48, Javorsek me rendit plusieurs fois visite. Il venait de son propre chef, j'ignorais son adresse. D'ailleurs, sans domicile fixe, il habitait chez des amis comme le faisait Schubert et, comme le musicien, il menait une vie bohème et débridée, ce que nous tenons pour le pain quotidien du poète.

Cette existence s'opposait du tout au tout à celle qu'il avait eue pendant quatre ans, après qu'en 1941 sa Slovénie natale eut été partagée entre le IIIe Reich et l'Italie. Pourchassé comme maquisard, capturé par les Italiens, libéré par ses amis, pris de nouveau et passé par les armes, mais l'officier avait donné l'ordre d'utiliser des cartouches à blanc, de sorte qu'il connut la joie suprême de vaincre la mort et, tel Orphée, de remonter des Enfers. Il ne cessait de me raconter des aventures surprenantes. Les siennes ou celles de ses amis, dont la témérité, le mépris de la mort, la férocité joyeuse et désinvolte me laissaient bouche bée. Elles damaient le pion à celles que je lisais dans Ann Radcliffe, Lewis et le jeune Balzac. Javorsek s'annonçait par téléphone à n'importe quelle heure, parfois au milieu de la nuit, et comme je ne lui posais aucune question sur les assemblées qu'il fréquentait ni sur les lieux d'où il sortait, tout se passait au mieux : il gardait son mystère et moi, grâce aux histoires qu'il me contait, je menais par procuration une existence tumultueuse qui enchantait mon imagination. C'était la poésie à l'état brut.

Si je me passionnais pour les récits qu'il me faisait, si je m'engouais pour la vie qu'il avait menée, c'était pour prendre une revanche sur le sort, pour me transférer en un monde différent, pour devenir, non pas un maquisard slovène, ce que je ne désirais pas, mais un autre.

Javorsek était reçu à bras ouverts par Eluard, Aragon, Marcenac, Courtade et bien d'autres écrivains communistes. Les portraits qu'il me brossait d'eux étaient féroces : étroitesse d'esprit, aveuglement, appétit de puissance. Si le désir de sacrifier aux idoles à la mode m'avait turlupiné, les confidences de Javorsek m'en auraient dégoûté. Ces messieurs n'avaient qu'un regret, que l'Épuration n'eût pas duré toujours. La prison, le poteau, ils ne connaissaient que ça !

On s'imagine que ma répulsion du communisme vient de mon ignorance : elle vient au contraire de ce que je le connais trop bien. Javorsek m'a ouvert les yeux : à une époque où les Français cautionnaient des régimes qu'ils auraient dû flétrir, moi j'en savais beaucoup plus long qu'eux et je le disais. J'aurais dû me taire pour faire carrière.

La Révolution française de 1789 avec son cortège d'horreurs heurte mes goûts, mes convictions, tout ce qui est à mes yeux le bien et la vérité. Mais je cherche à rendre justice à un phénomène collectif dont les partisans n'étaient pas tous des ambitieux, des imposteurs et des fous : cette tragédie exemplaire, Eschyle et Sophocle joués dans la rue, a produit aussi des adeptes sincères. Si j'ai pu en prendre conscience et m'approcher d'eux, sinon avec sympathie, du moins sans trop de répugnance, c'est à José Javorsek que je le dois. Si l'athéisme de Shelley continue à me paraître la hantise d'un esprit névrosé, les ardeurs libertaires de Maïakovski ne me rebutent plus. Qui sait si Javorsek ne me racontait pas les hauts faits du maquis pour m'aider à agrandir mon expérience poétique, à nuancer et approfondir mes idées sur la guerre, la patrie, sur ce qu'on doit à soi-même et à l'État ? En tout cas, dans *la Mémoire dangereuse*, récit écrit en français et publié chez nous, il dit qu'il était pour moi « le symbole de la Révolution, la réalisation vivante du Génie qui couronne la place de la Bastille ».

Ce qui ne signifie pas que, génie ailé, il entrât chez moi par la fenêtre, il se contentait de la porte palière comme tout le monde, mais sa conversation se souvenait des rafales du vent. C'est cela qui nous unissait – la poésie, l'imagination, plein ciel ; pour le reste, nous nous opposions en tout.

Jamais je n'ai compris, et lui-même ne me l'a jamais expliqué, comment un homme si épris de liberté pouvait approuver un régime appuyé sur la terreur, la police et la bureaucratie, trinité qui était la négation même de ce pour quoi il avait lutté. Cette contradiction s'ouvre devant mes yeux comme une blessure. Car enfin qu'est-ce que le communisme ? L'Ordre avec ses trois dogmes, lutte des classes, dictature du prolétariat, collectivisme, et ses trois dieux Marx, Lénine et Staline. Et que voyais-je dans le Javorsek parisien ? Un prince de la bohème, sans obligations de travail ni de morale, vivant dans une exaltation égotiste au sommet de lui-même. Il y avait donc des accommodements avec le ciel communiste ? Il incarnait ainsi ce qui m'était étranger, ce que je réprouvais le plus. Pourquoi lui avoir donné mon amitié ? C'est que nous agissons souvent comme de vrais démons pour nous-mêmes et faisons ce que nous ne voulions pas faire. Mais pourquoi ne pas accorder à Javorsek le droit de se contredire, de ne pas vivre selon les principes qu'on affiche ?

Si je n'étais pas du tout fait pour me lier avec un maquisard slovène, il faut avouer que Javorsek pouvait en dire autant de moi : il était tombé juste sur son contraire. Par exemple je n'aime que les dominations à caractère universel et non les États-Nations créés par la Révolution française : ils ont fait plus de victimes que le choléra ! Je regrette le Saint Empire romain, je déplore le dépeçage de l'Empire ottoman, de la Double Monarchie, je condamne les traités de Versailles, Sèvres et Trianon qui ont créé des pays fondés sur la communauté de race et de langue.

– Tu regrettes l'existence de mon pays comme État indépendant ? me disait Javorsek.

– Vous jouissiez de plus de liberté réelle comme sujets de l'empereur d'Autriche que du maréchal Tito.

– Tu as raison, mais notre langue n'était pas l'idiome officiel du pays.

Nous achoppions toujours sur la question linguistique et sur la notion de souveraineté. La Slovénie est moins grande que l'ancien duché de Bretagne, d'une population totale inférieure à celle de Marseille ; on étend le bras, on touche la frontière ! Comment exister dans pareilles conditions ? Pour la langue, c'est pis encore. Comment à l'ère atomique, où le français s'efface devant l'anglais, où l'italien ne s'apprend que pour comprendre les opéras de Verdi, où l'espagnol ferait petite figure s'il n'y avait l'Amérique du Sud, où tout s'évalue à l'échelon mondial et par le nombre, comment concevoir la survivance de langues parlées par une poignée d'individus ? Mon cher Dumézil luttait en faveur des dialectes caucasiens, il ne réclamait pas la résurrection d'un État circassien. Je taisais mes pensées pour ne pas contrister Javorsek. Mais il les connaissait et me disait :

– Si j'étais ingénieur ou médecin, je pourrais rester en

France, mais poète, je ne peux perdre mes racines. J'ai besoin d'être enfoui dans le sol natal. Mets-toi à ma place. Si tu étais né estonien, écrirais-tu en russe ? Né gaélique, en anglais ?

De même qu'il m'a fait deviner la grandeur de la Révolution, ne serait-ce que de façon crépusculaire, il m'a sensibilisé à la situation des poètes qui se condamnent à l'obscurité en pratiquant leur langue maternelle. Maintenant que l'audience du français dans le monde s'est tellement amenuisée, qu'elle a fondu comme neige au soleil, je comprends mieux sa résolution : vais-je me mettre à écrire en anglais ? Non, bien sûr…

Si différent que je fusse de José Javorsek, son opposé en tout, je ne l'ai pourtant pas scandalisé par mes habitudes de pensée et mon style de vie. Tout au contraire : il a confessé dans *la Mémoire dangereuse* qu'« il trouvait chez moi l'espace lyrique dont il avait besoin ». L'extramonde constitue l'air vital des poètes.

José Javorsek était toujours tendu, toujours sur la brèche, prêt à bondir comme un animal avide de saigner sa proie. Il brûlait de passions qu'il n'arrivait pas à satisfaire. C'est la quarantaine passée qu'il s'assagit et trouva quelque repos. Ses Mémoires dressent le constat de ses recherches inquiètes. Il ne demande ni l'approbation ni le blâme, il n'a pas entrepris de lutter contre lui-même, contre son destin, mais plutôt de montrer qu'il faut toujours rester à l'affût de quelque chose d'insolite et de tumultueux.

J'eus avec lui une liaison étrange, la plus imprévue qu'on puisse imaginer. Elle m'apporta beaucoup, sans me changer le moins du monde. C'est que nous n'avions rien en commun, sinon l'amour de la littérature. Encore ne nous en faisions-nous pas la même idée. Pour moi, elle a toujours signifié secret, intimité. Lui, il y voyait un engagement social qui devait le conduire à la notoriété, il en faisait le moteur de son ambition. Il est vrai qu'il écrivait surtout pour le théâtre : un auteur dramatique sans public n'a aucune réalité. Il n'exerça aucune influence sur moi ni moi sur lui : nous venions de trop loin à la rencontre l'un de l'autre. Nous nous sommes trouvés réunis un moment, puis nos destins ont suivi des chemins différents.

*

La Yougoslavie, faite de pièces et de morceaux comme un habit d'Arlequin, ressemble à ces « carrés magiques » que peignait Klee vers 1920 : assemblage de taches colorées assemblées selon un certain ordre. Elle compte en effet six langues, au moins trois religions, des peuples d'origines et de passés différents, qui dit mieux ? Cette diversité qui sied à un empire nuit à un petit pays entouré de voisins aux dents longues : les Roumains, les Hongrois, les Bulgares et les Grecs convoitent ce qu'ils ont possédé jadis ou ce qu'ils désirent conquérir. L'histoire tumultueuse des Balkans s'explique par les rivalités de Rome et de Byzance, de Vienne et d'Istanbul.

– La Slovénie est l'avant-poste de la civilisation occidentale, me disait Javorsek. Ensuite commence une terre sauvage et inconnue, les Balkans avec les Carpates, avec les bouches du Danube, avec les minarets de Bosnie. Nous, nous sommes des montagnards des Alpes.

De fait, les Celtes d'Illyrie, superficiellement romanisés, slavisés au VIe siècle pour la langue, mais non pour la race, appartiennent au Saint Empire et non à la Sainte Russie.

Quand j'expliquais ces particularités à Gala Barbisan que j'avais rencontrée chez Camille Bourniquel et que nous appelions l'œil de Moscou, elle n'y allait pas par quatre chemins : pour elle, Russe de Jaroslav (une dame de Pétersbourg m'a dit : est-ce qu'on habite Jaroslav ?), petite-fille de pope et, prétendait-elle, stalinienne ferrée à glace, les Yougoslaves ne différaient pas des belettes et des pies : c'étaient des animaux, rien de plus. Elle pensait de même des Ukrainiens et des Tartares. Elle avait épousé en premières noces un Polonais et ne s'en était jamais remise. La Pologne était faite pour servir le tsar. N'avaient d'existence à ses yeux que les Grands Russes vivant entre Leningrad et Moscou.

Ce fut aussi l'avis de nos communistes quand, le 27 juin 1948, Tito s'avisa de rompre avec les directives du Kominform : du coup il devint une vipère lubrique, vipères aussi ceux qui prenaient parti pour lui. Toutes les portes se fermèrent devant Javorsek. Ses anciens amis l'injurièrent, le clouèrent au pilori avec l'étiquette de déviationniste. Quelques-uns le plaignirent. Lui s'en souciait comme d'une guigne, il devait bientôt rentrer dans son pays. Là-bas un fils lui était né qu'il n'avait pas encore vu, qui répondait au beau nom de Svit (le point du jour), et il avait envie de se retremper dans son peuple. Poésie oblige.

Nous étions convenus que j'irais dans son pays l'année suivante : je brûlais de découvrir cette Slovénie que je me représentais comme un Tyrol ensauvagé, théâtral et définitif, un vrai décor pour roman noir :

– Tu feras un voyage comme tu n'en as jamais fait, me promit José. Pas du tourisme à la Taine, à la Stendhal. Nous irons de lieu magique en lieu magique, de légende en légende. Ce sera une plongée dans la féerie. Tu fermeras les yeux sur ce qu'a réalisé le régime actuel, je t'y aiderai : tu ne verras rien.

Il tint parole… mais il fallut attendre cinq ans ! À peine rentré dans ses foyers, Javorsek fut jeté en prison, prétendument pour espionnage en faveur de Paris – ou de Moscou, comme si l'un n'excluait pas l'autre ! Je ne compris goutte à l'affaire : c'était là une de ces purges comme on les pratique dans les pays de l'Est – du chinois pour moi. Les lettres de sa femme ne m'en apprenaient pas davantage : comme elles passaient par la censure, on pesait tous les mots. Elles se réduisaient à des bulletins de santé et à des nouvelles du petit garçon. Après la mort de la jeune maman, son père prit la plume, mais n'éclaira pas davantage ma lanterne.

C'est tout récemment, en 1987, après la lecture de *la Mémoire dangereuse* que j'ai enfin appris la vérité : interrogatoires truqués, sévices corporels, cachot infect. Si surprenant que ça paraisse, c'est grâce au théâtre que Javorsek s'est tiré de là. Mais quelles épreuves après la levée d'écrou ! Personne pour le loger ni lui fournir du travail. Sa belle-famille avait rompu avec lui, ses anciens amis aussi. Ils mouraient de peur de se compromettre. Venir en aide à un prisonnier relaxé, c'était filer un mauvais coton. On vous accusait de tous les crimes, Dieu sait si la police secrète a l'imagination fertile ! Si bien que le pauvre José pensa retourner à la prison pour y trouver gîte et nourriture !

Il ne me donna de ses nouvelles qu'une fois sa situation améliorée, on verra comment. Je pensais que je pourrais l'aider dans son retour en grâce et lui proposai de venir. Je trouvais piquant après Venise et ses mondanités, après Salzbourg et Bayreuth, d'aller faire un saut au pays de Tito. J'arrivai là-bas au début d'août 1953.

Ljubljana, rococo, très mozartienne, avait dû être une ville charmante quand sous François-Joseph elle s'appelait Laybach, ou bien quand Napoléon avait fait d'elle la capitale des Provinces illyriennes. Pour l'heure, elle se recroquevillait, méfiante et consternée. Le seul endroit qui tranchait sur la grisaille, c'était ce que l'office du logement avait assigné à Javorsek pour demeure et qu'il appelait avec humour la villa ou le temple surréaliste : en réalité l'ancienne fourrière des chiens enragés ! Le toit était défoncé ; il fallait déplacer lit et canapé quand il pleuvait, mais Javorsek avait tiré parti de ce qui lui restait après le désastre : une statue cubiste, des draperies, des objets bizarres, des chandeliers, un ange doré baroque veillant sur le tout.

Le soir de mon arrivée, le dîner apporté d'un restaurant voisin fut servi par des mains invisibles : c'était retrouver le climat de *la Belle et la Bête*. Des disques que je lui avais donnés, des mélodies de Poulenc ou bien *L'amour de moy s'y est enclose* égayèrent la soirée. Le vin, bu dans des verres fêlés, mais de cristal, acheva de nous convaincre que j'avais eu raison de venir.

Nous nous étions promis de faire silence sur les quatre années d'horreur qu'il avait subies. J'aurais eu beau jeu de lui démontrer qu'on ne doit rien attendre d'un régime exécrable, mais c'eût été manquer de charité. José me demanda de ne lui poser aucune question et malgré de bien légitimes curiosités, je tins la promesse que je lui avais faite. J'aurais été bien ingrat, bien malavisé de ne pas respecter le contrat, car José sachant que je tiens à faire mon salut par le merveilleux, avait organisé pour moi un voyage où j'allai de surprises en ravissements, une sorte de parcours initiatique, de nuit d'été au sens shakespearien, de royaume périlleux où l'on affronte les monstres et les fées [2].

Après m'avoir fait saluer le lac de Bohinj, qui est viril et pareil à un cheval sauvage, José me conduisit à Bled dont le lac, de petites dimensions, ressemble à une perle au creux des montagnes. Au lieu d'aller à l'hôtel, nous nous rendîmes au château fort, juché sur une falaise escarpée qui domine les eaux. Le soir tombait, tout était désert, vétuste et silencieux. La voiture s'arrêta devant une poterne couverte de lierre : nous revivions le début de *Nosferatu*, le film de Murnau. C'était le même état, entre rêve et réalité, frange indécise où tout peut arriver à la faveur de la solitude et du vertige que dispensent les anciens monuments.

Je m'approchai de la balustrade : le lac, très en dessous, luisait faiblement. C'est de cet observatoire que j'aperçus l'île et son clocher. J'appris que, en des temps reculés, ce lieu était consacré à Giva, la déesse slovène de l'Amour.

La gardienne nous mena par un dédale d'escaliers et de couloirs, par une suite de pièces désertes aux cheminées géantes, là où nous devions passer la nuit, dans la chambre des princes-évêques de Ljubljana, autrefois seigneurs de ce nid d'aigle. On y avait accumulé tout ce qu'on avait confisqué dans les églises et les châteaux du voisinage : lits à la duchesse, consoles baroques, tapisseries, tableaux d'autel bitumineux et terribles, objets sacrés, étendards, statues en bois doré et un régiment de chandeliers posés un peu partout et jusque sur les lits qu'ils hérissaient d'un luxe barbare. J'en allumai quelques-uns, histoire de nous accoutumer à eux et de les accoutumer à nous. Cette antique forteresse en avait vu de toutes les couleurs ; elle se dressait comme une vigie de l'ineffable, une sorte de rêve cristallisé dans l'absence. Cette nuit au château de Bled m'inspira l'idée du *Lieutenant perdu*, roman qui séduisit André Jolivet et lui donna l'envie d'en tirer un opéra. La mort l'empêcha de l'achever.

Allongés sur nos lits, dans le clignotement des cierges, nous avions l'illusion d'être oubliés du monde, gentilshommes réincarnés par magie. Il ne manquait à José qu'une toque et une fraise pour donner le change. Il me raconta ce soir-là des histoires hantées de fantômes et d'âmes en peine, je m'attendais à voir le Diable pousser la porte d'une armoire et venir converser avec nous. Parfois le vent s'engouffrait dans la cheminée surchargée de sculptures et soufflait sur l'un ou l'autre des chandeliers. On aurait dit la cérémonie des Ténèbres quand on éteint les lumières l'une après l'autre à coups d'hymnes et d'encensoirs.

– Si l'on me poignardait maintenant, je ne m'en apercevrais même pas, dit José en riant. Il n'y a plus de lumière, nous appartenons aux dieux.

Il songeait à sa chère Giva, aux divinités abandonnées depuis un ou deux millénaires et qui ont expiré dans les déserts de pierres ou dans les retraites les plus secrètes des forêts. Mais celles que l'on a reniées, pourchassées, reprennent vie dans les ténèbres et passent à coups d'ailes furtives. Malheur à qui cherche à les retenir ! Elles apportent la malédiction, elles doivent retourner au mystère originel, au néant nocturne qui leur tient lieu de sanctuaire…

La féerie se poursuivit le lendemain, les jours suivants. José avait réussi je ne sais comment (je l'ai su plus tard) à nous faire loger sur l'île sacrée, sur l'île même où la déesse Giva avait un temple dont Bogomila fut la dernière prêtresse. Sur les ruines du sanctuaire s'éleva une église et en ces lieux, depuis la nuit des temps lieux miraculeux, la Vierge Marie continua le magistère de Giva, attira les pèlerins, rendit des oracles, consola, exauça et devint la bonne Madame Sainte-Marie, Notre-Dame de

Bled. Une église à clocher bulbeux fut construite, un presbytère avec ses dépendances, un ermitage et un monument avec escaliers, reposoirs, obélisques et guirlandes rococo à souhait.

On raconte que Giva, âme en peine, revient pleurer son île perdue. Des sanglots montent des rochers où les pierres de son temple sont encore scellées. Mais, pour entendre ses cris piteux, il faut être en état de grâce !

L'ermitage, jouxtant l'église désaffectée (là où passe le matérialisme historique les sanctuaires se flétrissent comme l'herbe sous les chevaux d'Attila), était rempli de peintures sur verre, de volets de ruches historiés, de statues et de chandeliers raflés aux alentours. Ces lieux de piété avaient pris l'aspect de salles de réserves et de débarras dans les musées. C'est là que se trouvaient nos chambres. La gardienne de l'île préparait à manger. Elle aimait à nous voir finir ses plats. «*Alles wegessen !*» disait-elle en s'adressant à moi. Javorsek avait fait le vœu de ne jamais prononcer une phrase en allemand. Pour moi, c'était le seul moyen de me tirer d'affaire. D'ailleurs la plupart des montagnards ne gardaient pas un mauvais souvenir de la domination autrichienne et les plus âgés appelaient avec bonhomie François-Joseph «*Der Alte*» (le Vieux).

Les montagnes de Carniole me plurent beaucoup : on y voyait des églises baroques, des séchoirs à foin en forme de harpe et des ruches de toutes les couleurs. Allons, pensais-je, les villages résistent mieux que les villes à la tristesse socialiste, ils sont aussi pimpants et fleuris que leurs compères tyroliens ! On s'y adonnait aux chansons, aux concours de tir et aux joies du folklore. On ne se souciait pas du prix des phosphates et des insecticides. Ces paysans robustes et bien nourris n'avaient pas à domicile téléphone et télévision, mais ils n'avaient pas perdu leur âme, le seul bien qui nous reste.

Dans l'un de ces villages, pour la fête du saint local – est-ce là que j'ai vu calligraphiée sur la façade de l'église cette touchante prière à saint Christophe ?

Christofore sancte virtutes sunt tibi tantae
Qui te mane videt nocturno tempore ridet
Nec falsum caedat nec mors subitanea laedat
Tu solus in sanctis nomen tenesque gigantis !
(... Toi seul parmi les saints portes le nom de géant !)

– Je reçus une couronne d'épis et fus honoré d'un poème coupé de chants et de ritournelles qu'une vieille femme avait composé en mon honneur. Ne sachant que faire pour la remercier, je l'embrassai et la baisai sur les deux joues, ce qui fut salué des vivats des assistants. Il faut dire que ces joutes poétiques étaient accompagnées de libations avec vins et alcool de prune qui mettaient tout le monde d'accord. Les montagnards ne changent pas. Ils restent les mêmes sous les Habsbourg, sous Alexandre de Yougoslavie et le camarade Tito. Le régent Paul jouissait de la même popularité que Louis II parmi ses paysans de Bavière. Moi, dans ces montagnes, je retrouvais le bon vieux temps, les plaisirs de jadis, le folklore, une manière joviale de pressentir l'éternité.

Nous avons séjourné une douzaine de jours dans l'île, non sans nous aventurer sur le continent. Nous louions une guimbarde aux sièges défoncés, aux portes retenues par des ficelles, conduite par un chauffeur aussi vieux qu'elle, avec barbe et chevelure bouclée sur les épaules, Jésus-Christ âgé de soixante ans. À la traversée des villages, les enfants reconnaissaient la voiture et son prophète et criaient : « Eh ! Petit oncle ! Petit oncle ! » Il souriait, mais ne jugeait pas de sa dignité de répondre.

Le vénérable automédon nous fit visiter les lieux douloureux, Begunje qui est l'Oradour slovène, ancien couvent transformé en prison où les Allemands fusillèrent deux mille otages, Ljubelj où la percée d'un tunnel coûta la vie à tant de déportés polonais, slovènes et français. L'un de ceux-ci, revenu des Enfers, a raconté son calvaire dans un livre qui se vendit beaucoup en France. Un vieux paysan nous conduisit jusqu'aux débris du four crématoire, sans dire un mot. Puis il indiqua d'un geste un fleuve de pierres qui sort de la montagne comme d'une blessure : c'était là qu'on jetait les morts qu'on n'avait pas le temps d'incinérer. Enfin Strmec, village où l'on ne trouve que des femmes. Tout le sexe mâle, du nouveau-né au vieillard, fut passé au fil de l'épée par représailles : un général allemand y avait été assassiné ! Toutes les maisons furent livrées au feu et l'on chassa les femmes, troupeau hagard qui maudit la guerre et les hommes qui la font.

Après la Libération, le village reconstruit, elles reprirent place aux foyers, mais aucun homme n'a le droit de passer la nuit à Strmec. Elles ont renoncé à l'amour, à la maternité ! Par haine de la guerre, du meurtre et de l'incendie, Antigones volontaires, déjà cadavériques, elles ont préféré la mort à la vie.

Visite des lieux douloureux, mais aussi des légendaires, la chute de la Savitsa où elle fait un saut de deux cents mètres : c'est là que Tchertomir, le dernier chef slovène indépendant, reçut le baptême après avoir appris que sa bien-aimée Bogomila, prêtresse de Giva, s'était convertie au christianisme. Il ne la revit jamais en ce monde. Pour la retrouver dans l'autre, il partit pour l'Italie, se fit moine, puis revint en Slovénie évangéliser ses frères païens. Rome ne l'a point canonisé. Il n'existe d'ailleurs pas de saints slovènes.

– Tu vois, me dit José, l'histoire de la Slovénie, si elle survit par miracle, n'est qu'une suite de malheurs. Son indépendance n'a pas duré deux siècles. En accueillant le Christ, mes compatriotes ont signé leur arrêt de mort. Après sont venus les Habsbourg...

– N'exagérons rien, Vienne ne vous a pas brimés, l'Empire austro-hongrois était multinational. Mes peuples, comme disait François-Joseph au début de ses discours.

– Oui, mais on n'enseignait pas le slovène dans les écoles.

Au lieu de buter sur la question linguistique, je trouvai plus à propos de lui demander ce que, selon lui,

Tchertomir aurait dû faire quand Bogomila surgit devant lui avec le prêtre de Jésus.

– Prendre le maquis, lutter pour la liberté, et non pas se convertir !

On dirait que tout Slovène bien né ne songe qu'à reconstituer le royaume de jadis qui allait de Trieste jusqu'à l'actuelle Hongrie, de Villach et Klagenfurt au nord jusqu'à la frontière croate. Ce n'était pas un vaste domaine, mais enfin ce royaume idéal délimite la zone où se parlait la langue des vieux Slaves. Vienne repoussa le plus possible ces Slovènes rebelles vers le sud, mais ne réussit pas à les abattre. Vont-ils, avant l'an 2000, recouvrer l'indépendance et la souveraineté qu'ils réclament ?

Oui, c'est chose faite.

– Et si les Ottomans vous avaient vaincus comme les Bosniaques ou les Macédoniens ? lui dis-je un jour pour le taquiner.

– Cela aurait été une autre paire de manches, fit-il en riant. Nous pouvions nous entendre avec les Autrichiens, tandis qu'avec les Turcs... Ils raflaient les plus costauds de nos garçons pour en faire des janissaires. Cela constitue une histoire des plus populaires de notre littérature, celle de Georges Kôziak !

La guimbarde héroïque nous mena un jour à Vrba, village natal de France Préchern, le plus connu des poètes slovènes. Il faut voir de quelle tendresse on l'entoure ! Les femmes de la société citent ses vers avec émotion, les savants avec respect, et j'ai entendu de jeunes paysans chanter ses romances le dimanche matin à l'auberge, devant des carafes de vin blanc. C'est un trésor qui appartient à tous ; la patrie, dans ce qu'elle a de doux et de violent, de généreux et de mélancolique, s'est incarnée en lui.

En 1813, quand Charles Nodier était bibliothécaire à Laybach et directeur du *Télégraphe illyrien*, Préchern n'avait que treize ans. Ils ne se sont pas rencontrés. Dommage ! Le plus savant de nos romantiques, le plus sensible aussi aux génies étrangers, aurait laissé de lui un précieux portrait.

Chantre de l'amour qui n'est pas payé de retour, il connaîtrait peut-être la renommée d'un Heine, d'un Mörike s'il avait écrit en allemand. Tourmenteur et tourmenté, il poursuivit de sa passion une Juliette qu'il ne put conquérir. *Le Baptême à Savitsa* contient l'aveu de sa défaite : en contant les amours contrariées de Tchertomir et de Bogomila, ce sont ses propres aventures qu'il met en scène. Il renonça à son insensible et cruelle Juliette, mais plus fidèle à son peuple que le héros légendaire qui se convertit et partit pour l'Italie, il ne passa pas dans le camp victorieux, je veux dire qu'il n'écrivit pas en allemand et accepta de borner sa gloire aux limites de sa petite patrie.

Dans le village enchanté de Vrba, où le silence et la beauté se donnent rendez-vous, on occupe encore la maison natale du poète : c'est dire qu'elle n'évoque ni le cimetière ni le musée. C'est une demeure de paysans, avec des murs blanchis à la chaux, un poêle confortable, un coin de Dieu, des lits haut perchés et des berceaux. Tous les objets réunis ont quelque chose à nous dire, un secret à nous confier ; la langue de la poésie ne requiert pas d'interprète. Elle agit sur nous par d'autres moyens que le discours et la raison.

Deux charmantes amies de José, Radojka Vrancic et Vida Sturm, étaient venues à bicyclette de la capitale. Elles me souhaitèrent la bienvenue en m'offrant le bouquet national qui réunit œillets rouges, romarin et géranium rosat. Ce bouquet symbolique, si le langage des fleurs ne ment pas, signifie ardeur passionnée, fidélité, dons artistiques. La Slovénie trouve dans ce blason végétal une image de soi qu'elle ne désavoue pas.

J'ai conservé des liens d'amitié avec les deux dames. Radojka, bibliothécaire de son état (les bibliothèques, on le sait, sont l'asile des aventuriers de l'esprit), a consacré sa vie à la traduction de Proust. Vida, spécialiste de la littérature italienne, possédait une maison dans les montagnes de Carniole, *uno piccolo mondo antico*, où j'ai passé des heures précieuses.

Nous revînmes à Ljubljana, escortés par ces amies aussi

savantes que dévouées. Elles ne surent qu'inventer pour me rendre la vie agréable dans la capitale. Vu l'époque, elles y avaient du mérite !

Je voulais raccommoder José avec sa belle-famille et amorcer son retour en grâce auprès des gros bonnets de Slovénie. Le premier de ces objectifs ne me coûta guère : il semblait qu'on n'attendît qu'un geste de ma part... Il suffit d'un dîner au restaurant pour arranger l'affaire. Pour me remercier, le beau-père de José m'offrit des fixés sur verre, des volets de ruches ornés de scènes religieuses... Sa générosité me rendit confus.

Le second objectif réclamait plus d'adresse. Sans le hasard, je n'y serais pas arrivé. Un événement imprévu décida de tout.

Mon voyage initiatique devait s'achever dans l'immémorial, vers les lointains rivages de la préhistoire, bien avant les Vieux Slaves qui avaient honoré Giva. Nous allions changer d'étoile avec les fabuleux Illyriens.

*

On ne sait pas grand-chose des Illyriens. Si Appien, historien grec du IIe siècle de notre ère, ne les avait mentionnés, nous ne saurions rien du tout. Il paraît qu'ils célébraient trois fois la vie : à la naissance, au mariage et à la mort, et qu'assis sur leur fumier, ils chantaient de façon étrange. Cela suffit pour nous faire rêver sur leurs idées métaphysiques. On n'a guère étudié leur civilisation ; le peu qu'on en devine nous touche parce que le sens de la grandeur y paraît éclatant. On ne sait rien de leurs dieux. En tout cas, comme tous les peuples qui n'ont pas été touchés par l'influence classique de la Grèce, les Illyriens avaient un culte de la mort étrange et fastueux. Les fouilles de Stitchna, commencées par la grande-duchesse de Mecklembourg et poursuivies depuis 1950 par Josip Kastelits, répondent à ce besoin de connaître leurs origines qui tourmente les hommes de maintenant.

La terre amoncelée symbolise la puissance. Les Illyriens élevaient à leurs chefs des tumulus très hauts, dont la base atteignait plus de soixante mètres de diamètre, dans l'idée, je suppose, que la terre cache et glorifie. Une couronne de dalles blanches entourait chaque tombe. On songe à l'aspect étrange que devaient présenter ces nécropoles, hérissées, non point comme aux alignements de Carnac de granit debout, mais de ces énormes pains de sucre bagués de blanc.

Ces hommes cherchaient sans doute à atteindre quelque chose de supérieur à la mesure humaine, et cela dans la mort à défaut de trouver ce point idéal dans la vie.

À Stitchna, en Basse-Carniole, il y avait une de ces cités illyriennes, avec sa nécropole. Aujourd'hui, quand on s'engage dans ce qui fut la vallée des morts, on ne voit que champs de maïs et de sarrasin, curieusement bossués çà et là. On pourrait même croire à de légères collines si la nature offrait de pareils reliefs. Encore les tumulus se sont-ils arrondis, affaissés, en recouvrant de leurs masses d'argile les dalles funéraires qui les encerclaient.

Les fouilles qu'on y a faites révélèrent une civilisation déjà sur son déclin, trahie par un art qu'on pourrait appeler baroque ; les urnes sont contournées, les fibules trop ornées, les bijoux aux yeux magiques expriment une exagération un peu sauvage, pleine de vie et de mouvement.

Une semaine avant notre arrivée, dans le tombeau d'une princesse, on venait d'exhumer une pièce rare : on devine la jubilation de Kastelits et de ses aides. C'était au milieu de colliers aux grains d'or creux, légers comme des bulles, un diadème d'or lui aussi, d'un style noble. Il porte en son centre une sorte de trident, de plumet qui symbolise quoi ? L'arbre de vie ? Le soleil ? Ou bien n'est-ce que l'insigne de la puissance ? De la magie royale ? Avec un sentiment d'anxiété et de joie, j'ai touché cette relique légère, point trop sûr qu'on ait le droit de ramener au jour ce qui était destiné à la nuit de la terre et du tombeau.

J'avais eu raison de redouter la colère de la princesse au diadème magique : l'argile taillée net autour de sa tombe rendait tout faux pas dangereux ; je glissai et me brisai la cheville. Si je m'étais contenté de regarder le joyau, je m'en serais peut-être tiré avec une foulure. Mais je l'avais pris entre mes mains, caressé avec amour, me rassasiant de sa beauté immémoriale comme si ce noble vestige me faisait signe d'un autre monde, au-delà du temps.

Si l'on écarte comme cause de l'accident la vengeance de la princesse, on peut alléguer une autre raison, tout aussi mystérieuse : il me fallait payer le prix de ma plongée en féerie. J'avais connu des instants destinés à se graver pour toujours dans ma mémoire, des instants que le simple touriste ne peut connaître. J'avais touché aux dieux : les dieux ne se vengeaient pas, ils m'envoyaient un signe. Un intersigne.

Il fallut me plâtrer. Le chirurgien estima qu'on devait entourer la jambe jusqu'à mi-cuisse pour assurer la consolidation. Quand, plus tard à Paris, on me mit un plâtre de marche, le praticien jugea que son collègue slovène avait eu raison, la soudure des os étant parfaite.

Cet accident retarda mon retour en France d'une quinzaine de jours. Édouard Kocbeck, vice-président du Conseil slovène jusqu'en 1951, catholique de gauche façon Mauriac-Mounier et qui lisait la revue *Esprit*, m'offrit l'hospitalité, mais je n'aurais pas fait l'injure à José de changer de domicile. Comme je n'attache aucune importance à l'endroit où je me trouve, buvette de gare ou bar de luxe, j'aurais eu mauvaise grâce à déménager. Et puis l'ex-fourrière des chiens enragés m'amusait beaucoup.

L'après-midi je recevais sans arrêt ce que la ville comptait d'écrivains, d'intellectuels, de bonnes âmes, sans parler des poètes aussi nombreux en Slovénie que les truites dans les rivières de jadis. Le décor extravagant de la fourrière les stupéfiait. J'en faisais les honneurs comme si de rien n'était en riant sous cape.

Ils me posaient tous les mêmes questions : Sartre, l'existentialisme, les caves de Saint-Germain. Je répondais de mon mieux à leur curiosité. Moi, je ne leur demandais rien. C'étaient tous des ci-devant, ils n'avaient pas le communisme sous la peau, dans le sang. Leurs efforts pour donner le change étaient pathétiques. Je me mettais d'autant mieux à leur place que nous aussi en 1944 avions frôlé le désastre. Sans le général de Gaulle, nous étions frits. Donc, je ne posais aucune question. On le savait. C'est pourquoi on venait me voir.

Un soir, je tins une parlote sur la situation de la littérature en France, la rivalité Sartre-Camus, l'antithéâtre Ionesco-Beckett. Ils n'en croyaient pas leurs oreilles. Vraiment des chaises qui se multiplient sur la scène ? Une cantatrice sans cheveux et qui ne chante pas ? Deux vagabonds qui attendent toute une soirée ? Je parlais en français ou en allemand (je le parlais bien en ce temps-là), Javorsek et ses savantes amies faisaient la traduction quand il le fallait. Puis on but du vin et du slivovitz, on mangea des petits gâteaux. Ce fut une soirée très gaie. Jamais la fourrière des chiens enragés n'avait reçu tant de monde et de si beau monde. La situation de José s'en trouva remontée de plusieurs crans. Josip Vidmar, ex-président de la République slovène et ancien ami de Javorsek, m'envoya sa voiture et son chauffeur pour faire une promenade. J'avais atteint le but. Huit mois plus tard, José réhabilité travaillait à l'Académie slovène qui lui proposait un logement décent. Mon voyage en féerie avait eu des conséquences pratiques.

De retour à Paris, je ne tardai pas à condenser mes impressions de voyage en un « Bouquet slovène » qui parut dans la livraison de novembre 1953 de la Table Ronde. J'y parlais de Préchern, de Tchertomir et de Bogomila, des maquis, de la princesse illyrienne. Pas un mot sur le régime de Tito. Cela ne surprit personne. Ce n'était pas ce qu'on attendait de moi. Je pense qu'après Louis Guilloux et Pierre Emmanuel j'ai aidé José Javorsek à se remettre en selle, je n'en demandais pas plus. J'espère que ce « Bouquet slovène » qu'il a traduit et publié lui aura servi à quelque chose. Je savais que jamais je ne referais un tel voyage : la féerie se fixe une fois pour toutes et ne réédite pas ses prestiges. Par générosité, par fierté de poète, José m'avait donné ce que personne d'autre n'aurait pu organiser à sa place, une évasion dans l'éternel, un plongeon dans le merveilleux. C'est en touriste à la Stendhal que je revins en Slovénie. Le président Vidmar m'invita à une chasse au loup en traîneau. Sa femme, excellent fusil, qui, au temps de la Résistance, avait pu s'exercer sur d'autres cibles, abattit une bête.

La chasse eut lieu dans les montagnes du Karst, dans le massif du Snejnik, en italien Monte Nevoso. Je me rappelais que D'Annunzio avait reçu le titre de duc de Monte Nevoso et me demandais s'il avait habité le château gothique fin XIXe siècle, délirant, où nous déjeunions. Cocteau aurait pu y tourner *l'Aigle à deux têtes* : ce n'était que meubles contournés, massacres de cerfs, armes de toutes sortes, bombardes et couleuvrines. Il servait désormais de rendez-vous de chasse aux nababs du régime.

Le garde forestier, grand veneur de ces messieurs à l'occasion, soignait un cerf blessé ; il le gardait dans un vaste enclos grillagé. Il nous raconta que tous les jours, au crépuscule, la femelle de l'animal venait le retrouver et qu'ils marchaient du même pas de chaque côté du grillage, lui boitillant, elle pressant son flanc contre le sien : « Parfois ils s'immobilisent, se touchent le mufle et j'ai l'impression qu'ils se donnent un baiser », dit le grand veneur avec un rire gêné.

– C'est Roméo et Juliette, votre histoire. Il faudra rendre le cerf à la liberté quand il sera guéri, dit le président Vidmar.

– C'est que je me suis attaché à lui, avoua l'autre.

– Alors attrapez la biche et agrandissez l'enclos !

*

Je fis en 1955 un dernier voyage en Yougoslavie, mais au Monténégro et en Macédoine cette fois et dans un état d'esprit stendhalien. Le temps de la féerie était passé. Pareille randonnée ne pouvait s'accomplir qu'en voiture, avec un chauffeur habile et intrépide, l'état des routes à cette époque défiant la description. J'arrivai à persuader Michel Aubin, un de mes anciens élèves de Rouen, de tenter l'aventure. Elle réussit au-delà de toute prévision puisque, enthousiasmé par le pays et ses habitants, il est aujourd'hui professeur de serbo-croate à l'université de Paris et converti à un titisme intellectuel.

Tout ce que nous comptions comme amis à Ljubljana avait fait ce qu'il fallait pour nous détourner de ce projet insensé : la Bosnie abritait des vampires, le Monténégro des brigands ; quant à la Macédoine, on n'y trouvait que des cailloux ! Pour les Slovènes, le Sud de la confédération yougoslave, c'est l'Orient, autant dire l'abomination de la désolation [3] !

Josip Kastelits, l'homme qui dans les fouilles de Stitchna avait trouvé le diadème magique, crut charitable de nous prévenir qu'une fois dépassée la ville de Brod, la Bosnie vous accueille avec des routes qui ne cessent d'être criblées de trous que pour être tôlées. Vous arrivez devant un passage à niveau ? Malheur à vous si l'unique train de la journée a du retard ! On attend deux ou trois heures comme rien. La locomotive paraît enfin : un jouet d'enfant traînant des wagons de bois bariolés. La barrière se lève... Et l'on ne voit pas de route ! Il faut emprunter la voie ferrée, suivre le train jusqu'à ce qu'il s'en aille de son côté, et en avant, de nouveau la route avec ses nids de poule et sa poussière ! Pourtant nous n'en démordions pas : nous voulions aller en Macédoine et longer le lac d'Ohrid jusqu'à la frontière grecque.

– Nous vous aurons prévenus. Nous n'aurons pas votre mort sur la conscience ! nous dit-on.

José Javorsek ayant été retenu à l'Académie slovène par je ne sais quelles obligations, Michel Aubin décida de partir en éclaireur : nous le rejoindrions à Budva sur la côte monténégrine après avoir fait le trajet en bateau. Il devait nous télégraphier dès son arrivée.

– Attention à l'inconnu bosniaque ! lui dis-je au moment du départ.

Notre gaieté baissa de quelques degrés quand, non seulement aucun télégramme ne nous parvint, mais celui qu'expédia José nous fut retourné avec la mention : pas de Français à Budva.

Du coup l'inconnu bosniaque sans forme ni visage nous apparut grand comme une montagne, des nuages au sommet et du tonnerre dans la poitrine.

Quand nous arrivâmes à Budva, plus inquiets que nous ne voulions nous l'avouer, Michel nous attendait sur le quai. Sa haute taille nous le fit tout de suite reconnaître. Il nous régala d'une aubade. Pipeau, accordéon, tambours de basque, cela sonnait de façon acidulée, enjôleuse quand même. Les passagers du bateau reconnurent un air monténégrin et se mirent à chanter; jamais manœuvres d'abordage ne parurent si brèves. Leur chant s'harmonisait avec le ciel éblouissant, avec les rochers et les vagues.

Nous eûmes bientôt le mot de l'énigme. Michel était devenu en un tournemain l'idole de la jeunesse du cru. Il avait excité les passions de la pétulante et jalouse Bronja, postière de son état, qui avait subtilisé les télégrammes.

– Mais le premier jour, tu devais donner signe de vie dès ton arrivée…

– La poste était fermée. Et le lendemain…

– Oui, il était déjà trop tard !

Le vampire, l'inconnu sans forme ni visage, avait pris forme et visage.

*

La ressemblance du Monténégro avec la lune n'est pas une figure de rhétorique : tel je l'avais vu en 1935, tel je le retrouvais vingt ans après. Tout paraît avoir été concassé par un cataclysme, c'est un océan démonté devenu pierre. L'ancienne capitale, Cetinje, n'était qu'un bourg incendié par la chaleur, suffoqué par la désolation. Titograd, la nouvelle capitale, flottait dans le désert comme un mirage : c'est qu'en 1955 la ville se réduisait à un unique boulevard, de hauts immeubles et rien derrière. Ou plutôt il y avait quelque chose derrière, des décombres, des maisons lépreuses, ce qui restait du Podgoritza incendié par les Italiens. Un tel contraste tenait du prodige : Titograd était une ville mythique.

Il fallut ensuite longer l'Albanie. Après une suite de précipices, de montagnes à n'en plus finir, nous descendîmes enfin vers le Kosovo par un défilé sinistre et rebutant à souhait. Quand la patriarchie de Petch surgit devant nous, grande fut notre surprise de trouver la civilisation dans pareille sauvagerie.

Le Kosovo, enclave albanaise rattachée à la Serbie, est musulman, parle le shiptare et se sert de l'alphabet latin. Comme la Slovénie et la Croatie, il réclame son indépendance. En 1955 la population me parut dépenaillée, les hommes avec des guenilles de toutes couleurs, les plus aisés portant des pantalons de laine blanche à bandes noires et un bonnet conique en poil de chèvre, les femmes entortillées de chiffons sales avec des pantalons rouges bouffants et des tabliers rouges. Ce jour-là le déjeuner passa à l'as, tant l'auberge nous parut sordide. Aucune importance, nous devions dîner chez le gouverneur (ou le maire) de Prichtina.

L'hôtel de ville, coincé entre une mosquée et un hammam, ressemblait à un casino de province. Après avoir été fouillés et palpés, nous fûmes introduits dans le salon de l'important personnage qui avait tout du bandit d'opérette. N'y manquaient ni les moustaches ni les pistolets. À table il les plaça à côté de son assiette. Cela mit du liant dans la conversation. Propos d'ailleurs très anodins, car le monsieur qui avait sûrement l'oreille de Belgrade n'en redoutait pas moins les visiteurs et les espions.

La soirée ne s'éternisa pas ; dans le camp d'été, rudimentaire, mais propre, où nous devions passer la nuit, il fallait arriver avant neuf heures. Ensuite, on lâchait les chiens pour se protéger des ours, des sangliers et des loups. Hélas ! Aucun de ces nobles animaux ne troubla notre sommeil. Autant de perdu pour la couleur locale ! Une bien autre surprise nous attendait le lendemain.

À travers les branches de sapins et de hêtres se dessinait la silhouette d'une église que nous n'avions pas vue la veille au soir dans l'obscurité : striée de marbre rose, mauve et jaune paille, elle était charmante. Le directeur du camp nous dit de nous dépêcher si nous voulions assister à une cérémonie très rare, comme il en arrive deux ou trois par siècle, les adieux au monde d'un archimandrite. Elle avait commencé à l'aube, mais comme elle durait cinq ou six heures, nous pourrions assister à la fin.

Nous avons filé vers le monastère de Detchany. L'office est-il terminé ? Pas un chat dans l'église. Non, l'office se poursuit. Personne n'y assiste. Nous serons les seuls témoins de ces adieux. Le vieil archimandrite, tassé sur un banc, un cierge à la main, chenu, fragile, incorporel déjà, semble dans un autre monde. Par contraste, le prêtre qui officie, tiare en tête, chape de velours ponceau tombant à larges plis, paraît un colosse de chair, d'énergie, de combativité. Des cheveux abondants et gris lui couvrent les épaules. De chaque côté de l'autel, deux diacres, bonnet noir, voile noir et large barbe sur la poitrine, se répondent en chantant. Les airs liturgiques, très anciens, sur des modes grecs en usage dans l'Église orthodoxe de Serbie, résonnent dans la nef que leurs deux voix n'arrivent pas à remplir. Un sacristain d'âge rassis s'empresse autour de ces quatre figures, non point perdues dans le chœur, car l'église n'offre pas de grandes dimensions, mais isolées par la lumière du matin, séparées du monde.

Assister à une cérémonie dont on saisit mal le déroulement, entendre des hymnes dont on ne comprend pas un mot, sauf celui de Bog, Dieu, produit une impression d'étrangeté, de malaise spirituel. Ce trouble devint de l'angoisse quand nous vîmes le vieillard commencer à trembler. La lueur du cierge vacillait devant lui comme une âme en peine. Parfois sa tête tombait en avant au point de toucher la flamme et son profil apparaissait aigu, pâle, contracté par on ne sait quelle terreur. L'officiant s'approcha de lui et les frissons du vieillard redoublèrent : sans doute célébrait-on pour lui la messe des morts. Le directeur nous avait dit que cette cérémonie déliait tous les liens de l'archimandrite avec la terre : désormais il entre dans sa cellule pour n'en sortir que dans un cercueil, il ne peut plus ni parler ni manger de viande ni regarder son corps : c'est une véritable mort au monde que ces adieux. La solitude qu'il va faire sienne préfigure le tombeau. Il s'agit pour lui d'atteindre ce point de silence où le voile qui nous cache Dieu se déchire, où la vérité apparaît.

Le prêtre plaça l'Évangile sur le front du vieillard, il lui baisa la main, puis il lui tira jusque sur les yeux le capuchon qui lui couvrait la tête. Ce capuchon noir, orné de lettres blanches et de signes abstraits, consommait la rupture avec le siècle ; désormais il restait seul avec lui-même, avec son désir de détachement total, de perfection, de sainteté. Alors le vieil homme rassembla ses forces pour communier et pour prendre congé. Des larmes roulaient sur ses joues, nous ne pouvions le regarder sans pleurer à notre tour.

Un sursaut d'énergie lui permit de rester debout, très ferme. Il tenait d'une main une icône, de l'autre un nouveau cierge allumé. Les trois prêtres, le sacristain baisèrent l'icône, puis ils baisèrent la main de celui qui n'était plus leur archimandrite, mais un homme de Dieu consacré à la mort et celui-ci les bénit, un à un, avec lenteur.

Son successeur prit la parole. Comme il parlait en slavon liturgique, José ne comprit pas ce qu'il disait. Mais on devinait qu'il demandait au vieil homme de leur donner ses grâces avant de partir pour le ciel et lui disait que, sans son intervention, ils n'iraient jamais au Paradis. Le candidat à la réclusion et à la mort écoutait avec humilité. Plusieurs fois il hocha la tête, esquissa un geste des mains comme pour repousser l'excès d'honneur qu'on lui faisait : il ne commettait pas la folie de se croire un saint ni même un bienheureux : il n'était que pénitence, mansuétude, détachement. Puis il traversa l'église sans regarder de côté ni d'autre, déjà possédé par la solitude, par le silence, et nous le vîmes disparaître dans le monastère d'où il ne doit pas ressortir vivant.

*

Les Macédoniens vous accueillent avec grâce : la vertu d'hospitalité se pratique comme jadis. Ils s'efforcent à la gaieté, mais une tristesse nostalgique, langoureuse où l'indolence entre pour autant que l'effroi, tempère l'éclat de cette gaieté. On les sent fiers d'être libres et libres par fierté naturelle. Même si leur langue, établie tout récemment et qui prétend descendre en ligne droite de la première traduction slave des Écritures que firent Cyrille et Méthode, ne possède pas toute la pureté que l'on dit, peu importe, le peuple a une tradition non écrite qu'on sent dans ses regards, dans son sourire et dans ses gestes. Ce ne sont ni des esclaves, ni des parvenus, ni des petits-bourgeois, ni des brigands, mais des gens polis, civilisés. On retrouve en eux la douceur lointaine et distante de ceux qui connurent la grandeur, la gloire et dont l'abaissement n'a pas éteint la noblesse : se souviennent-ils d'Alexandre ? Rêvent-ils du temps où les Macédoniens, Basile Ier et ses successeurs, occupaient le trône de Byzance ? Ce fut pour eux une époque prospère, la plus heureuse qu'ils aient connue peut-être, que ces IXe, Xe, XIe siècles si troublés pour tous les pays d'Occident. Ils allaient payer cette longue faveur du sort. L'invasion turque détruisit leur puissance.

On se demande pourquoi, mort ambulant, j'erre dans le passé. L'actualité n'a-t-elle rien à offrir ? Si, bien sûr, mais je ne fais pas de différence entre passé et présent. Le passé n'est jamais aboli et le présent n'a pas autant de réalité que certains le croient. Est-ce parce que nous vivons au XXe siècle qu'il doit seul nous intéresser ? Voilà une idée contre laquelle proteste la Macédoine, marquée de tant de civilisations successives.

Où découvrir l'aspect véridique de ce pays ? Sera-ce à Skoplje, la capitale où l'on a voulu troquer la civilisation gréco-turque estimée réactionnaire contre ce qui se fait en Occident ? Partout la maison en boîte à savon, le meuble en série, le vêtement de confection : est-ce là tout ce qu'on juge digne de nous être emprunté ? On se croirait plutôt dans la banlieue parisienne ou dans un faubourg d'Essen que dans l'ancienne Uskub. Heureusement, il reste le quartier turc avec ses mosquées, son bazar, son caravansérail et ses bains, et un quartier gitan, plus étonnant encore. Le curieux, l'étrange même, n'y manque pas, mais n'a rien à voir avec la Macédoine.

La trouverons-nous davantage dans ces villages accrochés aux flancs des montagnes, qui ressemblent de loin à des nids de frelons ? Sûrement, mais il y faut monter à pied ou à cheval, et le voyageur pressé renonce à l'expédition. Elle vaut la peine pourtant qu'on s'y décide, surtout lorsque le but choisi est un village, comme Nérézi, dont l'église offre, après Ohrid, l'ensemble de fresques le plus complet et le mieux conservé de ce pays.

De loin, les montagnes violettes et grises ont l'air recouvertes d'une toison si douce à l'œil qu'on a envie de la caresser. On s'approche, elles sont arides, hostiles. On s'engage sur les premières pentes, des haies d'églantiers, de clématites, de buissons odorants tempèrent l'âpre crudité de leurs flancs. Nous sommes juchés les uns sur des chevaux, les autres sur des mulets ; les selles de bois sont rustiques à souhait, mais bien cruelles. Nous arriverons là-haut vermoulus. Nos montures s'arrêtent, repartent, trottinent, refusent d'avancer, se couchent sur le sentier raviné. Le sucre n'arrive pas plus à les amadouer que la trique à les faire obéir ; elles se remettent en marche sans qu'on sache pourquoi, quand on avait déjà désespéré de leur zèle. On parvient ainsi à Nérézi au bout d'une heure ou davantage, avec la certitude d'avoir fait marche arrière dans le temps : trois siècles, cinq siècles, un ou deux millénaires ? Ici le temps ne compte plus.

Le vieillard, qui dans l'enclos du monastère nous accueille d'une triple salutation à la façon macédonienne d'autrefois, semble le savoir.

Il s'assied avec nous sur le banc, à l'ombre ; ses filles apportent l'eau fraîche, du raki et des pommes. Elles se tiennent à l'écart et debout, comme il convient à des femmes, en se bornant à nous dévisager de leurs yeux attentifs et doux. Elles s'en voudraient de sourire ou d'avoir l'air d'écouter.

Pourtant la conversation qui se poursuit entre José et notre hôte semble des plus animées, mais le moyen d'en saisir un mot ? Le vieillard de Nérézi, si pareil à ces patriarches de l'Église grecque que l'on voit sur les fresques vêtus de chapes blanches ornées de croix noires, doit prononcer des phrases pleines de sagesse et de poésie.

Aussi c'est avec une autorité pleine de mansuétude qu'il nous conduit à l'église et nous en fait admirer les fresques, plus majestueux, plus satisfait que si elles lui appartenaient. Son orgueil se conçoit : elles offrent ce qu'on peut voir de plus beau dans ce pays, elles devancent même toutes les peintures européennes du XIIe siècle. On a la chance de connaître leur date exacte : 1164. Que faisaient à la même époque les artistes de France, et même d'Italie ? Pour l'Occident tombé dans le chaos, depuis si longtemps en proie aux Barbares, c'est de Byzance que venait toute la lumière, tout courant artistique. Et il faudra attendre encore plus d'un siècle avant que Cimabue et Duccio n'aient produit leurs premières œuvres. Les peintres inconnus de Nérézi, eux, bénéficiaient de la tradition technique byzantine ; qu'ils fussent originaires de Constantinople ou de Macédoine, on reconnaît en eux l'école de Byzance.

Si l'on voit dans maint ensemble de fresques la Passion et la Résurrection du Christ, Nérézi offre la nouveauté de représenter la *Descente de Croix*, la *Mise au Tombeau* et la *Déploration de la Vierge*. Ces scènes tragiques, et choisies sans doute à cause de leur pathétisme, sont les plus réussies de toutes, surtout la dernière qui se compare avec avantage à notre *Pietà* d'Avignon du XVe siècle. Leur composition au dessin appuyé, expressif, tient davantage compte des exigences plastiques que de l'observation visuelle et, pour cela, exprime d'autant mieux la meurtrissure du cœur, l'accablement de l'âme que l'exaltation de la souffrance et de la mort se trouve figurée par des procédés artistiques plus hardis.

Est-ce à force de contempler cet ensemble de fresques, représentant un univers qui a repris sa place dans l'ordre de Dieu et des créatures réconciliées avec le Créateur, que le vieillard de Nérézi a chassé la peur et l'inquiétude qui tourmentent presque tous les hommes ?

*

Il existe encore un monastère derviche à Skoplje, Uskub à l'époque ottomane, le dernier sans doute en Europe depuis que Mustafa Kemal les fit tous fermer en Turquie. Je ne l'ai pas visité : les curieux se reporteront au livre d'Anatole de Meibohm, *Démons, derviches et saints*.

On a beaucoup raillé le mysticisme des confréries musulmanes ; le nom même de tourneur accolé à celui de derviche exprime la dérision de la chrétienté. Mais Barrès, mais Loti qui faisaient grand cas de Djelal ed-Din Roumi, fondateur de l'ordre des Mevlevi, à Konya, et grand poète, s'inscrivent en faux contre ce préjugé. André Massignon constate que, depuis la mort de Mustafa Kemal, « l'âme turque reprend le sens du sacré, le désir d'une pure adoration de la Transcendance » et Anatole de Meibohm, bien qu'il reconnaisse que les derviches ont dégénéré depuis la création des quatre grands ordres, exalte leur activité. « Leur but, dit-il, est de relever le niveau spirituel des fidèles. La confrérie s'occupe davantage de la vie intérieure de ses membres que de leur vie publique. Ce sont surtout les pauvres, les humbles qui entrent dans les ordres... car il est plus facile de renoncer aux biens terrestres qu'aux privilèges de classe, et surtout aux privilèges de l'instruction et de l'intelligence. Le milieu des derviches n'accepte pas les orgueilleux. »

Il exige un tel renoncement, une telle immolation de son orgueil, de son amour-propre et de sa volonté que beaucoup s'en tiennent au degré d'initiation inférieur, ou restent simplement sympathisants dans une sorte de tiers ordre.

À défaut de l'expérience privilégiée d'Anatole de Meibohm, chacun peut se faire une idée d'un monastère derviche ou *tekké* ; il suffit d'aller à une cinquantaine de kilomètres de Skoplje, à Tetovo. Ce gros bourg, d'allure orientale, possède une mosquée unique en son genre ; à l'extérieur comme à l'intérieur, elle est entièrement peinte dans le goût du XVIIIe siècle finissant. On croirait moins un véritable lieu de prière qu'une de ces turqueries qu'on trouve dans les parcs de principautés allemandes à l'époque rococo, par exemple à Schwetzingen.

L'extérieur, tout en stuc colorié, s'en tient aux motifs géométriques. Leurs teintes passées leur donnent un charme pénétrant ; nous sommes encore en Orient. Le portique déjà s'orne de bouquets de fleurs très Pompadour. C'est l'intérieur surtout qui réserve des surprises ; on dirait un coffret tendu d'une étoffe des Indes aux dessins exquis et désuets. Ce ne sont que stucs, peinture à la gouache, miniatures, paysages disposés parmi les fenêtres de plâtre ajouré. La coupole est décorée de feuilles luxuriantes qui se tressent autour de médaillons où l'on retrouve ces jardins, ces vasques, ces fontaines dont sont remplis les poèmes arabes. Le long de la corniche, des paysages nous montrent Constantinople, le Bosphore, des villes hérissées de minarets, des ports, des bateaux. Le reste de la vaste salle est orné d'arabesques, de guirlandes de fleurs, de bouquets de fruits ; sensation de fraîcheur, de simplicité savante, d'aimable délire.

L'imam qui nous fait les honneurs de sa maison est aussi raffiné que les tapis anciens sur lesquels nous marchons pieds nus.

Sous le portique, il se plaît à nous raconter l'histoire du pacha Abdiraman dont le grand tombeau se dresse à quelques pas dans le jardin.

– Savez-vous pourquoi il reste à ciel ouvert ? Chaque fois qu'on a tenté de le couvrir, la maçonnerie s'est effondrée. C'est que l'âme du pacha veut pouvoir s'envoler quand elle veut et rentrer à loisir dans son tombeau comme un pigeon dans son pigeonnier.

Toutes les religions ont leurs prodiges : celui-ci, qui enchante l'imagination, nous dispose comme il faut à la visite du monastère derviche, la Harabati Baba Tekké, qu'on trouve au sortir de Tetovo. C'est un ensemble de bâtiments distribués sans ordre dans un verger, le verger le plus négligé, mais aussi le plus odorant qui soit. Les différents logis, simples rez-de-chaussée le plus souvent, sont agrandis par des treilles luxuriantes où fleurs et fruits semblent bourdonner comme des insectes.

Le kiosque aux ablutions, en marbre finement sculpté, la mosquée d'hiver, celle d'été avec sa fontaine, la cuisine avec sa coupole ornée de stuc, l'habitation du prieur, la chapelle pour les exercices spirituels et ce pavillon construit à l'écart d'où les femmes peuvent assister au culte, le cimetière enfin des prieurs, des pachas, avec son plafond de marqueterie somptueuse, et le lit vide, casques et lances au chevet, où repose le Dieu, tout cela éveille en nous des images à la fois guerrières et pastorales, édifiantes et voluptueuses, sacrées et profanes, mais rien qui nous fasse sentir ce renoncement, cette pauvreté absolue, cette rigueur dont parle Anatole de Meibohm à propos des derviches.

Ceux de Harabati Baba Tekké s'étaient-ils relâchés comme beaucoup d'ordres chrétiens le firent à la Renaissance ? Sans doute, car on ne respire ici que langueurs, sourires, « luxe, calme et volupté ». À moins que les lieux abandonnés ne trahissent ceux qui leur insufflaient la vie.

*

C'est une rude affaire que d'escalader le Korab albanais, surtout si l'on veut arriver à l'étape avant la nuit tombée. Mais rien de plus ardu que de presser l'allure sur ces chemins de montagne tantôt asphaltés, tantôt empierrés, tantôt simples pistes de terre. Nous atteignons le lac de Mavrono, une fois le soleil couché : cela signifie qu'il faudra franchir les gorges de la Mala Reka dans l'obscurité.

Elles sont d'ailleurs profondes, sauvages, romantiques à souhait et d'autant plus sinistres qu'il n'y a pas de lune. Elles devaient paraître interminables autrefois à ceux qui les passaient à pied ou à cheval et bien peu sûres ; les brigands albanais trouvaient dans ces roches, ces falaises et ces sommets alentour des repaires d'élection.

Pas question bien entendu de coucher ailleurs qu'au monastère de Saint-Jean-Bigorski ; les villages indiqués sur la carte sont inaccessibles en voiture. De faibles lumières, ici et là, révèlent leur existence. Dans les gorges mêmes, pas un village, pas une maison.

Il s'agit de ne pas manquer le chemin du monastère : d'après la carte, il doit se détacher sur la gauche du torrent. Mais la route franchit tant de fois le Ceni Drim que nous ne savons plus de quel côté nous sommes. Il nous reste à écarquiller les yeux et tâcher, à la lueur des phares, de lire les rares indications.

À la sortie du défilé, comme il fallait s'y attendre pour un couvent hospitalier, nous découvrons enfin, sur la gauche en effet, une plaque indicatrice et un sentier : il grimpe à ne pas croire. On avance lentement comme dans un rêve. Les ténèbres sont complètes. Tout à coup de hautes murailles se dressent devant nous. Une poterne fermée nous arrête. C'est le château de la Belle au bois dormant, surgi de l'obscurité, suspendu au-dessus du vide. Il a l'air de flotter sur les bois – d'être accroché au flanc de la montagne comme les refuges que l'on suspend aux arbres pour la protection des oiseaux.

Le gardien ouvre les vantaux, nous entrons sous le porche, mais le château ne se ranime pas. Château est un terme impropre pour cet ensemble de bâtiments disposés au hasard, les uns sur les autres, qui occupent l'étroite plate-forme ménagée par une saillie de rochers. Nous passons devant ce qui doit être l'église et, par des escaliers de bois qui craquent, le gardien nous conduit au konak, à l'hostellerie du monastère, tout au sommet, où des lits nous sont préparés. Étrange ascension. C'est trop peu dire que je ne sais où j'en suis, cette suite d'escaliers, de galeries, de paliers grinçants tient du belvédère, du pigeonnier, du tremplin de ski et ressemble à cette tour de sapin où se réfugient pour y périr dans les flammes les vieux-croyants au dernier acte de la *Khovanchtchina*.

Le gardien nous a donné pour nous honorer, non des cellules de pèlerins, mais l'appartement du vladika. Des murs passés à la chaux, des lits de camp, deux canapés, une table avec une collation préparée : du raki et du fromage blanc. Les fenêtres s'ouvrent sur les montagnes invisibles, le bruit du torrent qui monte et se répercute dans la vallée remplit la pièce.

Hommes et femmes faisaient profession à Saint-Jean-Bigorski : la religion orthodoxe encourage les couvents mixtes. Il recueillait aussi, au sortir de cet affreux défilé, tous ceux que leur piété ou leur appétit du gain chassaient sur les routes. Il abritait pour l'hiver les ermites traqués dans leurs grottes de la montagne, par la neige et par le gel. Son cellier était bien garni, ses greniers toujours pleins. Son église étincelait. Maintenant il ne se survit même pas : le dernier moine est mort en 1948, la dernière religieuse l'année suivante. Il a subi le sort des édifices dont on ne sait que faire : il sert de curiosité, de musée, de but de promenade, ce qui est une double mort. Il ne loge plus de voyageurs. Si nous lui donnons, pour une nuit, une de ses activités d'autrefois, c'est une faveur que nous a faite le directeur des Musées de Macédoine.

Nous dînons dans la cuisine des gardiens.

Leur gentillesse a chassé les démons que l'obscurité attire autour du couvent. La nuit se passe sans cauchemars. Le soleil nous réveille de bonne heure.

Nous découvrons alors l'ensemble du couvent : rien de plus bizarre, de plus disparate : les bâtiments s'étagent au petit bonheur et gardent leur stabilité par miracle : une falaise à pic par-devant, une muraille de rochers par-derrière, la forêt tout autour.

L'église éclate de tous les ors, de toutes ses peintures à fond doré comme pour prendre revanche sur la nature brute qui l'entoure. La décoration intérieure, fourmillante et surchargée, reproduit en bois sculpté les arabesques et les entrelacs des tapis persans. Aucun sens de la plastique, de l'effet monumental, de l'harmonie de l'ensemble : jamais le baroque espagnol, le rococo allemand ne parviennent à cette pulvérisation de la forme. Le détail, amoureusement fouillé, est recherché pour lui-même, dans un esprit naturaliste qui surprend toujours dans une église orthodoxe. On oublie que depuis le XIVe siècle, l'art byzantin agonise en se répétant jusqu'à l'écœurement. Quand une technique dégénère, elle donne dans le naturalisme. On juge par-là de l'asphyxie progressive que la Macédoine a subie sous l'occupation turque : l'art, condamné aux formules traditionnelles, s'y est étiolé comme s'y sont usées les forces vives de la nation.

*

Quand la restauration de Sainte-Sophie d'Ohrid aura pris fin, les amateurs d'art feront le voyage en Macédoine rien que pour l'admirer; par son architecture, elle établit le lien entre les églises de Ravenne et le style roman, par ses fresques elle montre quel progrès furent accomplis par les artistes byzantins après la défaite des iconoclastes et quels sont les modèles des anges peints au couvent de Sainte-Cécile, à Rome, par Cavallini, le second maître de Giotto. Si les savants reconnaissent un jour à la Macédoine un art propre, issu de Byzance, mais assez indépendant pour prendre le titre d'école, c'est Sainte-Sophie qui les fournira en arguments.

Dans l'état actuel des travaux, elle nous émerveille déjà. La basilique à trois nefs, longue et plutôt basse, bien éclairée, date du XIe siècle. L'absence de transept et de coupole accentue la pureté de ses proportions et la simplicité de ses lignes. Mais l'église ne serait que jolie sans cette double galerie, flanquée de tours massives, qui précède le narthex. Voilà ce qui la distingue des autres, ce qui relève la rusticité de son apparence d'une touche seigneuriale.

De cette galerie, on a dégagé la première rangée d'arcades, et pour cette raison excavé la rue. Quand un espace suffisant aura été ménagé pour qu'on puisse prendre du recul, on découvrira combien cette manière de portique, ajouté au début du XIVe siècle, était nécessaire à l'équilibre, à la solidité d'assise de Sainte-Sophie : cela lui donne sa beauté unique et sa grandeur.

Mais ce sont surtout les fresques qui nous troublent, de ce trouble de l'âme que produit la vue des œuvres d'art vraiment belles. Faut-il les dater de la première moitié du XIe siècle, comme l'affirment les archéologues ? Dans ce cas, deux siècles et demi avant Florence, ces artistes inconnus auraient réalisé ce dont on fait gloire à Giotto : par leur réalisme, par leur sens du volume et du mouvement ils auraient créé la peinture moderne de l'Occident.

La fresque de l'abside, la plus réussie de toutes, illustre un thème tout à fait byzantin : le Christ Pantocrator dans une gloire entourée de quatre anges, mais des anges les plus virils, les plus célestes, les plus innocents qui soient. Les plis accusés de leurs robes contiennent le ciel que leurs regards étonnés et ravis ne démentent pas.

Sur les parois de la basilique se déroule la procession des apôtres : c'est là que nous trouvons le réalisme des poses, l'individualisme des visages, le relief des volumes, l'illusion de la vérité et de la vie qui distinguent ces fresques des visions immobiles et abstraites de la peinture byzantine, tout cela sans que s'en trouvent amoindris l'aspect monumental et la grandeur plastique de l'ensemble.

Une surprise nous attend au plus haut de la voûte, juste sous l'arrondi de l'abside : une Vierge dans le sein de laquelle transparaît l'Enfant Jésus comme par le moyen de rayons X. Procédé fréquent au Moyen Age. Ce qui est moins fréquent, c'est que cette Vierge porte barbe et moustache. L'esprit rationnel suggère que le peintre a d'abord voulu peindre un Christ et qu'il s'est ravisé. Eh ! Que n'a-t-il passé une couche d'enduit et refait un visage ! On songe à ce conseil du père de Picasso à son fils, à l'âge où ce dernier recevait encore des conseils : « Quand tu es embarrassé, peins n'importe quoi. Si une tache noire vient au bout de ton pinceau, ça fera la barbe de saint Pierre ; si c'est une tache blanche, les joues de la Vierge. » Quand on pense à l'exactitude théologique que les artistes devaient observer dans leurs compositions, surtout dans un pays où le Concile de 787 qui sanctionnait le retour aux images avait décrété que les figures sacrées possédaient en elles une étincelle de la vertu divine, qu'elles étaient saintes, elles aussi, il est difficile de croire que le peintre ait pu s'abandonner à sa fantaisie. Faut-il voir là cette antique aspiration vers l'unité, mâle et femelle confondus, est-ce là le symbole de la perfection divine ?

CHAPITRE III

Comment je découvre que je suis encore le fils éternel – Les deux héros dont je porte les couleurs, Max le chasseur et le prince Siegfried – « Ne va pas plus loin ou c'est la mort ! » – La plume blanche de la princesse-cygne.

La Seconde Guerre mondiale a duré plus longtemps qu'on ne le croit : elle a commencé en 1938, elle n'a fini que dix ou douze ans plus tard. C'est dire qu'elle a mis hors de l'Histoire les hommes de ma génération qui n'ont pas eu de vraie jeunesse et qui sont tombés dans la maturité sans y être prêts. Ceux que j'aimais de passion, Martin qui était mort et Janine si fragile qui allait mourir bientôt, ne m'aidaient pas à rattraper le temps perdu et acquérir l'assurance qui me manquait.

Après l'accident, la jambe plâtrée, j'eus le loisir de réfléchir sur moi-même et de déchiffrer mon destin.

Je ne triche pas sur mon âge, seulement il m'arrive de l'oublier. J'agis alors comme si j'étais encore jeune, je me crois dans l'éternité. Éternité fragile, la plus dérisoire anicroche me ramène à mon âge réel que je découvre soudain ; suis-je si vieux ? Je n'arrive pas à le croire ! Si je pouvais me regarder avec les yeux d'autrui, mon incrédulité se dissiperait. Mais j'ai beau scruter mon visage et constater que le temps l'a marqué, belle découverte qui ne me renseigne pas sur mon âge véritable : en dépit des rides et des joues creusées, je suis resté un enfant.

Un vieil enfant tant qu'on voudra, mais puisque j'ai gardé les élans et les illusions de mes vingt ans, c'est comme si je les avais encore.

Ce n'était pas vingt, mais quarante ans qui m'étaient échus le 11 août 1953 dans l'île de Bled. Et pourtant, le front un peu dégarni, je me sentais pareil à ce que j'étais naguère, non pas un page effronté ni un révolté hirsute ni un ambitieux prêt à avaler le monde, je ne l'ai jamais été, mais un Céladon bêta, tendre et langoureux. La sentimentalité visqueuse qui me désespérait naguère continuait à coller à ma peau.

Hofmannsthal écrit quelque part qu'il n'y a d'expériences réelles que ce qui vous révèle à vous-même : ma cheville brisée me servait à cela. L'immobilité forcée m'a obligé à toucher du doigt ma fragilité, à voir ce que je me refusais à voir. À quarante ans, j'aurais dû être marié, avoir des enfants ou bien un ami plus jeune que moi auquel j'aurais servi de père. Mais pour cela j'aurais dû cesser de rêver. C'était ce à quoi je ne pouvais renoncer. Autant me suicider. Je restais le rêveur impénitent, je ne saisissais que les reflets, pas les choses, que les images, pas les êtres de chair et de sang. J'appartenais toujours au royaume des ombres.

La jambe allongée sur le canapé, je voyais bien que c'était cette incapacité à mordre sur la réalité qui faisait de moi le fils éternel. J'avais l'âge d'être le mari, le père, mais la force intérieure me faisait défaut et je me complaisais dans mon état de dauphin, la couronne me paraissant trop lourde à porter.

Constat d'échec que j'essayais de gazer en me donnant dix ou douze ans avant de faire le grand huit, le saut de la mort, je veux dire, devenir un père. Aussi longtemps que mon propre père restait en vie, quel besoin d'anticiper sur l'inéluctable ? C'est avec d'aussi piètres arguments que je me réconfortais. Je ne me disais pas qu'avec le temps on risque de tomber dans la sénilité avant d'avoir endossé la toge virile !

Que de fois, au cours de mon existence, aurais-je baissé pavillon par conscience de ma fragilité ! Quelle est cette fêlure intime, cette incapacité à me jeter dans l'aventure ? Elle est avant tout d'ordre physique. Je sais que si ma volonté décide, mon corps ne suivra pas : c'est le muscle qui me fait défaut. Si j'avais remporté des prix d'athlétisme comme mon père, ma carrière aurait pris une autre tournure ; j'aurais osé affirmer mon ambition et dominer mon entourage. Mais, trop vulnérable, je n'ai jamais prétendu à cette mainmise sur les autres. D'où mon relatif échec en ce monde.

Sautillant sur ma canne, la cheville dans un plâtre de marche, je m'accordai un sursis : j'étais encore le dauphin, sans responsabilités, sans devoirs d'État. Je pouvais me jeter à ma guise dans la fantasmagorie théâtrale. C'est pour ça que j'avais accepté la chronique de *Combat*. J'assistais à tous les spectacles, j'en redemandais. Je transportais sur mon théâtre intime les aventures de héros imaginaires et les insérais dans le tissu de ma vie. Ils respiraient par ma bouche comme je vivais à travers eux : c'était un va-et-vient, un prêté rendu.

À qui déléguais-je le soin de s'aventurer à ma place ? À Max le chasseur et au prince Siegfried, pas au gaillard intrépide de Wagner, au prince du *Lac des cygnes*. Je me confondais avec eux au point de souffrir de leur détresse et de subir les mêmes tentations.

Bien que j'aie trois fois l'âge qu'ils ont dans les œuvres qu'ils animent, ils demeurent encore aujourd'hui les symboles de mon destin : c'est qu'ils incarnent les thèmes de la tentation et du salut. Ils sont écartelés entre l'amour sincère et les puissances maléfiques, Max entre Agathe et Samiel qui incarne le Démon, Siegfried entre Odette et un ténébreux magicien. Tous les deux sont tentés au-delà de leurs forces et succombent. Siegfried meurt désespéré, Max ne survit que par l'effet d'un miracle. La tentation a orienté toute mon existence ; j'y suis tombé plusieurs fois quand j'ai douté de l'amour de Dieu, quand m'a saisi le vertige du néant. Vaille que vaille, j'ai relevé la tête, j'ai essayé de faire figure comme me l'enseignait ma mère. Ne jamais s'attendrir, ne jamais pleurnicher ni sur soi-même ni sur les autres. Pour tenir le coup, il faut garder le cap. Il n'y a qu'un pas entre le salut et la damnation.

Max n'est pas, de loin, aussi célèbre que Don Juan ou Roméo, il s'agit du franc-tireur du fantastique, du Freischütz. Mon amour pour lui me vient de ce radieux hiver de 1919 où j'ai connu l'absolue félicité. Ma mère, ne tremblant plus pour la vie de son mari, se donnait tout entière au bonheur de son fils. Tous les soirs, alors que j'étais déjà couché, elle me jouait la fantaisie sur *le Freischütz* que je lui réclamais. Elle me régalait de commentaires : « Maintenant tu entends les chasseurs qui boivent et qui dansent... Attention, nous entrons dans la Gorge aux loups. » Sur quoi c'étaient des accords plaqués, des trémolos dans le registre grave. Alors elle me disait d'une voix changée : « Écoute, le Diable va parler... »

En fait, Satan a délégué Samiel, un de ses suppôts. Max n'est pas un assez gros gibier pour qu'il se déplace en personne. Mais pour Maman, élevée par les bonnes sœurs, la hiérarchie infernale n'existait pas.

Elle n'avait jamais vu l'opéra sur scène, d'où tenait-elle ces précisions ? De son professeur de piano. Mais lequel ?

Au Palais Garnier on a joué pour la dernière fois le chef-d'œuvre de Weber en 1927 avec Germaine Lubin en Agathe et Verdière en Max : j'étais alors trop jeune pour y assister. Pendant longtemps je n'ai connu de l'opéra que l'ouverture, les airs principaux et la scène de la Gorge aux loups, exemple insurpassé de la beauté fantastique. C'est le souvenir de ma mère jouant la fantaisie sur *le Freischütz* qui a cristallisé mon amour pour la forêt saxonne et les prestiges du merveilleux germanique. Le génie de Weber est lié à jamais à l'image de celle qui mourut si jeune et qui jouait du piano en chantant à mi-voix pour m'endormir.

À Hambourg en 1952, lors d'une représentation du *Freischütz*, mes amis s'étonnèrent de me voir en larmes : c'est que j'avais de nouveau six ans, que ma mère vivait encore et qu'avec les harmonies de Weber, je m'enfonçais dans la forêt. Pour y retrouver qui ? Mais, bien sûr, mon chasseur vert. Ce récit que certains s'accordent encore aujourd'hui pour trouver réussi se souvient de Weber. Max le Freischütz me donne la main quand nous pénétrons dans sa hutte.

Depuis Hambourg, j'ai bien vu l'opéra une vingtaine de fois, j'en possède trois enregistrements que j'écoute de temps à autre : Max est mon double, mon tenant-lieu, il me montre les périls que l'on court quand on sert le Malin. Afin de gagner le concours de tir et la main d'Agathe, il vend son âme au Diable et manque de tuer sa fiancée. C'est la prière d'un saint ermite qui détourne la balle maudite sur le coupable Kaspar. Il ne faut rien de moins qu'un miracle pour sauver le chasseur. Mais je sais que, si moi je cédais à la tentation du désespoir, rien ne me garantirait de la boue putride des ténèbres. Martin lui-même ne me sauverait pas. Si l'on tombe dans la tentation majeure, céder au désespoir, s'abandonner à sa faiblesse, douter de la miséricorde de Dieu, alors on est perdu à jamais.

Dans *le Freischütz* la forêt symbolise la puissance de la nature sauvage, la frénésie sexuelle, l'inconscient grouillant de pulsions malsaines, tout ce que le christianisme nous a appris à repousser comme appartenant à Satan. Nous l'avons refoulé dans l'épaisseur des bois. C'est là qu'on trouve le dieu des sorciers, des brigands, des hors-la-loi. Le triomphe de Jésus a obligé le Grand Pan et les anciens dieux à se retirer dans des lieux inaccessibles, dans le désert, sur les cimes. La conscience populaire les assimile aux démons. Ils incarnent le Mal. Ils attirent les téméraires et les rebelles, les réprouvés.

Le chasseur Max possède toutes les qualités qu'on souhaite trouver dans un homme, mais il doute de lui-même, il ne cherche pas à dominer le monde qui l'entoure. Et quand on doute de soi, la moindre entreprise vous désarçonne, ne serait-ce qu'un concours de tir.

Il sait, et tout le monde le sait dans le village, qu'il existe un moyen de rendre les balles infaillibles, s'en remettre à Satan, à la sorcellerie. Justement, Kaspar, valet et victime de Satan, lui propose de fondre des balles et de les rendre fées : il en faudra sept, dont six iront au but, la septième appartenant au Malin qui la dirigera où il veut, même sur le cœur de sa fiancée. Cela, Max le sait et il accepte le risque, il consent à sa perte, car enfin si Agathe tombait morte, que lui resterait-il à faire sinon se suicider ? Il le sait et pourtant il le fait. Comme lui, nous sommes faibles et pervers, nous aspirons à notre ruine : nous doutons de nous-mêmes, de l'amour de Dieu et nous écoutons le Tentateur.

C'est dans la Gorge aux loups, lieu hanté par les lémures et les vampires et que la croyance populaire assigne comme habitacle du Diable, qu'ont lieu la fonte des balles ensorcelées et la conjuration. Kaspar se met à l'œuvre, Max frémit à chaque prodige, mais il ne prend pas ses jambes à son cou. La première balle éveille les hiboux et les effraies, la seconde libère un sanglier écumant, la troisième fait lever la tempête, la quatrième des roues de paille enflammées, offrandes aux divinités païennes, la cinquième suscite la poursuite infernale, celle du chasseur maudit, la sixième amène le déchaînement de la nature sexualisée, orgiaque, frénétique qui préside au sabbat ; la septième fait apparaître Samiel, un avatar de Satan. Le grand Seigneur, le Lucifer ténébreux, ne se déplace lui-même que pour des affaires d'importance. Samiel ne dit que trois mots, mais d'une voix si terrifiante que Max tombe à la renverse : *Hier bin ich !* (Me voici !) Le chasseur est évanoui, mais il a gardé les balles magiques dans le creux de sa main. Il est perdu.

Le jour du concours, il atteint toutes les cibles, il va remporter la victoire. Le prince lui demande de viser une colombe qui apparaît à l'instant où arrivent Agathe et un saint ermite. C'est la septième balle. Va-t-il la tirer ? Il appuie sur la détente, Agathe s'écroule. Cri d'horreur de l'assemblée. Elle se relève pourtant : le saint ermite a prié Dieu de détourner le projectile sur Kaspar, sur le coupable qui meurt en proférant des blasphèmes.

La représentation théâtrale ne parvient pas à donner un équivalent du tourment et de l'horreur que sécrète la musique inventée par Weber : c'est qu'elle est en prise directe avec l'imaginaire. Que nous croyions ou non à l'efficacité de la sorcellerie, ce qui nous bouleverse, c'est la présence de l'Innommable, de ce Mal toujours prêt à nous dévorer. Dans l'opéra de Weber on n'entend pas seulement les halètements des vampires, les cris des spectres, les râles des damnés, on est oppressé par les ténèbres, par le désespoir de Max. L'apparition de Samiel ne fait que confirmer le sentiment de malaise et d'épouvante qui nous étreint. La puissance du Mal, thème majeur du fantastique, a trouvé là sa beauté terrible et définitive.

Ce que j'appelle le Mal n'est pas l'acte de chair. C'est seulement quand la volupté, recherchée comme unique but de l'existence, nous a dégradés jusqu'à la plus insignifiante expression de nous-mêmes que le plaisir charnel nous met en danger de mort. Mais le Mal se manifeste sous bien d'autres formes et ses visages sont multiples : le doute qui vous ronge, la tiédeur, la veulerie, le goût de l'abjection, de la destruction des autres et de soi-même, l'attirance de l'abîme, autant de tentations qui portent la marque de l'Ennemi numéro Un. Les mystiques, les pieux anachorètes, ceux qui ont déjoué les ruses de Satan, résisté à ses pompes et à ses œuvres, redoutent plus que tout ce qui est pour eux le Mal absolu : c'est ce qu'on nomme en latin, *acedia*, dégoût de soi-même et de la vie, découragement, indifférence à tout, aridité du cœur, désolation, sécheresse... Il est arrivé à quelques saints canonisés par Rome de traverser cette épreuve, la pire de toutes celles qu'ils eurent à supporter. Un François d'Assise, une Thérèse d'Avila n'ont jamais su ce qu'elle représentait. Ils étaient trop brûlants et brûlés par l'amour de Dieu.

Mais le trop faillible Freischütz et moi-même si souvent prêt au faux pas ? Je glisse et me brise la cheville... C'est le moindre mal.

J'ai été exposé au Mal en certaines occasions de ma vie. Si l'épreuve n'a pas pris pour moi la forme exemplaire du *Freischütz*, forêt germanique, guerre de Trente Ans, amours contrariées, concours de tir, balles magiques et apparition du Diable, je n'en ai pas moins respiré l'odeur infecte des marais infernaux. En cette occasion par exemple.

Au début des années 60, j'étais en proie à des contradictions que je n'arrivais pas à surmonter : je formais des projets ambitieux et doutais de mes forces, je mettais en cause mon identité, moi qui jusqu'alors avais cru savoir qui j'étais. Connaissant les limites de mon courage, je ne mesurais pas au juste jusqu'où je pouvais aller dans la lâcheté. On me réputait intelligent et déterminé, je me trouvais bêta, brouillon, impressionnable, prêt à écouter le docteur Miracle. Je tenais mon esprit en perpétuel exercice et rêvais de loisir, de paresse. En un mot, j'étais en plein désarroi.

J'en arrivais même à me demander si je n'allais pas abandonner la littérature fantastique pour la chronique musicale et la biographie : mon *Schubert* et mon *Wagner* se vendaient à foison. Ironie du sort, je réussissais dans un domaine où je ne me croyais pas destiné. J'avais beau me dire que mes livres différaient tellement de ceux qu'applaudissait le public, qu'ils étaient si étrangers aux désirs, aux craintes et aux rêves des hommes de mon temps que je ne pouvais compter sur de nombreux lecteurs, j'avais beau me tenir ces propos lucides et dévisager la vérité, cela me décourageait de rester dans l'obscurité.

Bref, je m'acheminais vers la cinquantaine et j'étais, sinon à la dérive, du moins à la merci des coups du sort. Je me sentais fasciné par les côtés les plus troubles et les plus sombres de ma nature et comme le chasseur Max j'étais tenté d'en appeler à Satan et d'aller fondre des balles dans la Gorge aux loups. Aujourd'hui la sorcellerie a pris d'autres formes, mais se vendre au journalisme ou bien à certaines puissances, succomber aux boniments des charlatans, se laisser exploiter par des chevaliers d'industrie, tout cela c'est s'abandonner au désespoir, c'est se trahir. En cessant de confier mon salut à l'imaginaire, d'écrire dans le genre qui est le mien, c'était non seulement me trahir moi-même, c'était aussi trahir Martin qui me servait de guide dans l'invisible. Me précédant sur le chemin qui traverse « la forêt de symboles », il écartait de moi les monstres les plus dangereux, je veux dire le doute, l'indifférence à tout, le désespoir.

J'interprète dans ce sens ce qui m'arriva à Strasbourg. On me dira qu'il s'agit là d'un incident, d'un simple fait. Les faits ne sont que les faits, il s'agit de savoir quelle résonance ils prennent dans votre vie.

J'étais venu dans la capitale alsacienne à l'occasion du festival. Ayant rompu avec l'enseignement, j'étais libre de mon temps, je pouvais assister aussi bien au Mai de Florence qu'à celui de Bordeaux, aux créations faites en Allemagne ou à Marseille, j'étais libre, mais plus angoissé, plus désorienté que jamais. Un autre aurait sombré dans l'alcoolisme ou dans les stupéfiants, mais le piège me paraissait trop grossier, je n'étais quand même pas tombé si bas ! Je me torturais, je me dépitais, je séchais sur pied, pourtant je ne me méprisais pas, je ne voulais pas me détruire à plaisir...

J'errais donc comme une âme en peine dans le parc de l'Orangerie. Je n'avais aucun désir précis, je ruminais les pensées les plus moroses sur ma situation littéraire : si mes livres trop singuliers, trop en marge ne trouvaient pas de lecteurs, allais-je continuer un combat aussi inégal, aussi vain, sans autre issue que ma défaite et ma mort ? La journée avait été ensoleillée, la lumière déclinante prêtait une apparence irréelle, ambrée aux arbres des allées. Je n'avais pas aperçu certaine trouée à travers les taillis que mon ami Camille Claus, le peintre-poète, m'avait recommandée : elle offrait, paraît-il, la plus belle vue sur le château de la Robertsau. J'avais dû m'égarer ou bien des immeubles s'étaient construits qui bouchaient la vue ou bien quelque démon me détournait du bon chemin.

Je n'avais aucune idée de l'endroit où je me trouvais quand, tout à coup, un homme surgit devant moi. Il avait dû sortir d'un fourré, je ne l'avais pas vu s'approcher. Grand, basané, il portait un costume flottant, un chapeau à large bord enfoncé jusqu'aux yeux. On l'aurait pris pour un gitan, n'était sa taille qui l'apparentait aux lansquenets. Il me barra la route et d'une voix forte et sombre m'ordonna de rebrousser chemin.

– Ne va pas plus loin, ou bien c'est la mort !

Je lui obéis sur-le-champ, tournai les talons et sentis son regard peser sur mes épaules tandis que je m'éloignais. Était-ce un fou ? Un illuminé ? Un homme sauvage vivant dans les marais de l'Ill ? Je hâtai le pas, allant droit devant moi. Je ne me retournai qu'après avoir mis une bonne distance entre lui et moi : il restait fiché au même endroit, farouche gardien d'on ne sait quel domaine.

Que signifiait cette apparition ? Si l'homme ne me trompait pas, son avertissement était clair. Je devais redouter le pire si je m'obstinais à vivre dans la déréliction. Passée certaine limite, il n'y a plus que la mort. Quand on subit la séduction des ténèbres, on arrive à un point de non-retour où il ne vous reste plus qu'à rendre les armes et attendre le coup de grâce.

*

Le prince Siegfried connaît les mêmes affres que le chasseur Max, mais lui ne conjure pas le Diable de lui venir en aide. Son adversaire est un génie pervers qui enlève les jeunes filles et les transforme en cygnes. C'est que nous sommes en Russie et que les contes de nourrice font souvent appel à ces oiseaux : les légendes du Nord rapportées par Andersen, Pouchkine, Musaeus, sans parler du mythe grec de Zeus s'unissant à Léda sous l'apparence d'un cygne, combinent les ambiguïtés de cet oiseau emblématique. Sa blancheur, sa grâce quand il vogue sur les eaux évoquent la pureté, la virginité, la poésie, il est alors Lohengrin, Mallarmé, Louis II de Bavière. Mais sa violence, son agressivité, son ardeur sensuelle suggèrent aussi Zeus triomphant, le chevalier teutonique, l'amant qui ignore la fatigue et la satiété. Tchaïkovski qui avait été un « enfant de verre », puis un adolescent meurtri quand il prit conscience qu'il aimait les garçons, choisit le cygne comme symbole de lui-même : l'oiseau incarnait à la fois son désir et l'objet de son désir, son propre sexe. Le cygne était son double. C'est pourquoi il voulut traiter en un ballet un sujet qui lui tenait tant à cœur : il inventa *le Lac des cygnes*, son chef-d'œuvre, une confession déguisée.

L'ouvrage ne connut le succès qu'après la mort du compositeur quand la chorégraphie d'Ivanov et de Petipa, géniale, définitive, répondit aux intentions secrètes de Tchaïkovski. Ce ballet réunit les thèmes majeurs du romantisme, les prestiges de l'amour et de la mort, le salut et la damnation, le bonheur impossible sur la terre, l'union dans l'au-delà, sexes confondus et abolis, tout cela de façon assez complexe et imprécise, assez féerique et humaine à la fois pour ensorceler hommes et femmes quels que soient leurs caractères et leurs goûts amoureux. À chaque représentation le miracle se produit : chacun s'identifie à Siegfried, à Odette, la princesse-cygne, voire au magicien pervers et à son âme damnée Odile, la démone sans cœur, la femme-robot diabolique que Brigitte Helm incarna dans *Metropolis* de Fritz Lang et dans *l'Atlantide* de Pabst où cette actrice qui ne savait pas le français ne prononçait qu'un seul mot durant le film : quand elle jouait aux échecs et gagnait, elle disait : « Mat ! » qui se prononce comme *matt*, en allemand, « las », « fatigué ». Qui sait si Lang et Pabst ne se souvenaient pas de l'Odile du *Lac* quand ils indiquaient à leur interprète telle attitude, telle expression ? C'est en cela qu'on peut dire que *le Lac des cygnes* est une création collective. Chacun y dépose ses tortures, ses espérances et ses secrets.

L'argument du ballet combine le folklore russe, le mythe grec et les aventures personnelles du musicien. La veille de sa majorité, la veille du jour où il doit se choisir une fiancée et prendre le pouvoir, le prince Siegfried décide d'aller courir le gibier avec ses amis, retrouver la turbulence et les débordements de la complicité virile. Mais c'est bien autre chose que lui réserve cette chasse, l'amour fatal et tragique – et sous la forme d'un cygne !

Quand le prince aperçoit au-dessus du lac le vol de ces

oiseaux superbes et tendrement aimés, il s'identifie à l'un d'eux et s'apprête à le tuer, il veut recouvrer son double, absorber sa force vitale et devenir un cygne lui-même. Mais l'oiseau le supplie de ne pas tirer, il est une femme, une princesse métamorphosée. Elle s'appelle Odette, elle est tendre et passionnée. Il s'enflamme pour elle, Odette répond à son désir. Elle lui révèle que seul un serment d'amour fidèlement tenu peut rompre l'enchantement et lui rendre sa forme première. Siegfried, troublé par le mystère du lieu, le merveilleux de l'aventure et la beauté de la captive, n'hésite pas à lui jurer fidélité, amour sincère et service féodal. Elle devient sa dame et lui donne comme signe de leur union une plume blanche. Il rentre au château métamorphosé à son tour : en esprit, il est devenu cygne. La plume qui le protège est garante de son serment.

Mais Rothbart, le vampire qui enlève et asservit les jeunes filles, va mettre tout en œuvre pour le rendre parjure : s'il reste fidèle, le pouvoir du magicien sera détruit, les cygnes reprendront leur identité humaine. Au cours de la cérémonie où Siegfried doit élire sa future femme, il suscite une rivale au cygne du lac. Ce sera sa propre fille, Odile, à laquelle il confère la semblance d'Odette, mais une semblance inversée, comme trempée dans les sacrilèges de la nuit. Autant Odette éclate de blancheur et de pureté, autant l'autre sera noirceur et perversité. Coquette et luxurieuse, froide et déterminée, Odile allume les désirs les plus violents du prince, excite en lui les ardeurs du cygne. Elle ne se contente pas de ses transports les plus fougueux, de son délire charnel, il faut que le prince fasse au cygne noir les mêmes serments qu'au cygne immaculé et qu'il lui remette la plume blanche, le talisman de leur union. Et Siegfried consent. Il sait qu'il tombe dans le piège, qu'il signe l'arrêt de mort d'Odette et sa propre destruction, il s'anéantit lui-même et pourtant il accomplit le forfait, il donne la plume blanche au sosie maléfique d'Odette.

Cette trahison, cette vilenie réduisent Odette au désespoir, elle va expirer de douleur. Le prince, repentant (l'excuse vaut-elle quelque chose ? J'ai été trompé, j'ai été séduit, la tentation a été trop forte !), se précipite sur les bords du lac, afin de se faire pardonner. Elle pardonne, mais la déception et la douleur ont été trop fortes. Elle meurt dans ses bras. Rothbart, furieux de ce revirement qui le frustre de son empire, suscite une tempête. Le lac se hérisse de vagues menaçantes. Siegfried ôte la couronne d'Odette et la lance au loin, puis il enlace la princesse morte et coule avec elle au fond des eaux.

Assaf Messerer, un chorégraphe soviétique, a donné au ballet une fin optimiste : l'amour triomphe, c'est Rothbart qui s'abîme dans le lac. Mais ce n'est pas ce que dit la musique de Tchaïkovski : le prince, après avoir restitué aux profondeurs des eaux la couronne d'Odette, expie lui-même son parjure et meurt avec elle. Il faut se dépouiller de tout avant de secouer le poids de la chair et des passions et de s'aimer, corps célestes, dans l'autre monde où la différence de sexes n'existe pas.

J'ai été tenté une fois de trahir l'ombre de Martin et de mettre en péril le couple magique que je forme avec lui. Il y aurait eu rupture d'union, transmission de pouvoirs, éloignement, sinon abandon complet. J'ai failli remettre en d'autres mains la plume blanche de la princesse-cygne.

J'ai failli, je ne l'ai pas fait. Et pourtant j'ai payé le prix : j'ai maigri sans raison, j'ai souffert de malaises que la médecine n'arrivait pas à calmer, j'ai vieilli de dix ans. Depuis ce temps, je ne me regarde plus dans la glace : je ne me reconnais pas, c'est un autre que je vois qui me fait peur. Jusqu'au jour où, la tentation écartée, je repris du poids, où ma santé redevint normale, où si je n'embellis pas, du moins je cessai d'enlaidir.

On me dira que j'atteignais alors l'âge critique, qu'il est inutile d'alléguer la jalousie d'une ombre pour expliquer ce que j'ai subi. Rien dans ma vie ne m'est arrivé par hasard. Je ne m'en prends pas aux dieux quand j'attrape un rhume ou de plus graves affections, mais certaines formes de tourments ne trompent pas : quand on ne peut vous apporter de diagnostic, on sait d'où les malheurs viennent. Ce sont des avertissements ou des punitions. Souvent la réalité est si énigmatique et les explications rationnelles que l'on en donne si surprenantes que je préfère m'en tenir à ce qui ne convainc peut-être que moi, mais qui du moins s'accorde avec mes croyances et justifie mes actes. Je m'en remets à la logique de l'invisible.

CHAPITRE IV

L'espagnolade, acte d'amour – Thérèse de Jésus les pieds sur terre malgré les lévitations – Zurbarán champion de Guadalupe – La procession des Improperios *à Cuenca – Les marmites infernales* – Abenamar Abenamar – *Perle baroque et croissant de lune.*

La France nourrit une si vive passion pour l'Espagne qu'elle en a créé un produit de substitution, l'espagnolade. La Habanera de *Carmen* se chante dans le monde entier et pourtant Bizet n'a jamais franchi les Pyrénées. « Ça me gênerait pour composer », avouait-il. Avec *España* Chabrier va plus loin : il remplace la *plaza de toros* par la *plaza* Clichy. Enfin tout ballet de caractère qui se respecte fait suivre la gigue, la tarentelle ou la mazurka d'un boléro. L'espagnolade, pastiche et parodie tant qu'on voudra, est avant tout un acte d'amour. Après tant d'autres, je n'ai pu résister au plaisir d'écrire sur l'Espagne : espérons que mes amis ibériques ne rougiront pas trop de moi !

Mes amis, les voici. Trino Martinez, protomartyr de Beckett et de Ionesco dans son pays, m'a enseigné l'humour espagnol et l'art libéral que constitue l'état picaresque : « Qui ne vole pas dans le monde n'y vit pas. » José-Luis de Villalonga [4] m'a montré combien il est difficile quand on a pris naissance « là-bas » d'écrire en français et de vivre à la parisienne : il possède pour cela les deux qualités requises, l'allégresse qui est la grâce de la force et la désinvolture qui en est l'innocence. Enfin des dames de la société madrilène, des peintres, Luis de Pablo, le musicien, ont achevé mon éducation.

Mon espagnolade ne commence pas par une habanera, mais par des considérations d'ordre historique. Ce pays si proche de nous par sa situation en Europe et qui a subi lui aussi tant de révolutions connaît un destin très différent du nôtre : avec ses Basques qui réclament l'indépendance et posent des bombes partout, ses Catalans toujours prêts à la sécession, il se remet sans cesse en question. Nous avons les Corses et les Bretons, mais je ne crois pas qu'ils aillent aussi loin dans le radicalisme.

Au XXe siècle, en Espagne, la monarchie fut plus éclairée et plus libérale que la classe dirigeante. Cela aussi nous distingue de notre voisine, nos derniers Bourbon n'ayant pas fait preuve d'une grande perspicacité. Alphonse XIII renonça au trône par lassitude, par dégoût : comment gouverner un peuple ingouvernable, qui n'écoute rien, qui veut n'en faire qu'à sa tête ? Le roi abdiqua avant de connaître le résultat complet des élections. Les provinces lui auraient assuré la majorité des voix, mais Madrid et Barcelone avaient voté contre lui. Cela signifiait la répression et la guerre. Il ne voulut pas verser de sang, il s'exila.

Sa sagesse, sa modération n'épargnèrent pas le pire à son pays. La république créée en 1931 compta aux Cortes plus d'avocats et de professeurs que d'économistes et de gestionnaires. Ce qui devait arriver arriva : les beaux discours, les lois ineptes, l'anarchie et bientôt la mainmise de Moscou. La guerre de 1936 fut d'abord un réflexe de défense, une réplique au communisme envahissant. Ensuite se fit la collusion de la Phalange avec les forces de Franco. Ce fut une rude dictature de droite, pareille à celle de Salazar, mais qui ne tomba pas dans la persécution juive comme le fit Hitler.

Après la victoire du Caudillo, Alphonse XIII demanda de Rome, son lieu d'exil, à tous les grands d'Espagne de ne pas apporter leur soutien au dictateur. Deux seulement lui obéirent – sur trois cents ! Le duc d'Albe qui plus tard se rallia au franquisme et le marquis de Villalonga, père de José, qui demeura fidèle au roi.

Franco confirma les grands dans tous leurs privilèges, non seulement ceux dont ils jouissaient sous Alphonse XIII, mais ceux qu'ils avaient sous Isabelle II. C'était le moyen de les museler, sinon de les éclairer.

Quant à ce peuple indomptable, ingouvernable, impossible en un mot, il lui fallut quarante ans de dictature franquiste pour apprendre ce que signifiait la loi et le respect des lois. C'est payer bien cher une acquisition qu'on n'est pas sûr de conserver longtemps.

Villalonga et Trino Martinez n'ont pas cessé de me dire que l'Espagnol est un individualiste forcené, volontiers anarchiste. Il pratique un parfait détachement envers l'État, envers la société, envers sa famille même. Il pousse parfois ce détachement jusqu'à s'ignorer lui-même. La soumission aux lois politiques comme aux usages sociaux le rebute. C'est pourquoi il cultive une telle passion pour la désunion et les querelles. Si l'avarice est le vice national des Français, l'envie est celui des Espagnols, le second des péchés capitaux après l'orgueil. Les républicains français ont le culte de l'égalité – personne plus haut que moi ! Décapitons tout ce qui dépasse ! –, les Espagnols vont encore plus loin, ils ne supportent pas l'idée qu'un autre existe à côté d'eux, riche ou pauvre !

Est-ce parce que l'Espagne diffère tellement de la France qu'elle exerce sur moi cet ascendant ? L'Italie me charme sans me désorienter, l'Allemagne m'est trop proche pour me surprendre. Quant à l'Angleterre, je préfère son style de vie et sa littérature à sa morale et à sa politique. Enfin j'aime l'Espagne parce qu'elle a donné naissance à cet astre fulgurant, Thérèse d'Avila.

Résumons ce que je sais de ce pays si proche et si lointain. Une terre catholique où le samedi saint s'appelle samedi de Gloire et où Pâques s'allonge en « de résurrection » en dit long sur son goût pour le luxe et la parade, pour l'ostentation [5]. Une terre où *yo creo* veut dire à la fois « je crois et je crée » a besoin de croire pour créer et de créer pour croire.

Une terre où l'on ne peut se définir qu'en s'opposant et où l'on ne peut s'affirmer qu'en songeant à l'éternel tient forcément compte de tout ce qui concerne Dieu.

L'enfant chéri de Badajoz est Morales surnommé *El divino*, ce qui veut dire l'artiste qui a le sens du sacré. Il a peint à longueur d'années des Vierges de douleur, des Christs aux outrages, des *Ecce homo*. Sa pâte lisse, sa douceur morbide, ses volumes cernés d'un trait comme dans les émaux champlevés font de ses tableaux des blasons d'une sensualité tout intellectuelle. Les doigts fuselés de ses Vierges ont peine à retenir le cadavre glissant de Jésus dont la peau cireuse paraît noyée sous une sueur d'angoisse, de sorte qu'on ne croit pas à la réalité de ce corps, à sa souffrance. Des coulées de sang frais barrent sa poitrine, elles semblent l'insigne d'un ordre mystérieux plutôt que la marque d'une torture. On imagine ses tableaux dans l'oratoire d'une dame quiétiste ou d'un chanoine épris d'art fantastique : ce sont des confidences dictées la nuit par une bouche sans lèvres, des songes imprimés sur la toile par un procédé qui demeure inconnu.

Tant de langueur et de suavité ne saurait nous faire oublier que Dieu, en Espagne, s'exprime aussi par la violence et la vocifération. Il parle la langue du pays, qui est rauque et torrentielle. En termes beaucoup plus drus qu'à Rome ou à Paris, il nous rappelle que nous sommes les revenants d'un univers dont nous portons l'emblème et que, veufs de notre génie, nous faisons semblant de vivre. Or il s'agit de vivre en réalité, de brûler et de nous brûler au risque de nous perdre. Tout plutôt que la tiédeur et le ronronnement ! Les coups et blessures sont à craindre. Tant pis pour nous ! Transports et extases nous récompenseront. Voilà ce qu'enseigne Thérèse de Jésus dans la vénération de laquelle j'ai été instruit par ma grand-mère.

Une année, au début d'avril, la première nouvelle que j'entendis une fois la frontière passée fut qu'il neigeait à Avila. Les carmélites devaient souffrir du froid ; en été c'est la chaleur qui les gêne : l'habit qu'elles portent n'est jamais de saison. Faut-il se mortifier pour faire son salut ? Thérèse Ahumada, fumée comme les anguilles, répond en vraie Castillane, sobre et laborieuse, raisonnable et les pieds sur terre malgré les lévitations, que Dieu vous place devant l'essentiel, c'est-à-dire l'impossible, qu'il faut choisir et qu'on ne peut choisir sans toucher ses limites. C'est là où Dieu nous attend et nous juge.

Je suis allé plusieurs fois à Avila. Naïvement, je m'imaginais que prier sur les lieux où a vécu Thérèse de Jésus me vaudrait quelque indulgence. Je n'escomptais pas des grâces particulières, mais enfin j'espérais de l'alacrité, de l'enthousiasme... Quand un enfant monte sur une colline pour y lancer son cerf-volant, il s'attend à voir son jouet faire de hardies cabrioles. Je montai jusqu'à Avila, je lançai des flèches vers le ciel, mais rien : pas la moindre brise, pas le moindre souffle ! J'ai senti combien le proverbe disait vrai : « *No por mucho madrugar, amanecer mas temprano* (Le jour n'arrive pas plus tôt si on se lève avant lui) » : on ne force pas le destin, la volonté humaine n'agit pas sur *lo divino*, dans le domaine sacré.

Pourtant ces voyages m'auront appris une chose d'importance capitale : sainte Thérèse reste pour moi l'instance suprême de ma vie spirituelle. Mais si elle règne dans l'empyrée de mon ciel théologique, elle n'agit pas elle-même, elle délègue ses pouvoirs à mes images sacrées : ce sont elles (ma mère, Martin, Janine) qui, dans l'intimité de mon sanctuaire, tiennent le premier rôle. Elles me lavent de mes impuretés et me préparent pour la nuit. Il arrive que je tienne à mes misérables souillures et ne veuille pas les laisser disparaître. Alors, avec une patience extrême, avec un sourire indulgent et triste, mes images sacrées versent de l'eau sur moi, me nettoient, me rassurent : elles me permettent de redevenir enfant, de toucher aux saintes reliques avant de tomber dans le sommeil. Je crois avoir cinq ou six ans, j'entends ma mère jouer du piano ou chanter à mi-voix et à travers les voiles toujours plus épais de l'endormissement, je m'abandonne, je me laisse aller dans ce qui est l'argile originelle, ou l'essence du monde, ou je ne sais quoi et, dans la paix de la nuit, je retourne à la nudité première, au ventre maternel, au sein de Dieu.

*

S'il est un pays où l'on se sent plus proche de Dieu, c'est la Castille. Le ciel y paraît plus vaste, la montagne plus nue, le vent plus terrible. L'azur vous tombe sur la tête d'un seul coup, du haut en bas et il vous prend des quatre points cardinaux à la fois de sorte que, nos repères habituels anéantis, nous ne savons plus où nous sommes, si nos pieds touchent encore le sol ou bien si nous avons dérivé dans le ciel. D'où l'impression d'irréalité, de mirage que j'éprouve constamment sur le plateau castillan et ce sentiment ne va pas sans m'inspirer quelque angoisse. Vivre à Madrid ou à Séville, rien de plus facile, mais sur la sierra de Gredos ou dans les environs de Cuenca !... La seule pensée me fait frémir : je vois se dresser devant moi le château fort de la Hija de Dios qui ressemble à un cauchemar pétrifié. Les géants continuent à se battre dans les montagnes à coups de blocs de rocher et d'arbres déracinés.

*

L'Estrémadure porte bien son nom : tout y est extrême et l'air qu'on y respire si brûlant que même les plantes qui aiment la sécheresse n'y résistent pas. Le déferlement des landes ocre, brun-lilas ou beiges lui compose un visage austère. Mais une année où je traversai le pays au printemps, quelle surprise ! Le désert rivalisait avec les jardins les plus fleuris, non seulement les ajoncs et les genêts, les cistes et les térébinthes, mais les silènes roses, des iris sauvages et toutes sortes de plantes dont j'ignore le nom tapissaient les collines comme si la nature voulait épuiser ses sucs d'un seul coup, éblouir les yeux, varier à l'infini les jaspes et les diaprures avant de revêtir pour le reste de l'année la sombre livrée des ordres mendiants.

L'Estrémadure aura donné à l'Espagne ses peintres

mystiques et ses conquistadores. Enfin c'est à Cáceres que fut fondé l'Ordre de Santiago dont les chevaliers portent un manteau blanc orné d'une croix mince et recourbée qui ressemble à une fleur.

– Si vous passez par Cáceres, m'avait recommandé Isabel de A., ne manquez pas de saluer les palais de ma famille.

– Comment les reconnaîtrai-je ?

– Leurs façades sont recouvertes de blasons...

– Mais, chère Isabel, ils sont tous comme ça !

– Alors saluez ceux qui vous paraîtront les plus nobles.

Ce que je fis. Je m'arrêtai aussi à Trujillo, la ville de Pizarre, d'Orellana, de Garcia de Paredes, dont il ne reste guère que des palais envahis par le lierre et des églises hantées par les corneilles et les freux. Ici tout est dédié à la mort et à son invisible grandeur.

Dans la solitude de Yuste, c'est aussi à la mort que se voua Charles Quint après avoir abdiqué. Il se fit construire une maison de plaisance qu'on hésiterait à dire princière si l'énorme écusson qui timbre ses murs ne montrait les armes impériales. Il l'a flanquée d'un couvent, le monastère de Saint-Just, afin de pouvoir suivre les offices de sa chambre, et quand il fut à l'article de la mort, de son lit où il mourut. On voit le cabinet de travail tendu de velours sombre où le monarque, revenu de tout mais non blasé, lisait et méditait, la terrasse en surplomb sur un jardin d'orangers et d'arbustes à fleurs et d'où il contemplait à l'horizon des montagnes et encore des montagnes. C'est là qu'il jouissait du *perfecto desengaño*, le parfait désenchantement des illusions du monde. Il avait possédé le plus vaste empire de la terre, il y avait renoncé car son rêve qui l'avait entraîné plus loin encore, jusqu'à l'idée d'empire universel, de monarchie catholique absolue, s'était brisé devant la résistance des Protestants et des Turcs. Yuste est le constat d'un échec, un château fait de pierre transparente et de ténèbres maternelles qui nous sert de refuge et de tombeau.

Le père qui nous conduisit dans l'église du monastère, ni jeune ni vieux, semblait taillé dans la pierre de Yuste.

Claude Simonin et moi étions seuls dans ce lieu glacial au point que, sans le vouloir, je gardai mon chapeau.

– Le roi aimait beaucoup assister aux offices. Il chantait faux, mais de bon cœur, dit le religieux.

Puis il ajouta :

– Les cierges allumés réchauffaient un peu la nef et en ce temps-là on avait l'habitude...

À cet instant je m'aperçus que j'avais mon chapeau sur la tête. Je le retirai vite.

La crypte de l'église renferme le cercueil où Charles Quint voulait qu'on mît sa dépouille. Il désirait faire de ce monastère son Saint-Denis.

– Il ne resta pas longtemps ici, dit le prêtre (et nous sentions bien, au ton de sa voix, qu'il le regrettait) : Il fut le premier cadavre qui habita le panthéon de nos rois à l'Escurial.

Allant de solitude en solitude comme le poète, Claude et moi allâmes de Yuste à Guadalupe, le saint des saints de l'Estrémadure et l'on dirait de l'Espagne, s'il n'y avait Saint-Jacques-de-Compostelle. Imaginons Lourdes, Conques et la Pierre-qui-Vire réunies. C'est un lieu de prière et de gaieté, un pèlerinage, une auberge, un asile, un camp retranché. Rien n'y a changé depuis le Siècle d'or, il a échappé par miracle aux guerres, aux vandalismes et aux révolutions.

Les églises d'Espagne avec leurs retables, leurs étendards, leur décoration profuse et délirante m'enchantent : mon esprit et mon corps y goûtent la plénitude, la félicité promises aux élus. Jamais pour moi une église ne sera assez ornée, surchargée, rutilante, dorée, magique en un mot. Nulle part mieux qu'en Espagne ou dans les pays qu'elle a marqués de sa civilisation, la maxime : « Dieu d'abord, Dieu premier servi », ne trouve de plus éclatante justification. La maison de Dieu doit être haute, noble, bourrée de richesses. Le *camarin* où celles-ci se trouvent accumulées et que nous appelons le trésor semble au peuple ce qu'il y a de plus beau, de plus religieux, de plus sacré.

À Guadalupe on nous indiqua l'heure où l'on viendrait nous montrer cette merveille qui ressemble à une grotte pratiquée derrière le maître-autel et la statue de Notre-Dame. On change sa parure souvent et les rivières de diamants, les colliers de perles, les pierreries de toutes sortes qui constellent sa robe et ses voiles s'entassent dans des tiroirs pêle-mêle comme si on les vendait au poids.

Nous étions sept ou huit, tous logés au monastère (l'hôtellerie pour les touristes n'avait pas encore été construite). Il y avait une jolie personne parlant bien le français et qui faisait l'interprète bénévole et une dame qui s'extasiait sur tout, joignait les mains, versait des larmes : elle me dit de prononcer un vœu, la Vierge de Guadalupe étant *muy milagrosa* (elle faisait beaucoup de miracles) : elle exauçait tous les désirs honnêtes...

Le père qui nous mena dans la grotte portait un panier rempli de clés, toutes plus lourdes les unes que les autres : c'est que pour arriver jusqu'au fond où l'on recèle les joyaux les plus rares il avait bon nombre de portes à ouvrir aux solides ferrures et de coffres à robes et à bijoux dont les verrous et les targettes étaient impressionnants. Les franciscains ont succédé aux hiéronymites : ils ont fait vœu de pauvreté, quelle idée se font-ils de la beauté de ces pierres quand ils ornent les cheveux, le cou et les mains de la Vierge ? Sans doute que plus il y en a, plus cela convient à la Reine du Ciel. Le bon père referma avec soin tous les tiroirs, les coffres et les écrins, puis il nous fit baiser toutes sortes de reliques et sollicita des aumônes pour le monastère. Notre petit groupe se montra généreux.

Le soir après le dîner, le père franciscain chargé de l'accueil aux voyageurs nous reçut dans un salon décrépit, aux meubles de rotin sans prétention, mais comme le vin circulait dans de vastes pichets et que l'assistance en buvait beaucoup, l'atmosphère fut très gaie. Le père dirigeait la conversation : aux rires qui fusaient de toutes parts elle ne devait pas porter sur les mystères douloureux de la Vierge ! Claude et moi formions le centre d'attraction et l'on nous accablait de questions sur Paris, sur le Général de Gaulle revenu au pouvoir après tant d'années et, l'interprète de bonne volonté nous tirant d'affaire, nous répondions au mieux. Vint l'heure des chansons, cela faisait sans doute partie des instructions que suivait le père franciscain, ne pas se séparer sans avoir chanté ! Ni Claude ni moi n'étions très forts sur ce chapitre, surtout moi qui m'entends chanter faux, mais le moyen de se récuser ? Surtout quand l'assistance nous eut réclamé *Moulin Rouge*. Auric en aurait rougi de plaisir ! Notre succès fut complet quand les autres firent chorus.

Je racontai ensuite une histoire qui enchanta le père franciscain. Un soir, à une représentation du *Christophe Colomb* de Claudel, je me trouvai dans une loge avec Jacques Février et la comtesse Pecci, Mimi pour les intimes, qui était la nièce du pape Léon XIII. Grande, le verbe haut, se trouvant partout comme chez elle et ne tenant aucun compte de ceux qui la regardaient, elle nous dit soudain pendant l'entracte tandis que nous piétinions dans le foyer :

– Savez-vous qu'avec *Moulin Rouge* on ferait un excellent cantique ? Il suffit de changer de tempo et de paroles. Écoutez ce que cela donne...

Elle avait bien soixante ans, les cheveux teints, une robe du soir avec une épaule nue, elle ne passait pas inaperçue. Elle se mit à chanter tout en suivant une procession imaginaire, à la stupeur des gens qui se trouvaient là :

O Vierge chérie, ô vierge très sainte
À la communion allons tous en chantant !

Que ceux qui se rappellent la chanson d'Auric adaptent ces paroles, ralentissent le mouvement, cela fait un cantique très pieux et très convaincant. Sans doute faut-il être nièce d'un pape et d'origine italo-espagnole comme Mimi Pecci pour s'aviser d'une pareille transformation...

Guadalupe renferme un autre trésor que la Vierge *muy milagrosa* et son *camarin*, c'est la sacristie décorée par

Zurbarán. La lumière la plus favorable pour l'admirer est celle du matin ; nous y passâmes la fin de la matinée. Zurbarán, qui est né dans un village de Basse-Estrémadure, est venu ici en voisin pour exécuter la commande des hiéronymites. Il a mis deux ans, 1638 et 1639, pour peindre les huit toiles de la sacristie et les trois de la chapelle consacrée à saint Jérôme – sans compter les figures secondaires. C'est le seul des nombreux ensembles monastiques conçus par Zurbarán qui demeure intact et sur les lieux auxquels il était destiné. Les autres sont mis en pièces et répartis dans les musées du monde entier. Mais aucun musée ne possède de chefs-d'œuvre comparables à l'apparition de Jésus au père Salmeron, à la messe du père Cabañuelas, aux trois tableaux de la chapelle, Jérôme flagellé par les anges, Jérôme repoussant les tentations sous la forme de diablesses musiciennes, Jérôme emporté dans le ciel par des angelots dodus qui se confondent avec les nuages. Zurbarán exprime la vie religieuse avec une simplicité, une évidence et un charme qui font de lui le plus ingénument espagnol de tous les croyants.

*

Les grands peintres d'Espagne se sont partagés l'univers. Vélasquez célèbre l'humanité royale et le menu peuple, les travaux et les jours. Goya dénonce les horreurs de la guerre, il explore le fantastique et, dans la solitude de la « Maison du Sourd », il ne craint pas d'interroger Satan. Quant au Crétois adopté par Tolède, à Greco, il brûle de sensualité sacrée et il ouvre l'arrière-monde de la théologie mystique. À eux trois ils illustrent ainsi la terre, les enfers et le ciel. Il manquait un peintre qui servît de chaînon entre l'ici-bas et l'au-delà, qui eût plus de sensibilité religieuse que Vélasquez, plus d'affinités avec les paysans et les humbles que Greco, c'est Zurbarán également doué pour exalter la grandeur de la vie monastique, la féerie de la sainteté et pour montrer le reflet d'éternité qui brille dans l'éphémère des visages et des fleurs. Philippe IV choisit Vélasquez comme peintre de la cour tandis que la société favorisait Murillo. D'où l'amertume et peut-être le désespoir de Zurbarán qui mourut dans l'obscurité et même dans la gêne. Il lui fallut attendre deux siècles pour connaître la gloire. Ce provincial réactionnaire qui ne se souciait pas de « faire progresser la peinture » donne par des procédés plus discrets un témoignage d'indépendance et de liberté suprême aussi exemplaire que Greco.

*

L'une de mes amies madrilènes, aussi enthousiaste que moi de Zurbarán, me parlait toujours de lui comme si elle l'avait quitté la veille : c'est qu'elle ne le quittait jamais. Elle m'a conté une histoire singulière dont je me suis servi dans une nouvelle :

– Pour un bal costumé, j'avais choisi de représenter *Santa Casilda*, le plus beau Zurbarán du musée du Prado. Je possédais une chaîne ornée de cabochons qui ressemblait beaucoup à celle que porte la sainte. Je fis imiter les corps de jupe, les manches bouffantes et le mantelet qui flotte dans son dos. On aurait vraiment cru que Casilda elle-même était descendue du tableau.

« L'homme que j'aimais, que j'allais épouser, avait pris le déguisement d'Asmodée, vous savez, le démon indiscret qui soulève les toits de Madrid pour surprendre les gens dans leur intimité. Mon Asmodée se révéla aussi malfaisant que son modèle. Il ne m'avait parlé de mariage que pour m'abuser, avoir le plaisir de rompre et jouir de mon désespoir. Il avait choisi ce bal comme lieu de l'épreuve. Mais il en fut pour ses frais, l'esprit de Zurbarán me sauva. Je ne voulais pas déshonorer celle que j'incarnais. Le peintre m'en inspira le courage.

« Tandis qu'il me déclarait avec un sourire de haine qu'il ne m'avait jamais aimée, qu'il me méprisait, que c'était la dernière fois qu'on le voyait à mes côtés dans le monde, je me fis un visage indifférent, gardai le silence et après avoir claqué mon éventail sous le nez du traître, je le plantai là et me perdis parmi les danseurs.

– Voilà une histoire qui donne carrière à l'imagination...

– Je vous l'offre, dit-elle dans une sorte de transport comme si elle s'acquittait en ma faveur d'une dette contractée envers le peintre.

*

Il n'a manqué à Cuenca qu'un Greco pour que son nom soit aussi fameux que celui de Tolède : un paysage grandiose, une solitude royale, tout se trouve réuni pour faire de cette ville un des lieux habités par le génie. Du moins son obscurité l'a-t-elle protégée de la dégradation de l'industrie et du tourisme.

À mi-chemin entre Madrid et Valence, dans le désert calcaire de la Nouvelle-Castille, Cuenca se dresse sur un éperon rocheux entre les gorges du Jucar et du Huecar, torrents aux eaux vertes et drues qui ont creusé si profondément le plateau que, de chaque côté de la ville, s'élèvent des falaises plus hautes qu'elle, que le vent et la pluie ont façonnées en remparts cyclopéens, en citadelles magiques. Cuenca, d'abord arabe puis castillan, mais toujours abrupt, escarpé avec ses maisons de trois étages d'un côté, mais de dix ou douze étages du côté des ravins avec des balcons en surplomb, des encorbellements hardis, des jardins secrets abrités par des pans de murailles, Cuenca devait attirer les écrivains et les artistes.

Ce sont surtout les peintres qu'ont séduits tant de beauté étrange et d'abandon, ces églises baroques et ces palais cachés derrière les armoiries qui s'effritent. Saura, Tapies, Millares y ont élu domicile. Torner n'avait qu'à rester sur place, il est né à Cuenca. Il a installé avec un goût raffiné et exigeant un musée d'art moderne dans l'une de ces maisons suspendues au-dessus des gorges du Huecar. On ne saurait imaginer un lieu plus propice : les tableaux, les sculptures, les objets étranges réunis dans ces salles relèvent tous de l'art abstrait, du non-figuratif en tout cas et de ce que Dubuffet a appelé l'art brut. Il suffit de jeter un coup d'œil par les fenêtres, sur les remparts féeriques qui se dressent de l'autre côté du Huecar, pour saisir ce qui a inspiré les artistes : ces rochers tourmentés, ces tours déchiquetées, ces colosses éperdus, ces gammes de couleurs allant du gris au violet, de l'ocre à la terre brûlée et là-dessus le ciel immense. Millares exprime ses visions avec de la toile de jute et du goudron, Tapies en faisant gicler le rouge et le bleu sur toutes les variétés de noir et Torner en combinant des feuilles d'or avec des matières grumeleuses impossibles à identifier, tous demandent l'inspiration et l'idée aux rochers fantômes qui les entourent.

Après la visite du musée, Torner nous invita à déjeuner chez lui. Comme il habite une maison qui donne sur le ravin et qu'elle est décorée de tableaux de ses amis, nous avions l'impression de n'avoir pas quitté le musée. Il est curieux de constater combien ces demeures de jadis se prêtent à l'art contemporain. On dirait qu'elles n'ont jamais abrité de consoles dorées, de toiles baroques, d'anges et de statues colorés. Torner avait réuni Claude et Georgette Rostand, un notable de Cuenca et sa femme et moi. La conversation porta plus sur la peinture que sur la musique qui pourtant avait motivé notre voyage : tous les ans, au temps de Pâques, se tient un festival d'art sacré qui s'appelle avec modestie « Semaine de musique religieuse ». L'attraction cette année-là était *Los Improperios* (les Injures) du compositeur catalan Federico Mompou. Oratorio pour baryton, chœur et orchestre, l'œuvre combine le chant grégorien, le folklore, les fanfares, les harmonies symphoniques modernes. Ces injures, ces outrages faits au Christ lors de sa montée au Calvaire, Mompou les a restitués avec une ardeur mélancolique et vaine du plus curieux effet.

– On dirait le *Gloria* de Francis Poulenc, dit Rostand, mais en plus dissonant.

Et moi, qu'en pensais-je ? voulut savoir Torner. Je répondis que *Los Improperios* m'évoquait surtout *l'Atlandide* de Falla. La masse chorale y était employée selon les mêmes procédés. La mention de Falla fit plaisir : on se retrouvait en terrain connu.

Je racontai qu'il avait une telle hantise de perdre son temps qu'il apprenait le grec ancien tout en faisant sa toilette. Devenu très dévot avec l'âge, il ne pensait qu'à son salut et craignait de l'avoir compromis en ayant trop aimé le théâtre : *la Vie brève, l'Amour sorcier, le Tricorne*, autant de pièges que le Malin lui avait tendus, où il était tombé ! Il interdisait à sa sœur Maria del Carmen qui lui avait consacré sa vie d'aller au spectacle. C'est seulement à Buenos Aires que la pauvre fille vit *l'Amour sorcier* en compagnie d'un disciple de son frère. Encore redouta-t-elle la semonce de ce dernier, elle écouta la musique sans regarder la scène... Georgette Rostand estima que les femmes avaient bien tort de se sacrifier pour les artistes, fussent-ils de la taille de Falla.

Rafael Alberti, le poète andalou que j'avais vu plusieurs fois chez Gala Barbisan et qui partageait l'exil de Falla en Argentine, m'a rapporté certains des propos que tenait le musicien. Ils prouvaient qu'il avait eu une véritable passion pour Lorca et qu'il avait émigré uniquement parce que le poète avait été fusillé.

– Je ne suis pas de votre bord, disait-il à Alberti, vous avez brûlé les églises, vous avez offensé Dieu, mais je ne suis pas non plus du côté des franquistes qui ont tué mon Lorca...

À cet instant-là je sentis le regard du notable peser sur moi comme s'il craignait que je n'en dise trop. Il était sans doute un enthousiaste du régime. Mais je n'avais rien à dissimuler. Je continuai à citer les paroles de Falla :

– Je ne puis vivre en Espagne, je suis un exilé comme vous, Alberti, mais pour des raisons opposées. Vous, c'est parce que vous haïssez Franco, moi, c'est à cause de mon amour pour Lorca, mon ami perdu pour toujours...

– Le vieil amalgame amour-haine qui fait le ressort principal des opéras ! s'écria Claude Rostand. Qui a dit que chez Verdi il y a toujours un baryton qui torture un ténor et que le duel se corse quand ce sont deux frères et qu'ils ne le savent pas... ?

À Cuenca les passions ne baissent pas pavillon, c'est pourquoi les processions de la semaine sainte gardent la turbulence d'autrefois. Les manifestations s'annoncent par des roulements de tambour et par les fanfares de la clique. Comme cela se passe en pleine nuit, on dirait des avertissements lugubres comme si la ville était livrée à la peste rouge.

Le matin du vendredi saint un charivari tout médiéval vous tire du sommeil : chacun souffle dans une trompette, un trombone, et en tire n'importe quoi. C'est le début de la procession des *Improperios*, des affronts que les Juifs et les Maures étaient censés adresser au Christ sur la croix. On se doute bien que ceux qui survivaient en Espagne, convertis bien entendu, se gardaient de se signaler par des injures qui leur auraient coûté la vie, mais cette cérémonie, analogue à celle des Saturnales romaines, constitue une tradition encore vivace à Cuenca. La ville étant tout en pentes et en raidillons, il faut de véritables athlètes pour supporter le poids des *pasos*, ces brancards qui promènent les statues de bois peint qu'on a tirées des églises et qui font le tour de Cuenca. Cela s'exécute au prix de peines épuisantes, d'autant plus que les cagoules portées sur la tête gênent le souffle et que certains parachèvent la mortification en marchant pieds nus, en traînant des boulets... Mais enfin, tradition oblige, on injurie les images sacrées, déchargeant ainsi une rancune accumulée depuis des mois. On en profite pour s'apostropher de confrérie à confrérie, de paroisse à paroisse et cela se termine par des pugilats, d'autant plus que, pour lutter contre le sommeil et la fatigue, on restaure ses forces à grands coups de vin. L'Église aimerait abolir ces *Improperios* qui sentent si fort les distinctions raciales, mais le peuple de Cuenca y tient, il faut bien le contenter : les petits garçons, aux bonnets pointus aussi grands qu'eux-mêmes qui s'initient aux secrets de la marche rythmée, de la respiration entravée, se disent que viendra le temps où ils pourront, eux aussi, injurier les statues et les petites filles, attifées comme des idoles, qui portent sur des coussins les instruments de la Passion et balaient avec crânerie leurs traînes de velours dans la poussière, pensant qu'un jour elles seront en état de se lancer des lamentos ou de vociférer. Georgette Rostand, roumaine orthodoxe convertie depuis peu n'en croyait pas ses yeux.

– Quand je pense que tous ces gens vont communier, me dit-elle horrifiée, les hosties vont flotter sur la vinasse !

Je lui répondis que la piété espagnole ressemble à son humour : plus elle nous surprend, plus elle a de chances de nous édifier, de même que son humour oscille entre le terrifiant et le burlesque. Voir Picasso...

Le voyageur échappe à l'atmosphère survoltée de Cuenca pendant la semaine sainte en allant se perdre dans la « Ville enchantée », une curiosité de la nature qui ressemble à Montpellier-le-Vieux, mais agrandie à l'infini. Des rochers de toutes les tailles, de toutes les formes, sculptés par le ruissellement des eaux, par l'érosion du vent, par l'usure du temps peuplent cet espace qui semble un cauchemar de Gaudi ou de Dali. Plutôt qu'une ville abandonnée, tenue sous le charme d'une malédiction, on dirait une ébauche de monde rejetée par le Créateur et qui depuis des millénaires attend son sauveur. Ce ne sont que sauriens imbéciles, iguanes vautrés sur leur paresse, rhinocéros à défenses multiples, mammouths batifolant, hippopotames qui ne sortiront jamais de l'eau pétrifiée, car il y a là aussi des océans striés de lames immobiles, des mers tumultueuses aux vagues figées au moment où elles allaient vous engloutir.

On reconnaît plus loin, comme sur les falaises de Cuenca, des remparts, des forteresses, mais ici avec des formes renflées, glissantes, vaguement obscènes et inquiétantes. On songe aux demeures des troglodytes, aux églises de Cappadoce, aux cités de sable qui surgissent des déserts d'Arabie. On se demande à quels monstres ces grottes servent de tanières, quelle lumière s'allume sur ce champignon dressé comme un phare et quel être terrifiant monte la garde derrière ces créneaux. Allons-nous découvrir des sosies d'êtres humains, nos doubles en grès ou en calcaire ? Dans ce cas, sauve qui peut !

Tout à coup, j'entendis le tintamarre de trompettes et de trombones qui inaugure la procession des *Improperios* : cette hallucination auditive me causa une sorte de nausée, de vertigineuse répulsion et je vacillai. La ravine n'était guère profonde, je m'en serais tiré avec des contusions, mais Claude Rostand me saisit le bras et m'empêcha de tomber.

– Alors, le montagnard ? me dit-il en riant.

– Tu n'as rien entendu d'étrange ?

– Si, le vent qui s'engouffre dans tous ces trous et sort par d'autres orifices produit une drôle de musique.

Ce n'était pas l'harmonie des sphères, on songeait plutôt à un bouillonnement d'entrailles comme si la ville enchantée avait pris médecine et rejetait des gaz.

Non loin de Cuenca, se voient aussi d'énormes trous en forme de cuvettes qu'on appelle Las Torcas, les marmites. Les bords en sont si abrupts que ceux qui auraient glissé ne pourraient remonter. Le fond est tapissé de hêtres et de pins dont le feuillage, vu d'en haut, ressemble à un lac agité. Les plus vastes « marmites » ont deux cents mètres de tour, quarante à cinquante mètres de profondeur, il est difficile d'évaluer. Est-ce la chute de météorites qui a creusé de telles cavités, ou simplement l'érosion ? Les guides consultés restent muets là-dessus. Est-ce le Diable qui a bombardé la montagne et a laissé des traces de sa rage ? Dans d'autres pays ces surprenantes dépressions fermées, sans doute produites par les bouleversements glaciaires, auraient donné naissance à des superstitions et des légendes. En Castille, rien du tout. Le peuple a une autre manière de rêver. Il fouille du regard la vérité du monde, et surtout la vérité la plus sanglante, pour saisir une réalité surnaturelle. Ce n'est pas devant les Torcas, ces marmites infernales, qu'il décèle la présence de Satan, mais dans un sourire ou dans une blessure.

*

Je ne sais pas grand-chose sur ces Maures qui régnèrent sur l'Espagne pendant des siècles. Je n'en saurais rien du tout si je n'avais pas lu Chateaubriand. Dans *les Aventures du dernier Abencérage*, le romance d'Abenamar exerça sur moi une véritable fascination et j'en appris la première strophe pour le plaisir :

Abenamar, Abenamar,
Moro de la Moreria,
El día que tú naciste
Grandes señales habia.

Les mots se détachaient sur des images de l'Alhambra, de jets d'eau, de minarets, de croissants de lune. Si la fonction du langage est de désigner les objets, elle est aussi de suggérer, de donner la clé de ce qu'on ne possède pas... Mon ignorance de l'Islam étant absolue, je n'avais pas la moindre idée des Maures d'Espagne et des dynasties qui ont régné à Grenade, le nom d'Abenamar me servait de symbole et de talisman.

Un jour, en visitant l'Alhambra, je tombai sur un homme que la vue des arabesques en stuc et des plafonds ouvragés semblait transporter.

– Comme nos ancêtres travaillaient avec génie ! me dit-il le visage illuminé.

Que lui répondre ? Une idée gaie me passa par la tête.

– Je sais comment vous vous appelez.

– Pas possible ! Dites-le-moi.

– Abenamar.

J'étais tombé juste. Il me prit pour un sorcier et tourna les talons. Je craignis de l'avoir blessé.

Cet incident m'incita à m'instruire sur les Wisigoths, sur leur dernier roi, le bon Wamba, sur les Maures d'Andalousie. À leur propos, le complexe amour-haine se manifeste avec éclat : ils étaient détestés comme infidèles et occupants, admirés pour leurs qualités humaines, guerrières et pour leur civilisation. C'était vraiment ce qu'on appelle l'ennemi bien-aimé. D'où la note déchirante et tendre de maints romances qui racontent la lutte contre cet adversaire secrètement aimé : *Grenade, si tu voulais, je deviendrais ton mari...* Et Grenade répondait :

Roi, je suis mariée, mariée et non pas veuve, le Maure qui me possède saura bien me défendre...

Il la défendit jusqu'à ce que la citadelle fût prise d'assaut aux cris de : « Castille, Castille ! »

Les historiens considèrent comme fatale à la domination des Maures, comme début de leur déclin, la bataille de Las Navas de Tolosa. Elle fut gagnée par Alphonse VIII le Noble, le père de Blanche de Castille. Cette princesse était naguère aimée de tous les écoliers français quand ils apprenaient encore l'histoire parce que les manuels d'alors la représentaient en belle taille-douce, apprenant à lire à son petit garçon, le futur Saint Louis...

Cette femme forte de l'Évangile avait de qui tenir : petite-fille de la redoutable Éléonore d'Aquitaine et nièce de Richard Cœur de Lion ! Ainsi, sur une branche de cet immense arbre qui reliait le Languedoc, la Castille, la France et l'Angleterre juchait une infante intrépide, volontaire et folle de Dieu.

*

Ce qui fait que l'Espagne existe, c'est sa conviction d'être unique, exemplaire, irremplaçable. Comment imaginer notre monde sans l'Espagne ? C'est pourquoi elle hante notre imagination. On n'en a jamais fini avec elle et elle n'a pas fini de nous étonner. Après le désastre de 1898, la perte de Cuba, de Porto Rico, des Philippines, on la croyait rayée de la carte. Et puis arrivent Picasso, Dali, Lorca, Buñuel et les autres... C'est que l'Espagne a placé son souverain bien si haut et si bas que les coups du sort ne sauraient l'atteindre. De même que la perle doit son orient et sa secrète splendeur aux mystères de l'océan, l'Espagne doit son destin tragique et ce qui lui sert à surmonter ce destin à un décret du Ciel !

Véritable perle baroque, croissant de lune où la Vierge immaculée pose les pieds, elle continue à régner, dans l'abjection ou dans la gloire.

CHAPITRE V

« Être juif, un état d'esprit » – Un enfant fabulateur – Élie de Rothschild dans la forteresse de Colditz – Les cent ans de Madame Simone – Arthur Rubinstein à Château-Lafite – Apparition du duc de Parme – Avis aux amateurs de jardins.

« Être juif, ce n'est ni une race ni une religion, c'est un état d'esprit. » J'ai bien souvent entendu Élie de Rothschild affirmer cette opinion : elle indisposera sans doute aussi bien ses coreligionnaires que les antisémites. Pour moi qui en suis resté à l'élection sacrée :

Quand pour te faire agréable à tes yeux
Il plut à ton amour de choisir nos aïeux

elle me laisse perplexe. Mais le baron Élie sait ce qu'il dit : celui qui, reprenant le mot médiéval plein de force et de verdeur, se proclame prince de la juiverie en sait plus long que moi dont toute la connaissance sur Israël tient dans notre poésie religieuse du XVIIe siècle.

Nous y apprenions que les Juifs, le peuple du Livre, dispersé à travers le monde, ne possédaient de terre et de patrie que dans la Bible, cette singularité suffisait à nous remplir d'un vertigineux respect.

– La création de l'État d'Israël a changé tout ça, me dit Élie, les Juifs ont maintenant terre et patrie comme tout le monde. Ils ne sont plus le peuple de l'Idée : il faut qu'ils se forgent une identité. Je propose l'état d'esprit.

La Bible, apprise dès son enfance, il a eu le temps de la méditer pendant ses années de captivité à Colditz. Les Allemands en avaient transformé la forteresse en camp de représailles pour les fortes têtes et ceux qui tentaient de s'évader.

– Nous étions entassés à seize dans un espace grand comme la main, me dit-il. Le seul endroit qui nous appartenait, c'était notre lit de sangle. Personne ne devait s'en approcher. Notre cellule ne comptait que des Juifs et des curés. Chacun d'eux s'attachait à son Juif qu'il voulait convertir. Le mien était un père lazariste qui faisait de mon abjuration la gloire de sa vie. J'avais beau lui dire qu'il perdait son temps, que je tenais plus que tout à la foi de mes aïeux, il n'en démordait pas. Un soir qu'il insistait, qu'oubliant les usages il s'était assis au pied de ma couchette, je lui dis sans ambages : « Ne venez pas me raconter la Bible que vous nous avez volée, je la connais sur le bout des ongles ! – C'est vrai, admit-il, mais nous, nous sommes spécialisés dans le service après-vente ! »

– Avec les trente deniers on ne saurait mieux dire, répliquai-je en riant. Le pauvre lazariste devait rêver à sa couronne de roses dans le ciel…

– Couronne ou pas, je n'allais pas abjurer pour lui faire plaisir. Je suis contre toute conversion. On doit rester ce qu'on est. Savez-vous ce qui est arrivé à mon fils à New York ?

– Ne me dites pas que là-bas on a essayé de le faire changer d'Église !

– Non, bien sûr, mais on voulait qu'il consulte un psychiatre. Pour les Américains, le psy, c'est la clé universelle. Le directeur de l'école que fréquente mon petit-fils, qui a dix ans, fait venir Nathaniel. Il le complimente sur les études de son rejeton, assiduité, application, bonne conduite, rien à redire ! Hélas, le garçon est possédé par un grave défaut : il fabule. De la fabulation, on passe à la mythomanie, ensuite on risque la paranoïa. Il faut soigner au plus vite le pauvre délirant ! « Que raconte-t-il donc ? » demande mon fils. « Pour épater ses copains, il présente comme véridique ce qu'il voit à la télévision. Il leur dit que son grand-père, le baron Élie, serait parti à la guerre comme Pancho Villa avec un cheval et un sabre. Que, dans un camp de prisonniers, il s'est marié par procuration comme un roi du temps jadis. Enfin que son autre grand-père a volé des bateaux dans un port de guerre. Ça, c'est Batman ou Zorro ! » Il restait à mon fils de rassurer le directeur. « Tout ce que dit l'enfant est la stricte vérité. Ce sont des choses qui se passent dans la Vieille Europe, il ne les invente pas. En 1939 les officiers de cavalerie avaient un cheval et un sabre, en 1941 mon père a épousé par procuration une femme qu'il a embrassée seulement quatre ans plus tard. Enfin tout le monde sait que le général Limon, père de mon épouse, a raflé à Cherbourg les vedettes que le général de Gaulle retenait à cause de l'embargo. » Le directeur, penaud, dut faire amende honorable.

À qui ressemble ce prince de la juiverie ? À première vue vous diriez un seigneur de la Renaissance italienne. Ses enfants l'ont fait portraiturer de profil, les épaules recouvertes d'une armure damasquinée, un mufle de lion sur l'épaule : c'est un Sforza, un Malatesta. Il ne déplaît pas à Élie de Rothschild qu'on fasse la comparaison, car il montre le tableau avec un plaisir non déguisé. Il est grand, la taille bien prise ; son visage aux méplats accusés se caractérise par un nez arrogant.

Mais est-il en réalité ce que laisse entendre son image ? Je n'en jurerais pas. Sans chercher à se grimer ni à tromper son monde, il est bien plus complexe et secret qu'un honnête condottiere. Volontiers facétieux et taquin, il aime à jouer des tours et est tout à fait indifférent à ce qu'on dit de lui, il mène sa partie comme il lui plaît. Avec cela, plein d'humour, l'humour inhérent à la théologie juive, et d'ironie à la française, il a le trait vif et acéré : comme il ne se passe rien, il ne passe rien aux autres.

Mais enfin pour une approche superficielle, le gentilhomme à l'armure damasquinée lui sied bien. J'en eus la confirmation le jour où il m'invita avec Luchino Visconti : des deux personnages, c'était Élie le

Ghirlandaio ou le Piero della Francesca. Certes, Visconti avait beaucoup d'allure, de séduction, de force avec un esprit clair et une volonté sans faille, mais il inquiétait à proportion, son regard magnétisait ; on aurait dit un fauve prêt à bondir sur sa proie. Il songeait à porter *À la recherche du temps perdu* à l'écran et Nicole Stéphane, fille aînée du baron James, se proposait comme productrice. Tout en faisant des repérages dans les environs de Paris, il ne reculait devant aucune dépense. Tel mur le gênait-il ? On l'abattrait, quitte à le relever ensuite. Telle gare de campagne le charmait-elle ? On la transporterait deux cents mètres plus loin pour qu'elle pût se profiler sur un bosquet de saules et un étang.

Senso m'apparaît comme son film le plus troublant. Je profitai de sa présence pour lui demander comment il en était venu à inventer la séquence où la comtesse Livia se sert de la cassette que les résistants lui ont confiée pour une autre fin, et sauve son amant : l'épisode ne figure pas dans la nouvelle de Camillo Boito dont il s'est inspiré. On lui avait sans doute souvent posé la question, il y répondit sur-le-champ :

– Tout bonnement parce que Livia est mon Anna Karénine. Pour l'une et l'autre aimer signifie se détruire. Elles ne reculent devant aucune indignité afin d'assouvir leur passion.

– Vous songiez aussi à Médée, à Phèdre ?

– Pas le moins du monde, seulement à Anna Karénine. La Russe, comme l'Italienne, aime à corps perdu. Le précipice les attire, elles y tombent. Leur sort s'accomplit.

Visconti prononça cet arrêt avec l'impassibilité d'un dandy byronien. Ses yeux me parurent encore plus sombres. J'aurais aimé lui poser d'autres questions, mais je ne voulus pas abuser de sa courtoisie.

D'autres souvenirs de déjeuners chez le baron et la baronne Élie de Rothschild me reviennent en mémoire, par exemple les cent ans de Madame Simone en 1977. On dut la déposer au milieu du salon dans un fauteuil porté par deux valets. La faiblesse de ses jambes n'empêcha pas l'illustre comédienne devenue monument historique de faire honneur au repas et de raconter des histoires avec verve. C'était sa spécialité : elle avait connu tous les gens célèbres. On ne pouvait prononcer un nom devant elle, sans que la personne citée ne déclenchât une anecdote. Comme je voyais souvent Simone chez Suzy Mante-Proust, je connaissais un grand nombre de ses histoires, qu'il s'agît de D'Annunzio, de Bernstein, de Barrès, d'Alain-Fournier, de Cécile Sorel. Proust était celui qu'elle avait le moins fréquenté. Malgré son grand âge, elle restait pimpante à deux heures du matin : il faut dire qu'elle ne sortait de son lit qu'à six heures du soir !

Ce jour-là, elle avait fait exception pour venir fêter son anniversaire chez ses amis. On n'eut pas la cruauté de lui faire souffler cent bougies. Une seule suffit, mais de taille. Elle parla de la première de *Chantecler*, du rôle de la Poule faisane tel que Rostand l'avait conçu. Elle nous avoua que c'était un personnage bien plus prestigieux qu'elle aurait aimé jouer, l'Aiglon. Elle avait voulu savoir comment la grande Sarah accueillerait cette initiative. Sanglée dans l'uniforme blanc, elle avait lancé les deux plus célèbres tirades de la pièce sans que la tragédienne manifestât le moindre intérêt.

– Le rôle ne m'allait pas, dit Simone, mais le costume du moins m'allait-il ? « Madame chérie, ai-je demandé, à quoi est-ce que je ressemble ? » Eh bien ! Imaginez-vous ce qu'elle a répondu ? Non, vous ne devineriez jamais ! Après un long silence, elle a dit : « Peuh ! À une théière ! »

Il faut dire que Simone, plutôt trapue, avec le cou dans les épaules, justifiait la comparaison. Le maître de céans donna le signal des rires. Simone riait aussi, mais c'était sans doute pour une raison connue d'elle seule.

Afin de prouver l'excellence de sa mémoire, elle récita un passage de *Chantecler*. Sous l'effet des applaudissements ou pour toute autre raison, l'une des vénérables bouteilles de château-lafite 1877 placées sur le dressoir éclata.

– Cela signifie que je mourrai dans l'année, dit Simone sans émotion apparente.

Ce qui ne l'empêcha pas de rester de ce monde encore huit ans. Vers la fin, elle avait perdu la tête : le soir, elle se maquillait comme si elle allait entrer en scène. Houspillant l'infirmière qu'elle prenait pour son habilleuse, elle disait : « Vite, vite, Élise, je vais être en retard ! » Et elle se collait un pied de rouge sur les joues.

Lors de ce déjeuner anniversaire, elle nous raconta que des années plus tôt elle avait voulu voir un de ces films pornographiques dont on lui rebattait les oreilles. Elle demanda à son amie Annie Ducaux, sociétaire de la Comédie-Française, de l'accompagner. Stupeur de la caissière en tendant les tickets à ces dames dont l'une au moins semblait si vieille qu'elle avait dépassé son âge. Au bout d'un quart d'heure de spectacle, Simone s'ennuyait à mourir. « Allons-nous en, Annie ! Que faisons-nous ici ? C'est absurde... » La table fit chorus : oui, c'était absurde !

Les Élie de Rothschild habitaient alors une demeure princière que les bals d'Étienne de Beaumont avaient rendue célèbre, l'hôtel Masserano, œuvre de Brongniart. Vaste, harmonieuse, bien distribuée, avec façade à colonnes et balustrade à l'attique sur le jardin, salons faits pour les réceptions et les fêtes, elle évoquait avec splendeur la fin du règne de Louis XVI. Les successeurs des Beaumont l'avaient restaurée avec art et l'avaient encore embellie avec le salon des Singes, boiseries Régence d'une spirituelle fantaisie que la baronne tenait de sa famille. L'hôtel Masserano avait vraiment l'allure et l'élégance qu'il fallait pour soutenir le voisinage des Invalides et de son dôme irrécusable.

Je me souviens d'une soirée où, tandis que Madame de Rothschild montrait aux autres invités certaines pièces de la collection, Élie qui a horreur de faire le guide nous entraîna Alpay et moi dans le grand salon et là, sous le sourire charmeur de la comtesse du Barry portraiturée par Vigée-Lebrun, nous offrit des alcools. Je ne sais comment la conversation tomba sur la Kaaba, qui renferme la Pierre noire vénérée à La Mecque, sur ce que l'islam doit à Israël, un monothéisme radical.

– Dans les synagogues, dit Élie, il n'y a ni autel, ni objets du culte, rien de matériel.

– Dans la mosquée non plus, répliqua Alpay. Le mihrab, tourné vers La Mecque, est toujours vide. Ce qui compte, c'est la prière, les versets du Coran. Pas d'images ni de statues !

– Chez nous non plus, c'est la Parole et le chant, l'espace abstrait. Pas de reliques ni de saints ! renchérit Élie.

Je sentais bien qu'ils faisaient front contre moi et accusaient les chrétiens de polythéisme et d'idolâtrie. Il me restait à défendre la Sainte Trinité, rude tâche !

– Dieu est si loin de nous, dis-je, si détaché de la création, qu'il faut bien un intermédiaire. Un enfant fait très bien l'affaire.

– Pourquoi un enfant ? dirent-ils en chœur.

– Parce qu'un enfant représente l'espoir secret de tout homme, celui de vaincre la mort et de se survivre...

J'allais parler du Saint-Esprit quand le retour de la baronne Élie et des autres invités mit fin à ce tournoi théologique qui nous avait transportés à Tolède, aux IXe ou Xe siècles quand Santa María la Blanca était encore synagogue et que les érudits musulmans s'entretenaient avec l'évêque. Tout à coup le temps avait volé en éclats et les esprits d'hommes morts depuis bien longtemps reprenaient vie à travers nous. Chacun des trois dans sa religiosité portait la marque de la tradition dans laquelle il avait été élevé, mais sans fanatisme, ni esprit d'exclusion.

*

La baronne Élie, Liliane Fould-Springer, possède un esprit orné : passionnée d'histoire et de beaux-arts, elle aurait fait un excellent conservateur de musée si elle avait dû exercer un métier. D'ailleurs n'écoute-t-on pas ses avis au Conseil des Amis du musée Carnavalet et surtout au Conseil artistique de la Réunion des musées nationaux ? Aucun achat d'importance ne se fait sans son accord, son flair est infaillible qu'il s'agisse de tableaux, de meubles ou d'objets. Très du monde, très liante, partout à son aise et toujours naturelle, elle cache son érudition sous les dehors les plus simples. Chaque époque a sa baronne de Rothschild. Ingres a peint l'épouse de James, son sourire mélancolique, les plumes de sa coiffure, son ample robe de soie vieux rose ; l'impératrice Eugénie fêtait encore la baronne James. Paris il y a cinquante ans parlait de la baronne Édouard, aujourd'hui nous avons la baronne Élie.

À côté des pièces célèbres qui constituent une collection et qui sont comme la parure d'un nom, elle s'amuse à réunir des bourses de jeu, des verres gravés romantiques, des colliers de chien en argent et en cuivre et mille autres curiosités qui la font sourire : « Que signifie l'expression "jeter son dévolu" », demande-t-elle pour vous taquiner. « C'est une bourse de jeu, comme celles que vous avez sous les yeux. » Ce sont pour elle des bagatelles : elle n'aime vraiment que le style Louis XIV, ce qu'on appelle le grand goût. Dans son salon actuel, tendu de damas rouge vermillon, on admire deux superbes cabinets de Boulle donnés par Louis XIV à son petit-fils Philippe V d'Espagne. En lieu de piètements, il y a deux allégories viriles en bronze doré d'un effet surprenant. Une non moins surprenante monumentale pendule baroque à souhait, des tapisseries de Berain, un autoportrait de Rembrandt, des portraits du XVIIIe siècle, mille objets sur les consoles et les tablettes et, ce qui résume l'esprit de la pièce, une clé du château de Versailles : le chambellan la reconnaîtrait peut-être...

Les Élie habitent maintenant un hôtel Directoire entre cour et jardin, exquis de proportions, qui appartint à la princesse Mathilde avant qu'elle n'allât jouer les dames romaines avenue Montaigne. C'est dans cette maison qu'elle présenta Eugénie de Montijo à celui qui n'était que le prétendant : elle ne s'imaginait pas que la comtesse de Teba allait lui ravir la place de première dame de France à laquelle elle tenait tant ! La cousine de Napoléon III fut précédée rue de Courcelles par une ravissante et fragile personne, fille de don Pedro Ier du

Brésil et d'une princesse Leuchtenberg. Elle tourna la tête à Maximilien d'Autriche qui l'aurait épousée si la phtisie n'avait terrassé la pauvre petite. Elle est morte vierge à Madère à vingt ans.

Liliane aime à réécrire l'histoire. Elle se persuade que Maximilien n'aurait pas été fusillé au Mexique s'il s'était marié avec la délicieuse Portugaise. C'est sa femme, l'ambitieuse Charlotte, qui l'a poussé à la guerre et à l'intransigeance.

Mais, ajoute la baronne Élie, voyez comme l'histoire se plaît à nous jouer : Napoléon répudie Joséphine et c'est le petit-fils de Joséphine qui régnera en France, Napoléon III ! Et la comtesse d'Albany, vous savez bien celle qui a épousé le dernier Stuart, trompe son mari avec le peintre Fabre, cela nous vaut le musée de Montpellier !

Je lui renvoie parfois la balle. Oui, l'histoire est une mare bien trouble. La baronne de Feuchères achève le dernier Condé, on sait comment (pendaison érotique à la crémone d'une fenêtre). Qui va hanter le parc de Mortefontaine ? Nerval, qui se pend de la même façon rue de la Vieille Lanterne.

Nous tombons d'accord que le monde est aberrant, qu'on ne peut le moraliser : autant parler raison à un monstre dépourvu de raison... Ce n'est pas l'optimisme qui nous caractérise. L'histoire universelle nous suffoque d'horreur. Afin de conjurer les destins contraires, Liliane se contente de poser d'inoffensives devinettes du genre : Qui a dit « Sire, ne me faites pas rire ! » Ou bien : « À qui appartenait le Régent avant de figurer parmi les joyaux de la Couronne ? » Cela ne porte tort à personne.

Comme son mari, Liliane aime la chasse, le polo, l'art des jardins. Élie, expert en botanique, cultive les orchidées, il a fait de ses serres de Royaumont un vrai Costa Rica. Il a la haute main sur les bruyères et les rhododendrons. On peut les voir tous les deux à quatre pattes désherber avec ardeur.

– Un jardin ne peut être l'œuvre que d'un seul, constate Liliane avec modestie.

« Ils vivent comme au temps des Lumières », disait Caroline Naar qui m'avait présenté à eux et qui avait désiré que l'amitié naquît entre nous. Caroline avait cet air de parure qui se prend dans le monde, beaucoup de vivacité d'esprit et même de pétulance. Elle était sonore comme disait un de ses amis. Son désir de plaire et de briller lui donnait de l'aplomb. Paul Valéry ne craignait pas d'affirmer : « Elle entre dans un salon, elle a déjà gagné. » Elle avait de la lecture et, ce qui est plus rare, de la générosité. Quand les biens de fortune la comblèrent, elle poussa la munificence jusqu'à la prodigalité : « Pendant trois ans, Caroline a pu jouer les milliardaires, dit Liliane. Elle y a pris plaisir, elle a fait plaisir à ses amis. »

*

Ses compétences désignaient la baronne Élie pour la tâche délicate de reconstituer les collections de la maison Rothschild confisquées par les Allemands et réparties dans toute l'Europe. Elle en profita pour redonner toute son élégance à Château-Lafite, rendez-vous de famille sous Napoléon III et demeure de qualité depuis toujours.

Chaque pièce du rez-de-chaussée a sa couleur et sa physionomie. Le hall d'entrée s'orne d'un escalier du XVIIe siècle avec arcades, colonnes, balustres qui donne le ton. Le grand salon tendu de damas cramoisi illustre l'histoire de la famille. Sur les murs on reconnaît les cinq messieurs de Francfort : le baron James fondateur de la branche française, le baron Salomon de la branche viennoise, le baron Carl de la branche italienne, le baron Nathan de la branche anglaise et le baron Anselme resté à Francfort. Voilà une belle rose des vents : un titre de noblesse du Saint Empire et des surgeons dans toute l'Europe ! Le décor en stuc de l'époque rococo abrite des meubles capitonnés second Empire. Au centre de la pièce, la table fatale pour la France sur laquelle Bismarck, au château de Ferrières, dicta à Jules Favre les points principaux du traité de Francfort... La salle à manger aux boiseries Louis XV, peintes couleur d'ivoire avec rechampis turquoise, de ce même bleu turquoise qui recouvre les murs, est meublée dans le style romantique. Elle est dédiée aux portraits des femmes de la famille. La bibliothèque, de proportions plus intimes, est tendue de damas vert et ornée de portraits d'enfants. Le mobilier Henri II troubadour, mis à la mode par la duchesse de Berry, semble plaire infiniment aux jeunes garçons et aux petites filles qui figurent sur les tableaux. Faut-il dire que Liliane a pourvu chaque pièce de lustres, appliques, lampes, bibelots, porcelaines, chandeliers, tentures à l'opulente passementerie qui en parachèvent l'élégance ? La perfection du goût, c'est sa façon d'apposer sa signature.

Le 28 mai 1972, lors du festival de Bordeaux, les maîtres de Château-Lafite donnèrent un dîner pour fêter la présence en Gironde d'Arthur Rubinstein. Il faut dire que c'est une tradition chez les Rothschild de favoriser la carrière du célèbre pianiste. Comme il jouissait d'une extrême longévité, ce sont des générations successives de nos banquiers qui ont tenu à honorer son talent. Ceux qui aiment la musique se contenteront d'écouter ses enregistrements (certains d'entre eux font figure de versions de référence pour les mélomanes), mais ceux qui veulent se divertir liront ses Mémoires. Dans sa jeunesse écartelée entre Varsovie, Berlin, Paris, Londres, Rome et Madrid, notre virtuose mena une vie de bâton de chaise, Chérubin dissipé, Roméo polisson, Don Juan habile à séduire et à répudier. Au début de ce siècle, l'aristocratie menait encore une vie brillante et déchaînée, Arthur s'en donnait à cœur joie. Et comme partout il traînait les cœurs après soi, qui le lui reprochera ? Cette société pratiquait aussi le mécénat ; elle avait encore le pouvoir de lancer un artiste. Certaine soirée chez la baronne Gustave de Rothschild, dans son hôtel de l'avenue Marigny aujourd'hui propriété de l'État, décida de la célébrité de Rubinstein. Soixante-cinq ans plus tard, c'est un des petits-fils de cette dame, le baron

Élie, qui honore l'artiste chenu, aussi frisé, malicieux et cocasse qu'autrefois.

Les Élie de Rothschild avaient réuni autour de Rubinstein Aymar Achille-Fould, Sauguet et quelques-uns des plus en vue au Pavé des Chartrons. J'avais souvent applaudi celui qu'on appelait par affection « le roi Arthur », mais je ne lui avais jamais parlé. Je lui fus présenté ; son esprit me charma. Il avait une façon particulière de raconter les événements, sans avoir l'air d'y toucher, d'un ton patelin, les yeux mi-clos, tout à coup le chat en lui se réveillait, il lançait un coup de griffe et ses yeux, grands ouverts, pétillaient de malice.

On le vit bien quand, à l'heure du toast, il remercia les maîtres de céans qui avaient tenu à verser un château-lafite de 1889, date présumée de sa naissance. Il célébra les mérites du vin de cette année-là qui était « distingué, soyeux », qui avait « du gilet, du nez et de la jambe », comme moi, disait-il en se frappant le bréchet, il continua à vanter les qualités de ce vénérable champion des grands crus qui n'avait qu'un défaut, celui de n'être de la bonne année :

– Mais on lit dans les dictionnaires : né à Varsovie, en 1889...

– Je mentais, j'ai toujours menti. Pour moi, la vie est un roman, je l'invente à mesure et quand je suis à court d'inspiration, elle s'invente toute seule. J'ai toujours eu une chance du diable !

Il nous révéla qu'il avait triché sur son âge pour échapper au service militaire et obtenir un passeport : il voulait aller en Occident pour y faire carrière. Il était né en 1886, à Lodz, qui faisait alors partie de l'Empire russe. Il ne voulait pas mourir pour le tsar. Alors il se rajeunit de trois ans, changea son lieu de naissance et, conclut-il, quand j'ai vu qu'il était si facile de mentir, je ne me suis plus arrêté. J'ai menti à toutes celles à qui j'ai fait la cour, plus je disais de folies, plus elles aimaient ça. Voilà ma confession, fit-il d'un air faussement contrit.

L'assemblée se récria : 1886 ou 1889 ne changeait rien

à l'affaire ! Il restait le roi Arthur, le chéri du monde entier.

Quatre mois plus tard, le 19 septembre, il devait recevoir son épée de membre de l'Académie des beaux-arts et pour cela, il avait choisi l'hôtel de l'avenue Marigny, sanctuaire de ses débuts, qui appartenait maintenant au petit-fils de la baronne Gustave, Alain. La boucle se trouvait bouclée : d'où il était parti, jeune loup avide de dévorer le monde, il revenait chargé de gloire, recru d'honneurs, mais toujours pétulant, soucieux de plaire et d'être aimé. Il ne put assister à la réception, une malencontreuse maladie le retint à l'hôpital américain de Neuilly. J'avais préparé une jolie phrase pour le féliciter : Vous avez esquivé le sabre russe, vous n'évitez pas l'épée française !... Comme c'était sa femme Nela qui la reçut à sa place, je m'abstins de ce trait d'esprit.

Elle méritait bien de tenir entre ses mains cette épée, car après le carnaval ininterrompu que fut la jeunesse de son mari, jamais Arthur ne serait devenu le grand Rubinstein si elle ne l'avait soumis à un régime austère. Il lui fallut répudier les trucs, les effets qui ravissaient le public, mais qui scandalisaient les délicats. Il lui fallut surtout, et cela est bien plus difficile à réaliser, garder sa fraîcheur, son lyrisme, son toucher magique qui ressemble à un poudroiement doré tout en s'astreignant à un jeu dépouillé, simple et pur et à un style qui respecte le génie des musiciens. Il s'est fait le chantre incontesté de Chopin, son compatriote, il en a épousé l'âme et la sensibilité. Que jouait-il le mieux ? Sans doute les *Mazurkas* et les *Polonaises*, mais dans les *Valses*, dans les *Préludes* on reconnaissait l'éternel Chopin.

Il nous raconta à Château-Lafite que Charlie Chaplin lui avait demandé le secret de sa réussite. « De mes clowneries ou de mes heures de travail ? avait spécifié Arthur Rubinstein. – Des deux, avait répondu l'autre. »

Jusqu'à la fin qui est survenue à Genève le 20 décembre 1982, il est resté un acteur malicieux et un artiste d'exception.

*

Lors d'une autre réception, à l'hôtel Masserano cette fois, il m'est arrivé une aventure que Marcel Proust aurait longuement méditée et qu'il aurait pu introduire dans *la Recherche* [6]. Au moment où commençait le dîner, je voulus revoir tels objets de la collection pour m'assurer de certains détails que je n'étais pas sûr d'avoir bien retenus. Cela me prit plus de temps que je ne pensais ; quand je rejoignis l'assemblée, toutes les tables où j'aurais pu m'asseoir étaient constituées. Il ne restait qu'une table libre, près de l'entrée, où se trouvaient des gens qui ne se connaissaient pas et qui semblaient gênés de se trouver dans une réunion si mondaine. Il y avait là un couple d'émigrés tchèques, arrivés en France depuis peu, une Viennoise bibliothécaire de l'Opéra et une autre dame dont je ne compris ni le nom ni l'état. La conversation s'établit en anglais, elle était surtout faite de silences alors qu'aux autres tables les rires fusaient de partout et tout le monde parlait en même temps. La qualité des mets et des vins m'aida à supporter la pénitence.

On allait servir les glaces, arrive un monsieur d'une bonne soixantaine d'années, assez replet, tout souriant. Le brouhaha baisse de plusieurs tons, Élie et Liliane se précipitent vers lui et le prient de venir à leur table. Je vois que la maîtresse de céans a fait une révérence.

– Non, non, ne dérangez personne. Je m'installe ici et je rattrape le temps perdu.

Il a désigné le groupe des insignifiants, il s'installe entre la bibliothécaire et moi. Liliane n'a que le temps de nous présenter et donner sur nous ce qu'il faut de renseignements pour que le duc de Parme sache à qui il parle.

– Monseigneur, lui dit-elle la mort dans l'âme, il n'y a pas moyen de vous résister !

– Ma chère amie, c'est sans protocole, je meurs de faim et veux souper à loisir. D'autant plus que je ne pourrai rester longtemps, une autre assemblée de monarchistes me réclame, le dernier carré comme on dit !

Robert, duc de Parme et chef de famille, soupe en effet avec appétit. Rien ne creuse plus que les réunions de fidèles ; ils vous dévorent des yeux. Le prince, ayant refait ses forces, s'adresse à chacun des convives. La Viennoise, éperduc de bonheur, lui parle à la troisième personne : « Votre Altesse Royale veut-elle me dire... » Des trois autres, il ne tire que des réponses évasives et gênées. Il s'ennuierait beaucoup si je n'étais là.

– Attention, le défilé va commencer, me dit-il.

La table des modestes est devenue tout à coup le lieu par excellence où il est élégant de siéger. On se demande qui est ce monsieur qui distrait tellement le prince, qui le fait rire, à qui l'altesse a même porté une santé.

Une des dames de l'assemblée n'y tenant plus s'approche de la sainte table. D'autres la suivent. Révérences, plongeons, exclamations, exquises banalités. Celles que le duc de Parme invite à s'asseoir quelques instants devant lui ne se le font pas dire deux fois, les autres restent debout, puis battent en retraite. Je veux céder ma place, mais le prince ne veut surtout pas que je bouge, il pose sa main sur mon bras et m'oblige à me rasseoir. Je le défends contre les importuns. Mais le geste ne passe pas inaperçu et du coup ma cote monte en flèche. Caroline Naar m'a dit après la réception que cette muette, mais amicale injonction m'avait « posé ». Mon visage ne disait rien à la plupart des invités, j'étais devenu quelqu'un, j'avais accédé à l'existence.

Et de ce fait, les dames que le prince invite à prendre place me regardent à la dérobée tout en attachant sur le duc de Parme des yeux implorants et enivrés et en tenant des propos décousus d'un bon ton accompli. Ensuite elles regagnent leurs tables ou bien s'asseyent à d'autres tables où se trouvent des gens de connaissance et répandent un peu de la lumière qu'elles ont reçue et cela avec une mine à la fois confuse et béate, comme si elles avaient en même temps avalé l'eucharistie et commis quelque péché.

Le duc de Parme, avant de retrouver les fidèles, « le dernier carré », me dit qu'il a été bien aise de me connaître et m'invite à inscrire mon nom sur le registre. Il habite à l'ambassade d'Autriche.

Élie et Liliane le reconduisent jusqu'au vestibule : il se déclare ravi de sa soirée. Quand la maîtresse de maison a rejoint ses invités, elle vient aussitôt vers moi et me demande, très intriguée, ce que j'ai raconté à Monseigneur pour l'avoir fait rire à ce point.

– Rien, des bêtises !

– Des bêtises ! Vous avez osé...

– Je lui ai parlé de ma grand-mère qui estimait qu'on pouvait danser sans crime, mais pas dans le désert devant le Veau d'Or. Elle distinguait les vrais miracles des faux rien qu'à l'odeur. « Les miracles de Dieu sentent la rose, ceux de Satan le papier moisi ! » Le duc m'a dit : « C'est ce qu'on m'enseignait dans ma jeunesse. J'ai l'impression d'avoir connu Madame votre grand-mère : c'était une dévote à l'ancienne. L'espèce a disparu. *Sempiternam requiem !* »

– Il faut raconter l'histoire dans un de vos prochains livres, dit Liliane. Elle est très instructive.

– Qui a envie d'être instruit ? lui répliquai-je en riant.

– Vous et moi. Nous aimons toujours en savoir plus !

– Cet appétit de connaissance cimente notre amitié. J'aurais plus de lustre auprès d'Élie si je m'intéressais à la culture des orchidées. Les gazons m'importent plus. Ceux de Château-Lafite comme de Royaumont et de Paris font mes délices : comment réaliser ces lacs d'émeraude venus de l'Oural ou de la Sibérie ? Élie, dites-moi votre secret !

– Il n'y a pas de secret. Il faut labourer la terre en profondeur, semer et pendant six semaines, veiller à ce que ni homme ni animal ni oiseau ne passe sur les lieux, sinon tout est à recommencer !

Avis aux amateurs de jardins !

CHAPITRE VI

« Nous étions six filles dans un pré » – Nancy Mitford rue Monsieur entre cour et jardin – Les Invalides, le monument le plus respectable de Paris – La chasse aux enfants – Son refus d'aller aux États-Unis – La seule Américaine qu'elle reçoit, la duchesse de Windsor – Le rire de Nancy, qui n'était ni jaune ni bleu, la protégeait du monde – Je rencontre chez elle un fabuleux oiseau héraldique, Karen Blixen.

Cela commence comme une chanson d'autrefois :

Nous étions six filles dans un pré
Toutes les six à marier
Y avait Dine, y avait Chine
Y avait Ginette et Martine...

Des six filles du second Lord Redesdale, quatre ont fait parler d'elles. Nancy, l'aînée, se passionnait pour la littérature. *La Poursuite de l'amour*, qui se vendit à plus d'un million d'exemplaires, fit d'elle un des écrivains les plus en vue du Royaume-Uni. Deux autres se lancèrent dans la politique la plus hasardeuse et défrayèrent la chronique. Diana, épouse du chef de l'Union britannique fasciste sir Oswald Mosley, partageait les idées de son mari. Jessica, par esprit de contradiction, ne pouvait que s'ébattre à l'extrême gauche ; après une liaison tapageuse avec Esmond Romilly, neveu de Churchill, elle s'exila aux États-Unis où elle adhéra au parti communiste. Le sort le plus singulier échut à la quatrième : furieusement romanesque, fantasque, exaltée, elle tomba amoureuse de l'homme qui semblait justifier le moins une telle passion, Adolf Hitler.

On parle moins des deux dernières parce qu'elles mènent une vie conforme à leur naissance. Pamela ne jure que par la campagne, elle s'entoure de tous les animaux qui veulent bien vivre dans un climat froid. Deborah préfère la vie de société : elle est devenue duchesse de Devonshire.

Toutes les six grandes, sveltes, jolies, les yeux bleus, le teint clair, faisant honneur à leurs parents. Il y avait aussi un fils, choyé par la famille, héritier du titre et du domaine, qui était l'idole du clan. Il mourut en 1944 sur le front de Birmanie.

Car c'était un clan que formaient les sept enfants Mitford. Ils s'adoraient même quand ils se critiquaient, formaient bloc dès que l'un était attaqué, ne pouvaient se passer les uns des autres. Ils avaient conscience de former un groupe à part, une sorte de résumé du monde. Ils se donnaient de multiples surnoms afin de dérouter ceux qui les écoutaient, ils auraient inventé une langue pour n'être compris de personne si l'anglais ne leur avait paru quand même le plus commode. L'énorme correspondance de Nancy avec le clan révèle l'originalité du groupe, sa force, son infracassable cohésion, sa délicieuse extravagance. Nancy, par ses dons littéraires, par son intelligence et l'acuité de son esprit, était persuadée d'être la conscience de la famille : elle pensait pour le clan et lui donnait son image définitive.

J'ai connu Nancy Mitford en 1946 quand elle décida de s'installer à Paris. La France et sa capitale l'ont toujours fascinée. Elle ne voulait pas devenir française, elle voulait être l'Anglaise francophile par excellence. Le mariage ne lui ayant pas trop bien réussi et le bonheur s'étant fait attendre, elle tira un trait sur son passé et ne l'accepta que sous bénéfice d'inventaire.

Dès que notre amitié se conclut, « Appelez-moi Nancy

comme la ville, j'aime entendre mon nom prononcé à la française », me dit-elle. J'avais fait sa connaissance par mon amie Janine Papy. Sollicitée par l'éditeur Charlot, celle-ci avait commencé la traduction de *la Poursuite de l'amour*. Son travail déplut à Nancy qui la dissuada de poursuivre. D'ailleurs elle voulait changer d'éditeur : Stephen Spender lui avait recommandé Charlot, elle désirait une maison plus importante, plus sûre. Janine ne prit pas la mouche, elle reconnut que, oui, la traduction ne valait pas grand-chose, mais, comme des affinités de caractère réunissaient les deux dames, elles décidèrent de continuer à se voir. Janine me présenta à Nancy : c'est ainsi que je suis devenu l'un de ses amis français les plus fidèles et les plus proches. Chez moi elle rencontra André Bay : voilà pourquoi elle publia tous ses romans et ses biographies chez Stock.

Deux jeunes femmes à la recherche du bonheur constituent le sujet de *la Poursuite de l'amour*. Elles sont cousines et s'aiment tendrement. Autant Fanny se montre raisonnable et prudente dans cette quête, autant Linda risque son va-tout chaque fois qu'elle s'éprend d'un homme. Ce bonheur tant désiré, elle ne le trouve, après deux mariages décevants, que dans les bras d'un Français. Mais le bonheur n'est pas son lot : elle meurt en couches dans le même temps que son amant, qui fait partie d'un réseau de la Résistance, est capturé par les Allemands et fusillé. Tragique épilogue pour un livre si cocasse, si humoristique et qui fait parfois pleurer de rire. La morale à tirer de l'histoire, c'est un des personnages secondaires qui s'en charge. Lord Merlin déclare qu'on se trompe toujours dans la jeunesse. « L'amour, c'est pour les grandes personnes. »

Nancy s'était fait connaître avant la guerre par trois romans prestes et spirituels qui avaient attiré peu d'attention. Le quatrième, *Pigeon Pie*, parut le 6 mai 1940, moment mal choisi pour une pétulante fantaisie. Pendant la guerre, elle s'abstint de publier, mais ne pouvant se passer de climat littéraire, de 1942 à 1945 elle tint Curzon Street une librairie qui devint le pendant de ce qu'avait été naguère la maison d'Adrienne Monnier, rue de l'Odéon à Paris. C'était autant un salon qu'une boutique. Les écrivains s'y donnaient rendez-vous, les lecteurs aussi.

C'est quand elle fut une « grande personne » vers la quarantaine, que Nancy rencontra celui qui a le plus compté dans sa vie, que dans sa correspondance elle appelle Colonel à cause du rôle qu'il tenait à Londres auprès du Général de Gaulle, Gaston Palewski. Elle ne me l'a jamais dit, mais je suis persuadé que sa décision de vivre en France s'explique par cet amour. En tout cas, dans sa chambre, on voyait un portrait en pied de Gaston. Quand je le retrouvai des années plus tard, comme nous évoquions le souvenir de celle qui n'était plus, il me dit : « Pauvre chère, très chère Nancy ! » Ce qui me surprit fort, car elle qui ne bronchait pas, se plaignait encore moins, n'aurait pas aimé cet attendrissement. Peut-être ne l'avait-il pas choyée comme elle le méritait !

Dans *The Pursuit of Love*, il figure très transformé, au moins quant à son aspect physique, dans le duc de Sauveterre :

– Je voulais l'appeler duc de Potage, mais on me l'a déconseillé, me dit-elle un jour.

– Potage est un nom burlesque, bon pour une opérette.

– Et que faites-vous de Godefroy de Bouillon ?

– Tiens, c'est vrai ! Mais Bouillon appartient à la légende. Nous n'établissons aucun lien entre lui et un consommé, encore moins avec une soupe !

– Les Français me surprendront toujours !

C'était justement ce qui la charmait. Socialiste dans sa jeunesse, socialiste à la façon de Bernard Shaw et de la Société Fabienne, elle était devenue une gaulliste enthousiaste. Elle aimait de Gaulle comme les dames de Milan acclamaient Bonaparte et celles de Varsovie Napoléon. Le retour du Général au pouvoir en juin 1958 la jette dans l'extase. Elle écrit à sa chère Mrs. Hammersley : « Je suis allée aux Champs-Élysées – une foule immense criant *Merci* au Général. Le Colonel

(Palewski) dit : “qu’il s’amuse” ; Malraux dit à Cocteau : “Il est devenu si rusé !” À quoi répond le Colonel : “Pas du tout, il a toujours été rusé !” Par ce “il”, entendez de Gaulle. »

Nancy a vécu à la campagne, dans les Costwolds, plus souvent qu’à Londres. Comme ses sœurs, elle a appris le français, un peu de musique et l’équitation. Beaucoup de lectures, et des plus désordonnées. Son père estimait que les écoles et surtout les universités dénaturaient les filles, que le fait d’acquérir des connaissances de façon méthodique détruisait le charme féminin : le principal consistait dans l’influence familiale. Aussi ses enfants ne connurent-ils que des gouvernantes, des institutrices et la bibliothèque du château. Il faut dire qu’elle était bien fournie, les deux grands-pères de Nancy ayant été des hommes en vue et de grande capacité. Le premier Lord Redesdale, homme de vaste culture qui avait été ambassadeur à Tokyo, au Caire, a laissé deux gros volumes de *Mémoires* où il parle aussi bien d’Abd el-Kader que de Garibaldi, de Wagner que de Disraeli.

Mais c’est à son grand-père maternel que Nancy ressemble par son ironie, son humour et sa tournure d’esprit. Thomas Gibson Bowles était le fondateur d’un journal à succès de l’époque victorienne, *Vanity Fair*.

– Vous trouvez des dessins de couleurs de son journal dans tous les clubs élégants d’Angleterre. Il avait la dent dure. Mais quand il disait : « Telle dame est parfaite », tout le monde le croyait. On pouvait dire alors : « *She is ppperfect.* » Il avait pour ami intime Lewis Carroll. Ma mère et mes tantes ont reçu des invitations à goûter du Révérend.

Aussi lorsque Jacques Papy publie les *Lettres à ses amies-enfants*, Nancy put lui en proposer d’inédites. Voici le badinage carrollien adressé à Sydney Bowles, mère de Nancy : « Les gens qui n’existent pas sont bien plus gentils que ceux qui existent. Par exemple les gens qui n’existent pas ne se fâchent jamais et ils ne vous contredisent jamais et ils ne vous marchent jamais sur les pieds. Oh ! Ils sont tellement plus gentils que les gens qui existent ! Mais cela ne fait rien : ce n'est pas votre faute si vous existez, et je crois pouvoir dire que vous êtes aussi gentille que si vous n'existiez pas. »

Nancy avait de qui tenir. Elle ne s'est pas aventurée en littérature sans provisions. Elle s'est fait un divertissement sans fin de comparer les préjugés et les conventions de la société anglaise et du monde français. Elle s'en amuse, elle ne juge pas. En regardant ce qui l'entoure, elle brosse un tableau humoristique sans satire ni méchanceté parce que, ne cherchant pas à améliorer l'humanité (elle est sans espoir de ce côté-là), elle se contente de rire de ce qui l'amuse. Elle aurait pu dire comme La Bruyère : « Il faut rire avant que d'être heureux, de peur de mourir avant d'avoir ri. »

Nancy riait et son rire irrépressible, chaleureux, exubérant ne contenait ni sarcasme ni mépris, ce n'était pas un rire jaune ou bleu comme la peur, c'était une explosion de plaisir. Comme d'autres prennent des vitamines, Nancy riait. Pour se guérir, pour se sauver. Elle n'avait jamais été très heureuse, que serait-il arrivé si elle n'avait pas ri de tout – et du reste ?

Personne ne résistait à son rire : son beau visage, ses belles lèvres, ses yeux bleu-vert si brillants s'en trouvaient illuminés. On tombait amoureux de ce rire.

Il ne supprimait pas le monde, il l'esquivait, il le contournait. Il nous aidait à nous tirer d'affaire par la verve comique.

Aux approches de la cinquantaine, elle se mit à écrire des biographies historiques. *Madame de Pompadour, Voltaire in love, le Roi-Soleil, Frédéric le Grand*. Elle me dit alors :

– Quand on atteint certain âge, on cesse de voir la vie en noir et blanc. Le roman n'admet pas les demi-teintes. Alors on se plonge dans l'histoire, dans les Mémoires : même si c'est bien affreux, on se dit : cela est arrivé, je n'y puis rien !

D'ailleurs, fidèle et enthousiaste lectrice de l'historien et homme politique Thomas Macaulay, elle tempérait d'humour la réalité des faits et traçait des portraits rehaussés par la caricature : elle forçait le trait pour rendre l'expression plus juste. Macaulay le dit sans ambages : « Les meilleurs portraits sont peut-être ceux qui comportent un peu de caricature et il n'est pas sûr que les meilleures histoires ne soient pas celles où quelques exagérations, relevant de la fiction, sont judicieusement employées. On y perd un peu en exactitude, mais on y gagne beaucoup pour *l'effet*. On néglige les traits accessoires ; mais les grands traits caractéristiques s'en trouvent imprimés dans l'esprit pour toujours. »

Nos historiographes sorbonnards jugeaient la concurrence déloyale, car Voltaire et la marquise sont campés par Nancy avec brio, avec justesse et avec classe : que cette dame anglaise se contente de faire de la broderie et de décrire les us et coutumes de cette société perverse et décadente qu'est l'aristocratie de son pays ! Au poteau, la Mitford !

Lorsqu'elle se fut installée rue Monsieur, Nancy prenait souvent la ligne d'autobus 86 ; l'un de ses plaisirs consistait à être reconnue par les receveurs.

« Vous, vous êtes une habituée, je connais tous vos chapeaux, lui dit un jour un employé. »

Quand elle me conta cette anecdote, elle explosa de son rire fameux et conclut :

– J'aime être prise pour une Parisienne. J'avais dix-sept ans quand je découvris votre ville. Un magasin de la rue de Rivoli me transporta : j'y voyais des escarpins vernis aux talons endiamantés et des gants assortis ornés de strass. Je me dis alors : jamais je ne pourrais trouver à Londres tant de luxe et de raffinement ! C'est à Paris qu'il me faut vivre un jour. J'aime ici tous les monuments, toutes les places, tous les arbres, et la petite Seine plutôt que la large Tamise...

– Qu'est-ce que vous préférez ?

Elle n'hésita pas un instant :

– Les Invalides ! C'est plus beau que Versailles, plus majestueux, plus respectable et plus discret. Et puis le dôme illuminé, c'est la beauté sur la terre !

Elle n'habitait pas loin, elle pouvait s'en rassasier la vue tant qu'elle voulait. Elle trouva chez nous une seconde jeunesse. Ce que Paris lui donna, elle le lui rendit au centuple, faisant de son hôtel particulier rue Monsieur une sorte d'ambassade. Tout ce que le Royaume-Uni produisait d'écrivains, d'hommes politiques et de personnes distinguées venait dans sa belle maison du XVIIIe siècle entre cour et jardin, un jardin à la sauvage, pas du tout anglais, mais qui convenait à la désinvolture de Nancy. Elle incarnait de façon originale l'aristocratie de son pays. Si elle n'écrivit pas dans les deux langues comme son amie et rivale Violet Trefusis, elle reçut comme elle le ruban de la Légion d'honneur, la seule distinction qu'elle désirât. Ce qui ne l'empêcha de devenir peu après Commandeur de l'Empire britannique. Comme je l'en félicitais, elle me répondit que c'était un honneur imaginaire puisqu'il n'y avait plus d'Empire britannique. « Mais, ajoutait-elle, je me rappelle que la Toison d'or, le Saint-Esprit n'ont jamais existé, je suis donc bien contente de recevoir la croix d'un empire disparu. Tous les honneurs ne sont-ils pas imaginaires ? »

On s'était demandé en haut lieu si c'était Nancy Mitford ou Mrs. Peter Rodd (elle était séparée de corps, mais non divorcée) qui devait recevoir le titre. Elle fit valoir que c'était l'écrivain que l'on récompensait, qu'elle avait publié avant son mariage, que son nom de jeune fille devait être à l'honneur. Un ami de Londres m'envoya la page du *Guardian* du 3 juin 1972 où, sous sa photographie, on peut lire « *Nancy Mitford writer* ».

Savoir garder la tête haute et ne pas s'attendrir sont des vertus aristocratiques. Jamais je n'ai entendu Nancy se plaindre ni soupirer même quand à la fin de sa vie elle souffrait le martyre. Elle faisait alors un geste de la main qui nous donnait congé. Pas un mot : pas un mot sur ce frère adoré dont la mort anéantit le clan, sur les malheurs de Unity Valkyrie qui, après son suicide manqué, resta fragile, valétudinaire et retomba presque en enfance. Sur les années que sa sœur Diana passa en prison, où elle mit au monde l'un de ses fils. Comme on l'avait parquée avec les prostituées, Nancy ne racontait qu'une histoire, mais des plus cocasses.

– Jamais Diana n'a été si bien servie qu'en prison. Ces pauvres créatures trouvaient tant de bonheur à côtoyer la fille d'un Lord qu'elles lui enfilaient ses bas, ramassaient son mouchoir, l'éventaient quand il faisait trop chaud. Aux petits soins...

C'était la manière de Nancy d'affirmer sa solidarité de clan, de mettre sa famille au-dessus de tout, bien qu'elle ne partageât nullement les opinions de sa sœur. Qui ne verrait dans cette réaction que frivolité ou dérision ne comprendrait rien au caractère de notre amie et pas davantage à ses livres.

J'ai déjeuné plusieurs fois avec sa mère. Elle avait la taille, le maintien et la dignité de la reine Mary – et aussi le genre de chapeaux toujours fleuris et ornés d'une voilette. Quand elle ne vivait pas à Londres, elle habitait en Écosse à Inch Kenneth, près de cette île de Mull où, autrefois, je n'avais pu accoster à cause du mauvais temps. Elle prétendait préférer la compagnie de ses moutons à la vue des détestables touristes et se félicitait qu'à Inch Kenneth ne vînt aucun visiteur.

– Mais, disait Nancy, elle s'y ennuie à mourir, la conversation des moutons étant très limitée. Ma mère colle un télescope sur ses yeux et dès que descend du bateau une personne à peu près convenable, elle envoie son maître d'hôtel pour l'inviter à prendre le thé. Quand vous irez là-bas, ne manquez pas de le lui faire savoir !

– Mais, ai-je dit bêtement, comment le domestique me reconnaîtrait-il ?

– Oh ! Marcel, fit-elle consternée, comment hésiterait-il ? Vous faites tellement français !

Vraiment, j'étais comme un Nègre débarquant en Islande et se demandant comment on pourra bien l'identifier... Je n'eus pas à me poser la question, Lady Redesdale mourut l'année qui précéda mon retour en

Argyllshire. Nancy me dit combien l'avait émue le passage en barque avec le cercueil de sa mère et le chant gaélique murmuré par les marins. C'était tout à fait simple et grandiose. Cela venait de la nuit des temps.

Une année où nous étions à Hyères dans des maisons qui se touchaient presque, elle chez Antonio Gandarillas, un diplomate chilien qui mourut à quatre-vingt-dix ans momifié par l'opium, et moi au château Saint-Bernard chez les Noailles, nous nous retrouvions vers six heures et nous promenions dans la garrigue jusqu'au dîner. C'est alors que Nancy me parla le plus d'elle-même, de son enfance, de ses liens avec le clan et je pus constater que les histoires les plus drôles et les plus surprenantes de *la Poursuite de l'amour* reproduisaient ses propres souvenirs. Son père, le second Lord Redesdale, Uncle Matthew dans le roman, était le parangon du mâle anglais. Grand, blond, un beau visage énergique et régulier, passionné de chasse à courre et de la vie à la campagne, il détestait par principe les étrangers, les catholiques, l'école pour les filles, trop de raffinement pour les garçons. Irascible et chauvin, il était le champion des vieilles vertus anglaises. On l'aurait dit sorti d'un roman de Goldsmith ou de George Eliot. Il fulminait contre la décadence moderne et grinçait si fort des dents qu'il usait deux dentiers chaque année. Dans ses livres, Nancy brosse de lui des portraits hauts en couleur sans complaisance, avec humour, mais aussi avec tendresse. D'ailleurs ses enfants l'adoraient, même quand il leur faisait donner la chasse par quatre énormes limiers. Les villageois, ébahis, voyaient les fillettes de Sa Seigneurie courir par monts et par vaux, poursuivies par les chiens du château. Elles partaient de bonne heure, les limiers devaient les retrouver. Elles s'ingéniaient à brouiller les pistes, à dissiper leurs traces en passant à travers un troupeau de moutons ou en sautant de larges ruisseaux. Quand les animaux les avaient rejointes, ils recevaient pour récompense de larges tranches de viande crue et force caresses.

– En fin de compte, dit Nancy, ce fut une excellente

éducation. Si nous n'avons jamais su marcher bien droit, nous avons appris à courir très vite !

– Et les lévriers noirs qui portent des colliers de diamants et galopent à travers la campagne sans en être jamais dépouillés, est-ce que cela aussi est une histoire de famille ? demandai-je à Nancy.

– Mais bien sûr ! Un de mes oncles adorait les bijoux. Comme il était veuf et qu'il voulait voir briller les joyaux autrement que dans leurs écrins, il en ornait ses chiens préférés.

– Et les paysans ne s'étonnaient de rien ?

– À peine. Un jour un lévrier se blessa une patte. On le lui ramena en carriole tout scintillant de ses pierreries. Dans le pays mon oncle passait pour un original. Imaginez, il ne chassait pas le renard, il n'acceptait pas de déjeuner chez les châtelains voisins et disait : « La nourriture est excellente chez moi. » Enfin, il collectionnait les objets d'art, il allait à Paris, à Venise !... Bref, un fou, disait mon père, et dangereux : il démoralise les autres !

– Vous aussi, vous allez à Venise ?

– Oui, chaque année, j'y retrouve les mêmes amis anglais et français, nous descendons dans le même hôtel, nous menons la même vie. Comment se priver de conversations ?

C'est ce besoin de conversations amicales qui expliquait le style de vie de Nancy : elle n'aurait jamais voyagé seule ni à l'aventure. À qui aurait-elle parlé ? Les paysages ne répondent pas. Les multiples lettres qu'elle écrivait à ses intimes remplaçaient les entretiens qui lui manquaient. Son style épistolaire, tout à fait particulier, reproduisait sa manière de parler, son humour, sa façon de voir le monde. Elle soulignait certains mots ou bien les écrivait en lettres capitales pour restituer l'accent, le ton, l'intensité des entretiens parlés. Comme elle concluait ses histoires les plus drôles de son fameux rire cristallin, il arrivait, en la lisant, qu'on entendît aussi son explosion de gaieté.

Ne jamais s'apitoyer sur soi-même, badiner en dépit

de tout, tel était son credo. En 1972, alors qu'elle se savait perdue et que les calmants n'agissaient guère sur ses douleurs, je lui souhaitai pour la faire rire encore une fois un « Noël psychédélique ». Elle trouva la force de me répondre : « Non, pas un Noël psychédélique, un dîner au Ritz ! »

Nancy aimait à recevoir à déjeuner, pas autant de monde et aussi souvent que Marie-Laure de Noailles, mais quand l'occasion se présentait, tous les écrivains anglais de passage à Paris, sa famille, ses amis, cela faisait déjà une foule. Nancy aimait la bonne chère ; sa table avait une excellente réputation.

– Vous vous imaginez que, de l'autre côté du Channel, on ne sait pas manger parce que vous n'êtes pas reçu là où il faut. Nous avons un énorme et merveilleux livre de cuisine, dû à Mistress Beeton, ce sont les Mille et Une Nuits de la boustifaille avec des images en couleurs qui font venir l'eau à la bouche. Vous sous-estimez la succulence de ses recettes, le rêve sur la terre ! Et le livre commence par des recommandations aux maîtresses de maison, comment elles doivent s'habiller, *dress and fashion*, quelles qualités elles doivent surtout manifester, *a good temper*, un heureux naturel, jamais de mauvaise humeur...

Je ne sais si elle tenait cette règle de Mrs. Beeton ou de sa mère, Nancy ne laissait jamais tomber la conversation, même un instant : « Dites n'importe quoi, mais parlez ! »

Ce n'importe quoi allait de « Aimez-vous Venise ? » à « Les paulownias de Saint-François-Xavier vont-ils bientôt fleurir ? » alors que nous étions en janvier. Philippe Jullian, Violet Trefusis, jamais pris au dépourvu, répondaient par une extravagance. Les convives riaient : c'était justement ce qu'avait recherché la maîtresse de maison.

À propos de maisons, Nancy n'aimait pas le mélange des anciennes avec les modernes : les premières font triste, les secondes font vulgaire. « Dans les vieux quartiers du Paris que j'aime, disait-elle, les pauvres côtoient les riches. Cela forme une vraie société. Dans l'avenir je crains que les riches ne soient parqués dans ces achelèmes de luxe comme cela se voit déjà aux États-Unis, tandis que les pauvres s'entasseront dans des cités imbéciles et verticales qui en feront des révoltés et des assassins. »

Je lui répondis que je pensais comme elle : ma femme de ménage habite le même immeuble, au dernier étage bien sûr, que le président de la Cour des comptes. Elle le croise dans l'escalier, on échange un salut, cela donne un reflet de grandeur à son existence. Cela la justifie.

Un jour que déjeunaient chez elle Lesley Blanch, première femme de Romain Gary, et Mrs. George Orwell, épouse de celui qui a écrit le terrifiant *1984*, la conversation tomba sur l'appauvrissement de l'aristocratie en Grande-Bretagne.

– Pas tant que ça ! dit Nancy en riant. Ils crient très fort pour apitoyer l'opinion afin que le gouvernement ne les égorge pas tout à fait. Ils font visiter leurs châteaux le dimanche. Ça leur rapporte de quoi subvenir aux réparations des bâtiments et à l'entretien des jardins. Mais entre châtelains quelles conversations téléphoniques le dimanche soir : « Combien avez-vous eu d'entrées ? – Beaucoup, beaucoup. – Oui, mais vous avez des demi-tarifs avec les vieillards, les enfants, les militaires, ce n'est pas le nombre qui compte... Ne trichez pas sur les demi-tarifs ! Dites-moi la vérité ! D'ailleurs vous prenez des photographies ! Montrez-les-moi ! »

Lesley Blanch prit le parti de Nancy : les nobles n'étaient pas encore réduits à la mendicité, le droit d'aînesse préservant le système. Son ami le duc de Wellington, le neveu du précédent, l'héritier ayant été tué pendant la guerre, lui a confié qu'il ne croyait pas son oncle aussi riche : des immeubles à Londres, des domaines en Espagne et au Portugal donnés au vainqueur de Napoléon en témoignage de reconnaissance, beaucoup de revenus...

– Cela doit faire quelques sous, dit Nancy rêveuse. Je

me demande ce que j'achèterais si j'étais à sa place, un palais à Venise ou un bel hôtel Louis XVI à Paris ?

– Est-il vrai, Nancy, demandai-je, que l'hôtel Wellington à Londres garde ses volets clos depuis cent cinquante ans à la suite de je ne sais quelle émeute ? C'est ce qu'écrit Paul Morand.

– Sûrement pas ! L'hôtel est devenu musée, la famille n'a conservé que le dernier étage. D'ailleurs c'est là une riposte possible en Espagne, mais sûrement pas en Angleterre. On n'y a pas un tel mépris pour les idées modernes.

En fait d'idées réactionnaires, Nancy n'en professait que sur un seul chapitre : les États-Unis ! Mi par conviction profonde, mi par badinage et par jeu, elle affectait de ne voir dans les Américains que des coloniaux insurgés et s'était juré de ne jamais aller là-bas. Elle tint parole – malgré son éditeur qui, vu le succès de ses livres, lui assurait qu'elle serait reçue « comme une reine ». « Pourquoi serais-je reçue avec ce cérémonial, n'étant pas Élisabeth II ? lui répondit-elle. D'ailleurs, vu mon grand âge, les voyages me sont déconseillés. – Mais, insista l'éditeur, les photographies de vous que j'ai sous les yeux me disent au contraire que vous êtes jeune, élégante et belle. – Elles datent de cinquante ans. Je suis chauve, édentée, une sorcière... Qu'est-ce que fait Madame de ? demandait-on au prince de Ligne : "Elle fait peur. " Eh ! Monsieur mon éditeur, moi aussi je fais peur ! »

Les reproches qu'elle adressait aux Yankees n'ont pas varié depuis Dickens : ce sont des rustres, ils ne savent pas vivre, ce sont des prétentieux qui croient avoir inventé la démocratie, des puritains qui donnent des leçons de morale au monde entier alors que leur nation n'est formée que d'ivrognes et d'assassins.

En refusant de rendre visite aux insurgés, elle accomplissait le vœu secret de son père qui aurait été de ne quitter jamais son île ; c'était aussi une réplique à sa sœur Jessica qui, à New York, vilipendait sa famille, la monarchie et les valeurs anglaises. Inscrite au parti communiste, elle avait épousé un tailleur juif pour faire la nique aux Mitford. Vive le Bronx et son accent ! « Il paraît qu'elle parle Bronx, me dit un jour Nancy. Notre Nanny Blor n'aurait pas aimé ça. Elle aurait dit en pinçant les lèvres, avec une infinie tristesse : "Si vous croyez, mon enfant, que vous ferez votre chemin dans la vie en vous laissant aller à de telles bêtises !" Le plus souvent elle ne parlait pas tant. Elle reniflait, s'éclaircissait la voix et disait : "*Hum !* (reniflement), *how silly, very silly, my darling !*" » Nanny Blor s'appelait en réalité Dicks. Nancy ne me dit pas si elle désapprouvait ou non son refus de traverser l'Atlantique !

Je crois bien que la seule Américaine qu'elle ait reçue rue Monsieur fut la duchesse de Windsor.

À ce sujet, quand parut en 1951 la traduction française des *Mémoires* de l'ex-roi, Nancy me fit inscrire sur la liste des invités à la réception qui se donnait à son domicile parisien rue de la Faisanderie. Il y avait plus d'écrivains et de journalistes que de gens du monde. Le duc de Windsor, qui ne connaissait personne et auquel les noms de ceux que l'aide de camp lui présentait ne disaient absolument rien, recevait avec une courtoisie distraite, résignée, en attendant que le défilé prît fin. Je lui fis mon compliment, il inclina la tête et sourit. Wallis ne se tenait pas à ses côtés. Volubile et empressée, elle allait d'un groupe à l'autre et s'inquiétait de savoir si chacun avait son content de boisson et de petits fours. Elle voulait que la réception fût une réussite : pour cela il n'y avait qu'une solution, champagne et whisky à gogo ! « *Have a good time ! Cheer up !* » disait-elle pour encourager ses hôtes intimidés. Elle disait bien d'autres choses en français ou en anglais et sans doute n'importe quoi comme Nancy. Maîtresse de maison stylée, elle avait une robe toute simple, à peine de bijoux. Toutes les dames, selon l'étiquette, portaient un chapeau ; elle seule était en cheveux. Nancy avait sur la tête un bonnet avec un plumet qui la faisait ressembler à un colonel de dragons, Lise Deharme une grande corolle de tulle gris qui sortait tout droit d'un dessin d'Aubrey Beardsley. Beaucoup d'invitées se contentaient d'un béret de velours noir orné d'un bijou. Les Anglaises préféraient les chapeaux de toutes les formes et de toutes les hauteurs mais toujours avec les fleurs les plus colorées de la création. On se serait cru en été ou plutôt dans la cinquième saison de l'année quand l'artifice supplante la nature. L'ennui me saisit vite, je m'éclipsai – plaignant le duc de Windsor qui ne pouvait en faire autant.

*

C'est chez Nancy Mitford que je rencontrai celle qui est à mes yeux la sultane Shéhérazade, une aurore boréale, un fabuleux oiseau descendu d'un blason nordique, le plus grand conteur de notre siècle, Karen Blixen. Elle a ravivé *les Mille et Une Nuits*, Andersen et les romans de chevalerie. Elle ne songeait pas à écrire, c'est pour échapper à la morsure de la maladie et aux dents plus cruelles encore du désespoir d'amour, qu'elle trouva le salut dans la littérature : « Sans contes, l'espèce humaine aurait péri », assure-t-elle. Aussi les contes qui concentrent les feux de l'imaginaire pour en tirer la poésie absolue vont-ils la défendre contre la solitude et la mort ?

Reine de Saba sans Salomon, pharaonne sans mari fraternel, Karen règne en souveraine sur les mers du Nord, commande aux marées, fait l'amour avec des marins fantômes ou avec des sirènes dont le sang a le goût de kummel, castre des adolescents pour garder leurs voix enfantines ou rend la voix à des chanteuses tombées dans le malheur. Elle peut tout. La poésie peut tout.

Quand en 1955 André Bay me demanda de préfacer *Sept contes gothiques* d'Isak Dinesen, le nom de l'écrivain m'était inconnu. J'avais lu *la Ferme africaine*, mais comment deviner que Karen Blixen et Isak Dinesen ne faisaient qu'un ? Écrivant en danois et en anglais, elle signait de trois noms, celui de son mari et cousin, le baron suédois Blixen, Dinesen son nom de jeune fille qu'elle fait bizarrement précéder d'un prénom masculin, enfin d'un autre pseudonyme masculin, Pierre Andrezel. Que de masques ! Que de travestissements ! Après les péripéties de sa vie, le calumet fumé avec les chefs indiens, la ferme au Kenya, les lions abattus et les neiges du Kilimandjaro, elle avait fini par ressembler au personnage le plus excentrique de ses contes, la vieille demoiselle Nat-Og-Dag, Nuit-et-Jour. D'une minceur hallucinante, tranchante comme une épée, elle avait brûlé en elle toute la chair, tout ce qui appartenait à l'humanité banale : de son visage ne restaient que l'arête du nez, le trait définitif de la bouche et deux yeux noirs qui brillaient comme escarboucles au fond des orbites charbonneuses. Son regard, tour à tour cruel et velouté, s'emparait de vous et ne vous quittait plus. Elle arriva à l'heure pile chez Nancy, n'entendit ni le nom de son éditeur français ni de son préfacier et, pour masquer sans doute une certaine atonie de l'oreille, prit le dé de la conversation et ne le lâcha plus. Comme elle mangeait à peine et buvait son champagne sans cesser de parler, elle ne craignait pas qu'on lui prît la parole. Violet Trefusis réussit pourtant à lui demander si elle recevrait bientôt le Prix Nobel comme le bruit insistant courait à ce sujet :

– Je ne l'obtiendrai jamais, fit-elle avec un sourire malicieux. Les académiciens ont beau être suédois, ils se trompent aussi souvent que les Français, disons deux fois sur trois ! Voyez Pasternak ? Est-ce réellement un bon choix ? Ils veulent faire oublier qu'ils ont manqué Tolstoï... Avec les poètes, ils sont tranquilles : qui lit Jiménez, Quasimodo ou même Saint-John Perse ? Malraux, Jünger n'auront jamais le Prix Nobel et pourtant... Ils n'en ont pas besoin pour être lus ! Moi non plus. Mes lecteurs sont éparpillés à travers le monde, ils appartiennent à tous les milieux, toutes les races. Les Noirs du Kenya m'écrivent toujours ; je suis leur reine.

C'est une entrée de reine qu'elle fit l'année suivante quand Emily Faure-Dujarric donna pour elle une réception, mais une reine imaginée par Tiepolo avec cortège, parasols, serviteurs en livrée exotique. Sa secrétaire passa un coup de téléphone dès que Madame la Baronne eut quitté l'hôtel où elle résidait. Peu après nouvel appel pour annoncer que son arrivée était imminente. Enfin la figure hiératique se présenta, soutenue par deux Nègres avantageux qui la soulevaient plutôt qu'ils ne l'escortaient, l'un et l'autre vêtus d'une robe d'épaisse soie prune, une ceinture d'or à la taille.

Elle-même portait un long fourreau de jersey sombre, un immense chapeau noir au bord rabattu qui rendait son visage poudré plus blafard et ses yeux maquillés encore plus ténébreux. Sur ses bras nus, des bleus comme si on l'avait battue. Les invités prirent place autour d'elle. Philippe Jullian, qui la connaissait déjà, s'institua son chevalier servant, Matthieu Galey s'assit à ses pieds sur un coussin. Les deux Noirs montaient la garde au fond du salon.

La conversation alla bon train. Emily qui trichait sur son âge, bien que Vuillard l'eût portraiturée dans les années 20 et que le tableau fût exposé dans la pièce, eut l'imprudence de citer le nom d'Edmond Rostand. Aussitôt la baronne enchaîna en parlant de la première de *Chantecler* en 1910. À la fin, pour confirmer un détail, elle dit :

– Vous vous souvenez bien, Emily…

– Mais, non, protesta l'autre, comment aurais-je pu…

– J'y étais bien, moi !

Décharnée, scintillant d'une vieillesse magique, on la croyait sur parole. Ce qui n'enlevait rien à son allure souveraine : on sentait en elle la noblesse des temps passés dont elle parlait comme personne.

– La démocratie égalitaire et la civilisation industrielle désacralisent la femme. Autrefois dans un monde où la légitimité était la loi primordiale, la femme acquérait une valeur mystique. Elle était beaucoup plus qu'elle-même et remplissait l'office du prêtre.

C'est pourquoi Karen Blixen donnait l'impression d'être la prêtresse et la divinité d'un culte aboli, celui de la noblesse fabuleuse et de la légitimité. Dame errante d'un monde disparu, elle reprenait vie à chaque lune et trouvait la force de tenir tête à la maladie tenace qui la minait. Le champagne l'aidait à étancher sa fièvre, mais les bleus qu'imprimait sur ce qui lui restait de chair le moindre contact révélaient sa fragilité et déjà son appartenance au tombeau.

CHAPITRE VII

Selon Freud l'autobiographie est un trompe-l'œil – Le rêve donne du style à ma vie – Influence de Jung : je baptise mes archétypes – « Vivre en bourgeois, mais penser en demi-dieu ! » (Flaubert) – Ma terrible arrière-grand-mère, Gross Mutter – Énigme de l'état civil : Schneitre ou Schneider ? – Révolution, objet de désir et d'espoir ? Moi je ne crois qu'à la civilisation.

La pensée de Freud qui m'a le plus donné à réfléchir ne concerne ni le rêve ni la sexualité, mais la sincérité. Selon lui toute autobiographie serait mensonge. Nous recréons le passé afin de le rapprocher de ce que nous aurions voulu vivre en effet. Notre mémoire infidèle se met à l'école du bonheur. L'autobiographie serait un trompe-l'œil.

Aussi Freud nous incite-t-il à considérer avec méfiance les démarches de Montaigne, Rousseau, Goethe et Chateaubriand. La méfiance me rebute : elle implique le soupçon et le recul. J'estime au contraire qu'il faut lire les écrivains avec complicité quand ils nous révèlent ce qu'ils ont rêvé d'être. Nous entrons alors bien plus avant dans leur intimité, dans le secret de leur âme. Nous avons tous un secret qui nous obsède, qui nous fascine, que nous cherchons à percer. Nous écrivons pour devenir davantage nous-mêmes, pour accéder à l'existence, tout en sachant que nous n'existons pas vraiment puisque nous sommes voués à la mort. Nous dressons une antenne vers l'absolu, nous n'y atteindrons pas : telle est l'éternité fragile !

Selon Freud, qu'est-ce qui nous empêche de parvenir à la vérité ? Le rêve, l'imagination et le désir. Cet homme de science croit à l'existence d'une vérité objective qu'on pourrait distinguer de notre être et examiner à part. Ce docteur qui, si j'en crois ses zélateurs, a découvert la psychologie des profondeurs en démontant les mécanismes de divers tabous refuse au rêve, au désir et à l'imagination de participer à notre essence. Mais, Monsieur Sigmund Freud, si vous retranchez le rêve, le désir et l'imagination, que sera l'homme ? Ma vérité n'est pas seulement dans ce que je pense et ce que je fais, elle est aussi dans ce que j'échafaude et espère, dans ce que je redoute et accomplis quand même. Tout ce que j'invente est vrai, disait Flaubert qui définit ainsi la règle de l'homme intérieur.

C'est au rêve que j'ai demandé, jour après jour, de renouveler ma vie, de la rafraîchir et lui conférer un sens. À défaut d'une éthique (le projet me paraît présomptueux), que le rêve me donne un style de vie, une tonalité, une certaine image ! De même que le croyant s'achemine vers Dieu et attend, à sa mort, de se perdre en Lui, j'espère à la fin rencontrer mon rêve et m'unir à lui.

Ma vérité passe par le langage, elle s'accomplit grâce aux mots. Si j'étais peintre ou compositeur, je me serais servi des couleurs ou des sons. Je sais que les mots trahissent la pensée, qu'ils écrasent le trait ou l'amincissent, mais le moyen de faire autrement ?

Dans ces Mémoires, j'ai combiné l'autobiographie, la chronique de mon temps, le journal intime, les échanges épistolaires, les réflexions morales et les portraits, non seulement afin d'exprimer les faces multiples de mon identité, mais enfin d'écrire un livre, c'est-à-dire de faire une création dans l'ordre littéraire. C'est en qualité d'écrivain que je veux être jugé, non pas en « témoin de mon temps » (distrait comme je suis, je n'ai rien vu de plus que le premier venu !) ni en pénitent battant sa coulpe dans un confessionnal ni en intrépide scrutateur du moi. Je ne cherche pas à me mieux connaître, persuadé qu'on ne découvre jamais qui l'on est ni ce qu'on est. Je cherche seulement à tirer le meilleur parti de ce que Dieu, la nature, mes ancêtres, la civilisation de mon pays m'ont donné.

L'œuvre de Jung, l'élève, puis le rival de Freud, m'a aidé dans cette quête [7]. Elle m'a confirmé dans le sentiment que personne ne me remplacerait auprès de moi-même, que tout homme voulant jouir de son âme devait entretenir avec le centre obscur de son moi des relations de complicité, sûr d'avance d'être toujours compris, absous, préféré. C'est une forme naïve du « vouloir-vivre ». Pour se maintenir en ce monde, s'y creuser une place et, si possible, y faire figure, il faut bien rester en prise directe avec soi-même et trouver là l'ultime refuge et l'ultime recours. Jung m'a aidé, grâce à son analyse des archétypes, des intuitions qui nous relient à l'humanité entière et qui nous plongent dans la nuit des temps, à m'enfoncer dans ma forêt intérieure. C'est là que tu trouveras les dieux, m'avait dit Dumézil. Dans la sylve intime il n'y a plus de haut ni de bas, de dedans et de dehors, tout circule et se confond. Il n'y a pas d'étage privilégié où règne l'esprit, ni de souterrains où grouillent les mauvais désirs : partout je suis sillonné des mêmes ondes, des mêmes passions et si je continue à parler de ma tête et de mes pieds, c'est qu'il faut bien continuer à marcher comme tout le monde. C'est à l'intérieur de soi qu'il faut tout chambarder.

D'abord parmi la multitude des symboles, deviner ceux qui me font signe et m'attacher uniquement à ceux-là pour m'acheminer vers mon château mental et prendre possession du trésor qui m'y attend, qui m'est destiné. Je regarde ces symboles comme des amis complices et comme des messagers de l'au-delà, comme des signes du rêve diurne et nocturne qui m'habite et qui oriente ma vie.

Comme ces symboles servent à des millions d'hommes, je jugeais à propos quand j'étais adolescent de leur donner un nom particulier afin qu'ils m'appartinssent en propre. Je baptisai Frisselis le lac sacré qui devait me gratifier de ses cristaux et de ses perles, Oraclée la grotte qui me révélerait les mots de passe pour désarmer les ténèbres. Les souterrains où j'ai toujours aimé à m'aventurer, soit en réalité soit par l'imagination, s'appelaient Alaric, Abenamar, Ataulfo, Alexandre, Anubis, toujours des noms d'homme alors que les grottes sont femelles. J'inventai le nom d'Iléaborg pour définir mon île, le paradis perdu où je vivais hors du temps et de l'espace ; j'aurais voulu que *Iléaborg* servît de titre à l'histoire mythique que j'avais inventée sur le thème de l'androgyne primitif et que j'ai dédiée à Dumézil. Mais on craignit que ce mot à consonance scandinave n'égarât l'opinion. Le livre s'appela pour finir *la Première Ile*.

Quant à la forêt où je me perdais si souvent en rêve et qui se confondait avec ma forêt intérieure, ce fut les bois de Sombrevent, hommage à Emily Brontë dont je lisais alors avec délices *les Hauts de Hurlevent*.

Bien des années plus tard, quand il fut de nouveau possible de voyager à l'étranger, je ne manquai pas de visiter les antres et les grottes les plus célèbres : Altamira et ses bisons aussi fameux que ceux de Lascaux, Postojna qui s'appelait Postumia quand l'Istrie appartenait à l'Italie et qui est si vaste qu'on la parcourt en chemin de fer. Les allées successives passent par toutes les couleurs de l'arc-en-ciel avec rideaux miroitants, draperies chatoyantes qui rivalisent avec le rococo autrichien. Nous sommes là dans le royaume des gnomes capables de réaliser l'irréalisable. Il n'y manque même pas un fleuve dont les eaux ne voient jamais le soleil et dont les poissons sont aveugles comme ce *Proteus anguineus* dépourvu d'yeux. Dans les Alpes bavaroises, habillé en mineur, j'ai glissé comme une bûche sur des rampes de bois, traversé des lacs funèbres et longé des précipices. En Turquie, près de Silifke, je suis descendu dans le gouffre de ce Cehennem Deresi qui figure l'entrée des Enfers. Selon la tradition, Dieu y jetait les pécheurs qui pâtissaient dans la géhenne (Cehennem). L'ouverture circulaire ravinée par l'érosion des pluies et des vents, présente des rochers aux formes torturées, des caroubiers et des yeuses aux racines mises à nu. On s'agrippe à elles sur la pente abrupte afin de ne pas subir le sort des pécheurs calamiteux.

Mais je ne suis pas descendu dans l'antre de Trophonios où dans l'Antiquité on consultait l'oracle : il fallait se glisser par une anfractuosité et, tombant d'une faille dans l'autre, parvenir jusqu'aux lieux où se respiraient les vapeurs qui vous donnaient des visions, tout ça n'allait pas sans bosses ni horions de sorte qu'on sortait de là hébété, sonné, parfois sanglant, ce qui faisait dire de ceux qui avaient le cerveau fêlé : « Ils ont consulté Trophonios. » Je me suis contenté des gravures en taille-douce du siècle dernier : elles poétisent les tracas.

Dès mes retrouvailles avec Rome en 1953, je ne manquai pas d'aller saluer dans l'église Saint-Clément l'autel souterrain consacré à Mithra (on y voit comment le sang du taureau immolé régénérait les fidèles), et, bien sûr, en Campanie l'antre de la sibylle de Cumes. Au bout d'un long souterrain, on arrive à une excavation en forme de tombe, lugubre à souhait, qui donne à la fois malaise et vertige : c'est là qu'elle se tenait, qu'elle énonçait ses oracles. La bouche d'ombre parlait, le surnaturel paraissait naturel, les notions de possible et d'impossible volaient en éclats et le dieu qui tourmentait la sibylle édictait sa loi.

Le 13 août 1963, j'ai fait un cauchemar dont les péripéties m'ont frappé. Elles s'achevaient par ma relégation dans une rotonde souterraine où je subissais mille avanies. À force d'outrages je devenais objet, et objet répugnant qui n'a plus de nom en aucune langue. J'étais en Enfer assurément.

Je voulus mettre à profit l'enseignement de Jung, je procédai à une mythanalyse en examinant les archétypes et les symboles dont ce rêve expression de mon inconscient était chargé jusqu'à la gueule. Je ne cherchai pas à me guérir – guérir de quoi sinon d'être ce que je suis ? –, mais à faire un livre, que je publiai sous le titre transparent de *la Sibylle de Cumes*, une œuvre littéraire comme celle que je tente dans ces Mémoires.

Je ne sais si je me connais bien moi-même – mon identité, ma personnalité – mais je connais bien ma poésie. Je sais de quoi elle est faite et comment elle s'est faite : elle porte le nom de Martin.

Si je ne dissimule rien de notre amour, un amour d'égal à égal qui me ravissait, rien de son apparition, près de la Strohburg, ce n'est pas par volonté de me montrer véridique, c'est parce que tous mes principaux livres révèlent sa présence : c'est lui qui les relie les uns aux autres et les justifie, au point qu'on pourrait dire que nous les avons écrits ensemble. Ils forment une sorte de rêverie toujours reprise, jamais abandonnée. Dans mon cas, l'enjeu majeur, ce n'était pas moi, c'était nous, un mort bien-aimé et moi qui m'étais promis de prolonger la vie de cette ombre et de vivre ses amours à sa place. J'ai tenté dans *l'Apparition de la Rose* de donner expression littéraire à cette interversion des personnages et des rôles.

Martin a donné forme à mon existence aussi bien qu'à ma littérature. On s'explique pourquoi j'ai un nombre si restreint de lecteurs : peu de gens s'intéressent aux questions que je traite. Des critiques m'ont demandé quelle était la grille de lecture pour me décrypter. J'ai répondu : il n'y a pas de code, une teinture de mythologie et d'ésotérisme suffit. Je me trompais : le code, c'est Martin. Il explique tout. Il a été mon Pygmalion, mon maître d'œuvre et mon destin. Si je n'avais pas formé avec lui un couple magique, j'aurais pu me perdre dans la mondanité, la dissipation ou la sécheresse érudite. C'est pourquoi le monde, les milieux de plaisir et la secte universitaire m'ont toujours tenu à distance : ils sentaient que je ne leur appartenais pas, que j'étais « ailleurs ».

*

L'alliance conclue avec Martin m'a permis de me séparer de mon milieu familial, disons de la bourgeoisie avec ce que cette notion, depuis le XIXe siècle, comporte de béat et d'étriqué. Mon père et ma belle-mère habitaient Neuilly et faisaient, dans leur milieu, ce qu'on attendait d'eux. Mon grand-père Schneider, maire de Changis pendant quinze ans, devait à cette époque avoir un certain train de vie. En ce temps-là on élisait de préférence un notable. Mon arrière-grand-père Rose, organiste à Saint-Eustache, vivait sur un plus petit pied : c'était un « artiste ». Du côté de ma mère il semble que l'argent ne manquait pas. Mon arrière-grand-père Thioust se faisait construire en 1880 à Bagnolet une maison vaste et commode qui s'élevait au milieu d'un jardin bien dessiné et bien entretenu. Quant aux parents de ma mère, ils s'étaient retirés des affaires, fortune faite, à quarante-cinq ans. D'aussi rassurants exemples auraient dû m'inciter à les suivre, mais je me croyais destiné à écrire et l'on sait ce que cette activité comporte de clandestin, voire de subversif. Il me fallait, avant tout, m'éloigner du troupeau : une ombre bien-aimée vous sert d'invisible rempart.

Flaubert accuse le bourgeois de penser bassement, mais l'univers douillet et calfeutré que ce bourgeois s'est organisé, mais les quartiers bien aérés aux avenues plantées de platanes et d'érables où il réside doivent posséder du charme puisque le même Flaubert soupire d'aise en s'écriant : « Vivre en bourgeois, mais penser en demi-dieu ! » Les bourgeois de Flaubert et de Mac-Mahon habitent la plaine Monceau et Passy : ils voulaient dresser un décor solide et luxueux qui pût rivaliser avec la place de l'Étoile et les hôtels des maréchaux. Ils s'étaient installés là comme dans une sorte de forteresse qui leur faisait regarder de haut le faubourg Saint-Germain tenu pour désuet, vermoulu, sans importance, et les quartiers de la Rive gauche regardés comme « inhabitables ». Ces bourgeois, fiers de l'être, ne voulaient pas se déclasser en s'alliant à la noblesse ni en faisant une ouverture vers le peuple. Il fallait rester entre soi, se marier « dans nos familles », vivre avec le revenu de ses revenus… Tant pis si l'on se fermait à toute idée neuve et généreuse !

Mon grand-père Schneider ne pouvait mener un tel

genre de vie, il n'avait pas un franc en poche quand il arriva à Paris en 1874, comme un simple immigré. Mais à force de travail, lui et ses frères, en mettant leurs ressources en commun, réussirent dix ans plus tard à ouvrir à Levallois une imprimerie qui subsista jusqu'en 1970 : à cette date le labeur ne suffisait plus, il fallait savoir gérer une affaire, recourir aux banques, faire preuve d'un génie financier, pragmatique et sans scrupules qui manquait aux enfants et petits-enfants des pères fondateurs. Tout périclita. Ce fut la ruine. Mon grand-père, mort en 1924, n'a pas connu cette débâcle. Tout ce qu'il avait conçu et réalisé fut dilapidé.

Tyran malgré lui, il avait sacrifié ses intérêts à ceux de la communauté et plié tous ses proches au succès de l'imprimerie. Il avait marié les gens de la famille selon les nécessités de l'heure : il lui avait fallu de l'argent, des terres, des relations, du solide. De l'amour, il n'était pas question avant la troisième ou la quatrième génération ! Comme il s'estimait responsable de tout, il construisait des maisons pour loger les nouveaux ménages, allant jusqu'à fournir le trousseau et le mobilier. Il tombait des nues quand il apprenait que ses goûts ne coïncidaient pas avec ceux de ses protégés. Ce qui comptait pour lui, c'était la réussite sociale de la famille. Tous ceux qui portaient le nom de Schneider devaient jouir du même statut et des mêmes privilèges. Il les aurait habillés des mêmes vêtements s'il avait pu... Avec un tel mari, je ne crois pas que ma grand-mère, morte par accident avant ma naissance, ait connu la félicité. Elle se sentait supérieure à celui qu'elle avait épousé par l'éducation et par la fortune ; c'est son modeste héritage qui permit l'achat de la première imprimerie. Elle se consola en buvant plus qu'il ne fallait : n'avait-elle pas dépassé la limite permise quand, se lavant les cheveux à l'éther, elle s'approcha trop près de la lampe, prit feu et fut brûlée vive ?

À quelques années près, j'aurais pu connaître mon arrière-grand-mère Schneider [8], Gross Mutter, seule femme devant laquelle le chef de famille, son fils aîné, baissât pavillon. Il avait de qui tenir : bourreau de travail, femme forte de l'Évangile, rempart de l'Église, Gross Mutter ne badinait jamais. Veuve en 1867, quatre garçons et une fille à charge, et pas un sou dans sa tirelire, elle dut affronter l'adversité et traverser des temps noirs, mais son caractère indomptable prit le dessus. Elle habitait au centre de Mulhouse rue de la Justice, elle ouvrit une boutique où l'on trouvait tout et n'importe quoi. Un jour que le pasteur de Saint-Étienne, le temple du quartier, lui avait proposé des secours, elle l'avait éconduit avec raideur : « Nous serons tous pendus à ce mur, mes cinq enfants et moi, avant que j'accepte un centime de la religion réformée ! »

En 1874, mon grand-père Gustave Eugène, vu sa haute taille et sa stature, reçut l'ordre de rejoindre les cuirassiers de la Garde à Potsdam : il prit le chemin de Paris ; sa mère avec ses quatre enfants le rejoignit deux ans plus tard. Autoritaire comme pas une, elle insuffla à ses fils l'ambition de la réussite. L'imprimerie prospéra si bien que la famille acheta en 1890 un immeuble dans une rue adjacente à celle où s'élevait la bâtisse que l'on appelait avec pompe l'usine. Le fracas des anciennes machines à imprimer sonnait comme un chant céleste aux oreilles de Gross Mutter, elle fit construire un balcon devant sa chambre afin d'entendre « l'usine ronfler ». Encore fallait-il que le vent soufflât comme il faut ! Dans les années 1900, ses petits-enfants, une bonne douzaine, venaient la saluer le samedi matin. Elle parlait un français cocasse et se fâchait si on faisait mine de s'en apercevoir. Elle donnait à chacun une pièce de cinq sous pour la messe du lendemain et un morceau de sucre candi. Ses formes majestueuses, le nombre et l'ampleur de ses jupes (les plaisantins l'appelaient grosse Motte), le chapeau orné de grappes et d'épis dont elle se coiffait dès le réveil et qu'elle gardait jusqu'au coucher donnaient de la solennité à la cérémonie : elle ressemblait aux déesses-mères ou bien aux allégories de ville telles qu'on les voit place de la Concorde. Sans se lever de son fauteuil, elle débitait à coups de marteau un énorme pain de sucre. Il se formait des éclats inégaux qu'elle répartissait au petit bonheur. L'âge, le sexe, le mérite ne comptaient pas pour elle, elle voulait apprendre à ses descendants que ce bas monde ne connaît que l'injustice et l'ironie du sort, que seul le travail nous tire d'affaire.

Quand la famille eut essaimé à Changis-sur-Marne et se fut répartie en quatre maisons entourées de fermes et de bois, Gross Mutter s'installa dans la plus confortable avec son dernier fils qu'elle régentait à plaisir. Elle l'avait empêché de se marier afin qu'il lui servît de bâton de vieillesse. Elle était du bois le plus noueux, car elle mourut en 1916 à quatre-vingt-huit ans. Deux ans plus tôt, quand les troupes allemandes déferlèrent sur la Marne en investissant Changis, elle attacha un drap à la fenêtre, dégringola dans le jardin, traversa le pré au pas de course, détacha le bateau et à force de rames passa sur l'autre rive où elle se crut en sûreté.

Je ne sais ce qu'elle m'a légué, je ne possède ni son endurance ni sa ténacité. Elle était née dans un village du Sundgau et s'appelait Marie Dietsch. J'ai vu la pierre tombale toute rongée de lichen qui recouvre les corps de ses ancêtres.

À propos de noms, celui de ma famille paternelle pose un curieux cas pour l'état civil. L'extrait de naissance de mon père, né à Paris en 1884, donne le nom d'Auguste Eugène Schneitre, fils de Gustave Eugène Schneitre vingt-huit ans graveur et de Marie Berthe Rose, vingt-deux ans sans profession. Or son livret militaire et son contrat de mariage sont libellés au nom de Schneider. Qui dans l'intervalle a restitué le patronyme germanique? Je l'ignore.

Ce nom de Schneitre vient de mon arrière-grand-père Morand qui avait accompli son service militaire à Paris comme grenadier dans le 18e régiment de ligne; pendant les journées révolutionnaires de juin 1848, il avait fait le coup de feu sur les ouvriers insurgés. Aussi avait-il reçu du général Cavaignac un certificat de bonne conduite. Ce Morand Schneitre était pourtant républicain bon teint, mais à la manière suisse, dans l'ordre et l'indépendance. L'anarchie dans les ateliers nationaux, les utopies politiques ne pouvaient que le rebuter.

Morand Schneitre a dû me léguer son goût de l'ordre : partout où sévit le désordre, on voit triompher la racaille, en même temps que la violence et l'arbitraire se déchaînent. C'est le temps des assassins, temps où la Révolution est le seul objet de désir et d'espoir de changer la vie, espoir de changer le monde : je ne suis jamais tombé dans cette imposture et cette frénésie ! Je ne crois pas à la barbarie, je crois à la civilisation.

CHAPITRE VIII

Mes quinze ans de mondanité – Où est le vrai Marcel, reclus en littérature ou dans le monde ? – L'importance de Novalis dans ma vie littéraire et ma vie amoureuse – Où les autres ne voient que chimères et illusions, je vois réalité secrète et vérité – Le pays de nulle part et le marais de Saint-Mars-du-Désert – En Écosse deux animaux secourables : le jardin des délices.

« Avant le 31 décembre 1452, avant même d'être bachelier en théologie, Arnoul Gréban avait composé son vaste *Mystère de la Passion* », écrit Gustave Cohen qui devait, quatre siècles plus tard, en tirer *la Mondanité de Marie-Madeleine*. Ses chers théophiliens créèrent la pièce à la Sorbonne. Ne riez pas, je tenais le rôle de Jésus. L'année précédente, j'avais représenté la Figure de Dieu dans *le Jeu d'Adam* : on trouvait que mon air convenait aux personnages sacrés. Celui qui me doublait parfois, doté de traits nobles et réguliers, Louis Laurent, convenait encore mieux ; il a été tué en juin 1940 dans une escarmouche près de Saumur.

Ma mondanité, ma foleur comme disait Gréban, dura plus longtemps que celle de Marie-Madeleine, quinze ans environ, de 1953 à 1969. Ma vie ressemblait alors à une course de relais : je corrigeais mes copies dans le train, mangeais au lance-pierres, passais partout en coup de vent. Il m'aurait fallu le don d'ubiquité pour remplir toutes mes obligations. Mes amis m'aidaient dans ces exercices d'acrobatie.

Je n'avais pas une minute à moi, c'était aussi ce que je voulais. La sensualité réclame du loisir, je n'en avais pas. Afin de rester fidèle à la parole que je m'étais donnée de former avec Martin un couple magique, je réduisais autant que je le pouvais les occasions de m'adonner à certains plaisirs, non pour obéir à la morale, mais par preuve d'amour. Quand j'avais du temps libre, c'était pour la poésie. Je faisais retraite en Alsace ou en Bretagne afin d'écrire ce qui me tenait à cœur : cela n'avait aucun rapport avec la vie que je menais. D'où le malentendu : où se trouve le vrai Marcel, celui de la solitude ou celui du monde ? Celui qui écrivait sous la dictée de son démon ou celui qui composait des chroniques pour *Combat* ? Le premier vivait reclus en littérature, le second vivait en perpétuelle représentation. Après le solo lancé à la hauteur des anges, je retombais dans le bavardage et la futile digression. La mondanité est parfois un portement de croix. Il m'arrivait même, par perversité, de renchérir sur l'image frivole qu'on se forgeait de moi. C'est ainsi que, faisant juste le contraire de ce qu'il faut faire, on est pour soi-même un vrai diable : on détruit sa réputation.

J'étais à cette époque, non pas coupé en deux (j'ai toujours vécu en accord profond avec ce que je crois être mon moi), mais j'avais deux façons d'être selon l'heure et l'occasion : en représentation ou bien hors de mes gonds, ouvrant ma garde au bon plaisir des dieux. Certains n'auront connu de moi que l'apparence.

Ceux-là se refusent à croire que je suis sincère quand je parle de couple magique et de poésie spectrale. Bien entendu, c'est Novalis qui m'a montré le chemin, non seulement le chemin qui mène vers l'intérieur de soi à soi, mais surtout comment rejoindre dans l'autre monde ceux que l'on aime. Sa gageure sublime m'a toujours fasciné : il ne songeait pas à se suicider, à s'exténuer, à se priver de nourriture et de sommeil, il avait décidé de tarir la substance de son corps sous l'effet de la seule volonté.

« Le monde doit être tel que je le veux. Le monde détient la capacité originelle de se conformer à ma volonté. »

Changer la matière en esprit est une idée d'alchimiste, de Paracelse ou de Cornelius Agrippa, non de Kant et de Fichte. Novalis croyait pouvoir détruire son corps par une sorte de combustion intérieure. Son *Journal intime* de 1797 relate son essai de désincarnation. Le 13 mai, moins de deux mois après la mort de Sophie, il a, sur la tombe de sa fiancée une extase qui le confirme dans la certitude de leur union éternelle. « Des éclairs d'enthousiasme me soulevaient par instants. Le tombeau s'évanouissait devant moi comme une poussière. Sa présence était sensible, je croyais à chaque instant qu'elle allait apparaître. » Ces moments d'enthousiasme, il ne peut les susciter quand il le veut, sa foi en Sophie n'est pas assez forte pour qu'il perde sa corporéité et se change en elle. Son journal s'arrête le 6 juillet 1797 sur un constat d'échec : le non-moi, traître et félon à son suzerain, refuse la métamorphose. Il reste à Novalis à établir le culte de Sophie, à suspendre son image sur un autel secret et à la diviniser. Quand un peu plus tard, il épouse une femme de chair et de sang, il ne trahit pas Sophie, il l'associe à ses noces.

Bien sûr, je ne songeai pas à imiter Novalis dans sa démiurgie poétique : pas plus que lui je ne serais parvenu à nier ma corporéité, à me placer au-dessus des sens et du monde créé. Il avait échoué, mais il me montrait ce qu'il fallait faire, comment former un couple magique qui existe dans l'instant éternel. « Je croyais à chaque instant qu'elle allait apparaître », écrit-il. Tel est le vœu profond de celui qui subsiste encore. Martin m'était apparu près des ruines de la Strohburg sans que je l'eusse sollicité, je ne devais pas espérer cette grâce une seconde fois. Alors que j'ai souhaité établir un contact avec ma grand-mère par l'entremise d'un médium, je n'ai jamais cherché à évoquer Martin. Si les voyantes et les extralucides que j'ai consultés pour divers motifs me parlaient d'une ombre attentive, d'un gardien se tenant près de moi, je me gardais bien de relever le propos et ne demandais pas à en savoir davantage : je ne voulais pas en apprendre plus, ce n'est pas au sujet de Martin que je me posais des questions. Le doute ne m'effleurait pas.

Il ne m'est jamais apparu une seconde fois, mais dans certaines circonstances, j'ai senti sa présence. On dira que je suis trop imaginatif, on parlera de chimères, d'illusions au sens clinique du terme, cela ne trouble pas ma conviction. Un jour, au Musée national de Copenhague, devant le célèbre chaudron en argent de Gundestrup, j'ai su qu'il était là. Georges Dumézil m'avait souvent parlé de cet objet magique qu'il rattachait au culte des âmes des morts. On le remplissait d'eau lustrale qu'on devait répandre selon certains rites et avec certaines prières. Sur les flancs du chaudron les Celtes avaient représenté l'au-delà avec les dieux infernaux, les processions, les animaux fétiches, les sacrifices. Je regardais depuis un long temps l'objet sacré, fasciné par la grâce et la précision des sculptures, quand un mugissement de cataracte m'enveloppa soudain. J'avais l'impression que des galeries obscures s'ouvraient devant moi, que les animaux gravés sur les flancs du chaudron en gardaient l'entrée. C'était à qui hurlerait le plus fort, le plus longtemps tandis que je trébuchais sur des carcasses et des squelettes. La cataracte tombait de très haut, formait un lac souterrain où elle se perdait. C'était assourdissant et solennel, cela couvrait les cris des animaux comme dans un orchestre les trombones et les cors l'emportent sur les violons et les flûtes. Derrière cette cataracte souveraine, infranchissable, j'eus l'intuition que Martin était là, j'ai senti sa présence. Je ne l'ai pas vu, je n'ai pas su s'il me regardait, s'il ébauchait un geste, je n'ai rien vu, mais, seule certitude, réconfort sans prix, il était là, derrière le voile d'eau, dans le royaume des morts. Puis le bruit décrut, la vision du lac, de la chute d'eau s'évanouit et je restai immobile devant l'objet immémorial.

Une autre fois, je ne sais plus dans quelle occasion, j'ai senti sa main se poser sur la mienne. Comment savais-je que c'était lui puisque je ne le voyais pas ? Parce que cela me rappelait Budapest et la procession de Saint-Étienne et que personne ne m'avait saisi les doigts comme il l'avait fait ce jour-là. Cela dura quelques secondes, je m'arrêtai de parler et celle qui conversait avec moi, Janine Papy, changea de couleur. Déjà très pâle, elle devint blême :

– Que vous arrive-t-il ? demanda-t-elle.

Je ne répondis rien, incapable sur-le-champ de me rendre compte de ce qui se passait. Ce n'est que des heures plus tard que j'ai compris qu'il devait s'agir d'un intersigne.

Il faut sans cesse avoir en pensée la maxime de Goethe : « Le sacré, c'est ce qui unit les âmes. » L'union universelle des âmes permet l'harmonie du monde créé, la vie en poésie, les saintes certitudes. Nous n'avons de connaissance directe ni sur la vérité intellective, ni sur Dieu. À ceux qui s'interrogent là-dessus, saint Paul répond que Dieu est une énigme reflétée par un miroir, *aenigma per speculum*. Cela pourrait aussi définir le fantastique tel que je le comprends : un reflet du perdu – éternel que nous ne pouvons saisir ici-bas.

Les cimetières et les églises passent pour des lieux qui favorisent la méditation et la rêverie : ils ne m'étaient d'aucun secours avec Martin puisqu'il n'avait pas reçu de sépulture et appartenait à la religion luthérienne. Aucune dalle funèbre, aucun enclos de gazon selon le touchant usage des pays du Nord ne recouvraient ce qui restait de lui. Il était revenu à la matière primordiale, il s'était confondu avec l'univers et mon sentiment panthéiste s'en trouvait ravivé. Ce n'était ni les flots de la mer du Nord, ni les montagnes qui me parlaient de lui, mais les bois et les forêts, les lacs, les étangs, les marais comme celui de Saint-Mars-du-Désert. Quand j'achevais *la Première Île*, j'ai écrit les dernières pages sous son regard. Les jumeaux s'enfoncent dans une grotte où ils savent qu'ils vont trouver la mort. « Ils entendirent un sifflement clair, aigu, souverain qu'aucun serpent, aucun instrument, que nul oiseau, nulle flèche ne pouvait confier à l'air vibratile. Il se propageait à la surface de l'eau comme une traînée de lumière et remplissait la grotte d'une présence déliée, fantomale. Les sons engendraient les sons à une cadence si rapide qu'on aurait dit une note unique, tenue jusqu'à perdre haleine, jusqu'à la rupture des veines, éclatement dans le soleil. L'eau s'émouvait, battue par ce sifflement, par le sifflet doré des morts. »

On pourrait croire que la vie que je menais m'empêchait de concevoir cette vision de grotte initiatique. Il n'en est rien. Je me demande au contraire si je ne ressentais pas les événements de ce monde, opéras, ballets, réceptions, comme une suite de réalités fantasmatiques, plus ou moins fiévreuses, ardentes et séductrices. Tout s'enchaînait dans un laisser-aller féerique. Je n'étais ni heureux ni malheureux, mon emploi du temps était trop chargé pour que j'eusse le loisir de m'abandonner à la noire langueur de la déréliction. Je ne poursuivais pas le bonheur, mais plutôt le détachement : je me réservais pour la meilleure part qui me permettait de me prendre pour Novalis.

Novalis est mort jeune, très jeune même, vingt-neuf ans, je me demande ce qu'avec le temps seraient devenus l'amour de Sophie, le culte de Sophie. Pour moi, après tant d'années – plus d'un demi-siècle – j'ai essayé de pénétrer le sens profond de ce qui m'était arrivé. Dès cette nuit d'orage à Warnemünde sur la mer Baltique, j'ai eu la prescience de ce que serait l'union de mon destin avec le sien : un amour contrarié, contrasté, violent et doux, transitoire, éternel. Je suis entré dans la vie de Martin par une sorte de coup de force. Il m'a fallu la complicité des éclairs et des rafales de vent pour que j'ose me jeter contre lui. L'orage m'a donné une puissance que j'ignorais posséder, mais quand Martin m'a dit sur le quai de Lübeck au moment de la séparation : « Je sais depuis le début que ça devait arriver », si tout était écrit d'avance, pourquoi ai-je dû, du moins en apparence, forcer sa volonté ? Pourquoi m'a-t-il laissé l'initiative si le destin nous avait déjà réunis ? La question, après toutes ces années, reste sans réponse. Notre amour fut rêve et réalité, défi et révélation, aurore boréale, soleil de minuit.

L'amour de Martin, si déconcertant qu'il fût, plein de trous et de temps morts, m'a pourtant sensibilisé à ce qu'on pourrait appeler le pays de nulle part qui n'est pas l'au-delà ni le royaume des morts, mais une sorte de terre inconnue, à portée de la main et cependant mystérieuse, légendaire. Ce pays touche au monde réel dont il constitue pour ainsi dire le double fond. Des chemins secrets le relient à l'univers où nous vivons, il s'agit de les découvrir. Le plus souvent les entrées se présentent à nous de façon inopinée. Nous pénétrons dans l'ailleurs, dans le fond vaporeux qui est à la fois un autre monde et la nuit des temps et ce qui est la nuit des temps nous apparaît hors du temps, dans un espace inconcevable. Dans les contes et les lais bretons c'est souvent un oiseau blessé, un animal secourable, cheval, cerf, renard parfois ou même loup qui vous révèle l'accès invisible et tout proche. Nous retrouvons alors ce que nous croyions avoir à jamais perdu. Ce pays sans étendue, sans frontières, sans ciel, sans existence affirmée s'impose comme un rêve et participe à l'essence du rêve.

Quand avec Abel Gauthier nous longions les fins d'après-midi d'été les rives du marais de Saint-Mars-du-Désert, sans y rencontrer jamais âme qui vive, sauf une fois deux jeunes paysans hilares décontenancés par notre apparition, il nous est arrivé de pressentir les moyens d'accès à ce domaine enchanté. Nous parcourions parfois en barque plate ce marais de roseaux et de plantes nourries d'eau trouble, nous avancions avec peine à cause des nénuphars, des sagittaires et des mousses qui envahissaient les canaux étroits, ne laissant qu'un passage où glisser librement, nous n'avions pas l'impression de nous trouver dans un monde très différent de celui que nous venions de quitter. C'est quand nous marchions sur les bords du marais, sans parler, sans penser à rien de précis que parfois nous étions submergés de bonheur et entraînés très loin dans ce pays inconnu dont rêvent les poètes. Ces ravissements ne duraient pas très longtemps, assez cependant pour laisser en nous une joie légère, un sentiment diffus « d'estrangement » comme on disait jadis.

Sans doute me dira-t-on que ce pays inconnu où l'on entre on ne sait comment et qui s'apparente à celui où s'élève le château du Graal, nous le portons en nous : c'est un pays mental, *una cosa mentale* comme l'amour. Mais certains lieux, certaines dispositions de cœur et d'esprit en favorisent l'accès.

À propos d'animaux secourables, comment ne pas évoquer cette jument et son poulain qui nous sauvèrent en Écosse du désastre d'un dimanche puritain [9] ? Antoine Tavera, alors lecteur de français à l'université de Glasgow, m'avait invité à faire une conférence sur le fantastique dans notre littérature. Le dimanche arriva. N'ayant pas quitté la ville depuis des semaines, Antoine voulut goûter un air plus salubre. L'île d'Arran nous tentait, mais il n'y a pas de bateau le jour du Seigneur. Le loch Lomond ? La gare Saint-Énoch était fermée. Nous trouvâmes verrouillées deux autres gares. Il restait la gare Centrale. Le temps d'obtenir des renseignements d'un employé figé par l'ivresse de la veille, le train partit sous nos yeux. Un sauvage ennui s'abattit sur nous. Par un dédale de passages, de cours et de souterrains, nous eûmes le courage d'atteindre une autre gare, sur le point de se fermer elle aussi, et de monter dans un wagon qui démarrait sans savoir où nous allions. C'était le cadet de nos soucis.

Je ne reconnaissais pas la banlieue qui m'avait épouvanté trente ans plus tôt par son aspect sinistre et gluant. Les taudis avaient fait place à des immeubles tout aussi laids que la crasse et la suie commençaient à défigurer. Antoine m'apprit que, masures et achelèmes, la même violence secouait ceux qui habitaient ces quartiers : ils se battaient toujours à coups de casquettes, visière munie de lames de rasoir – de jolies balafres ! Usines, entrepôts, magasins, parfois entre deux cheminées, entre deux échafauds métalliques, une échappée nous permettait d'entrevoir les eaux grises de la Clyde. Le train circulait donc vers l'ouest, sur la rive sud de l'estuaire, il nous déposerait sûrement quelque part. Nous avions demandé au contrôleur des billets pour le terminus.

À mesure qu'on s'éloignait de Glasgow, le paysage devenait plus agreste, sinon moins désolé ; aux bassins de radoub avaient succédé des landes, des lagunes où se traînait le ciel. Le terminus se révéla être Greenock, bourgade inexorablement insignifiante comme en proposent les cauchemars ; les rues se coupaient à angle droit, elles étaient bordées de maisons basses, laides à faire peur, et comme on pouvait s'y attendre pour un dimanche, personne n'y circulait, sauf le vent. Il ne restait qu'à fuir. Une route s'offrait, qui longeait l'estuaire ; elle fut la bienvenue, malgré les rafales d'enfer qui balayaient le rivage. Le mois de mai était déjà bien écorné, on se serait cru à la fin de l'hiver. Antoine fit semblant de respirer avec délices cet air vif qui le purifiait. Nous voilà cheminant le long de l'estuaire, les cheveux en désordre, le souffle coupé par la violence du vent. Un temps charmant, comme on voit. Nous allions droit devant nous, décidés à répondre à la moindre invite du sort. Nous étions seuls en ces lieux, personne ne se hasardait à sortir de chez soi, on s'en doute bien. Allait-il pleuvoir ? On ne sait jamais ce qui va survenir en Écosse. En tout cas, le soleil ne se montrait pas.

Lassés de cette marche sans but, nous nous jetâmes dans le premier chemin de traverse qui nous parut attrayant ; les haies au moins nous protégeraient du vent. L'air se fit plus doux, des églantiers étaient en fleur, dans les vergers quelques arbres s'étaient décidés à ouvrir leurs bourgeons. L'espoir revint.

Tout à coup débouchèrent d'un pré une jument alezane et son poulain. Rien de plus charmant que l'apparition de ces deux animaux à la robe brillante, rouge doré, qui se promenaient librement dans la campagne. Ils nous précédaient, la jument d'un pas fier et allègre, le poulain en faisant mille folâtreries. Ils disaient bonjour aux haies, aux arbres qui dépassaient des haies. Les oiseaux dans le feuillage leur adressaient des saluts, des invites, venez, l'herbe de ce pré est succulente, ce verger mieux fleuri que les autres. La jument répondait par des brefs hennissements, parfois elle se contentait de dresser la crinière, de l'agiter et le poulain en profitait pour gambader de plus belle.

À certain moment, la jument se retourna vers nous et la tache blanche qui étoilait son front brilla d'un éclat singulier. C'était le signe que nous attendions, bien persuadés que l'alezane devait nous conduire là où il fallait, là où nous étions attendus. Elle s'arrêta à l'entrée d'un parc, piaffa d'impatience, comme pour nous dire : « Eh bien ! qu'avez-vous à hésiter ? Nous y sommes, entrez ! » Elle paya d'audace et, suivie de son poulain, entra dans le parc où elle disparut derrière un massif de buis taillés. Nous n'osions pas franchir le seuil, ne sachant si l'ogre propriétaire allait surgir, ou bien un ange avec une épée flamboyante, pour nous interdire l'accès, quand arriva un respectable couple de britanniques vêtus de la tête aux pieds, par prudence ou par obligation rituelle, de tissu imperméable transparent. On apercevait leurs corps comme dans une prison miroitante.

– Nous venons tous les ans voir ce jardin. Il y pousse des espèces uniques en Europe, une vraie rareté, un vrai bonheur. Mettez deux shillings dans cette boîte, une œuvre de bienfaisance, et commencez la visite par l'allée de gauche. Vous verrez, c'est un autre monde !

Toujours cette obsession du pays inconnu, du merveilleux, du nulle part. Ils entrent, et nous à leur suite ; le jardin à flanc de coteau, en pente raide, dans un vallon abrité, très chaud, très humide, ruisselant d'eaux de source, nous suffoqua par la profusion de ses arbres fleuris. Ce n'était plus l'Écosse pluvieuse, éventée, c'est tout à coup une bénédiction du ciel. Avec toutes ces fleurs énormes, charnues, blanches, roses, jaune vermeil, agrandies par le délire végétal, ce jardin avait la fièvre ; il s'imaginait qu'il se trouvait sur les versants de l'Himalaya et le génie du lieu, complaisant à sa folie, faisait pousser ces magnolias, ces rhododendrons hauts comme des églises, ces arbres-dômes immenses, surchargés de chandelles et de grappes, ces tours enlacées par la glycine et le chèvrefeuille. Pour le remercier, toutes ces plantes formaient une ronde immobile, se balançant avec grâce et sans bouger, encensant ou se prosternant devant lui.

Au détour du sentier qui faisait des zigzags tout en escaladant la pente raide de la colline, nous nous trouvâmes juste en dessous du couple miroitant. Avec quelle admiration ils regardaient leurs protégés ! Avec quelle tendresse ils parlaient de chacun d'eux ! Puis ils constatèrent, ravis : « *Hanno cresciuto dall'anno scorso.* (Ils ont grandi depuis l'an dernier.) » Pourquoi leur parlaient-ils en italien ? Ils nous l'apprirent l'instant suivant : Monsieur est de Bergame et Madame de Lugano. Chaque année ils viennent en Écosse pour y trouver les plus beaux jardins du monde.

– Les arbres poussent ici avec plus de bonheur, Monsieur. Ils se sentent chez eux, ils ne font pas de façons et montent bravement jusqu'au ciel. Vous voyez cet érable avec ses branches qui traînent sur le sol, on dirait la queue d'un paon ; il m'a soufflé au passage : « Ne va pas plus loin, c'est ici le jardin des délices. » Mais à moins de prendre racine, comment rester ?

Une pluie fine se mit à tomber qui fit briller les deux amateurs d'arbres. Ils avaient l'air prêts à la métamorphose. Ils nous conseillèrent de nous asseoir à l'abri de l'érable, dans cette grotte végétale, et de voir venir.

Voir venir quoi ? Ah ! bien malin qui le dira ! À ce moment l'alezane et son poulain sortirent d'une haie d'aubépines, elle se laissa enfourcher par Antoine et je grimpai sur le dos de l'enfant. Quel trot ! Quelle trotte ! Je croyais qu'ils allaient nous conduire au *Jardin des délices* tel que l'a figuré Jérôme Bosch, un lac sacré et des animaux de toute espèce qui tournent autour, des chameaux, des tigres, des éléphants, des licornes, des chimères et des griffons. Mais il ne faut pas trop en demander. Mon imagination m'entraîne toujours ! L'alezane et son fils nous ramenèrent sur la route et prirent congé de nous. Nous leur devions une fière chandelle.

Comment les remercier ? Ils avaient détalé avant que la moindre idée nous fût venue à l'esprit. Et pourtant ils nous avaient montré le chemin du pays inconnu, du second monde…

CHAPITRE IX

« Je crois, Seigneur, viens en aide à mon incrédulité ! » – Vivre comme si on était reconnu – Aucune utopie politique ne m'a jamais tenté – Raisons de mon hostilité à la guerre d'Algérie – Le Manifeste des 121 : ma surprise d'y trouver le nom de Maurice Blanchot : un homme de gauche ? – Je suis un insoumis mondain.

Ne ressemblons-nous pas à cet homme dont saint Marc décrit la foi inquiète ? Il amène devant Jésus son fils que tourmente depuis sa naissance un démon muet. Le Christ demande au malheureux père : « Crois-tu que je puisse guérir ton enfant ? » L'autre verse des larmes, se tord les mains et s'écrie : « Je crois, Seigneur, je crois, viens en aide à mon incrédulité ! » (Chapitre IX, verset 22.)

Telle est l'ambiguïté de notre nature que dans le même temps nous avons la foi et nous doutons, nous sommes certitude et anxiété, traîtrise et loyauté. La contradiction perpétuelle et la sombre ambivalence où nous vivons pèsent sur nous avec tant de force que nous n'avançons que pour reculer et ne déclarons ceci ou cela que pour aussitôt nous rétracter. C'est seulement quand nous nous trouvons au pied du mur, réduits à quia, au bout du rouleau que nous affrontons l'instant de vérité. Encore pouvons-nous nous aveugler sur nous-mêmes et sans le vouloir tromper les autres en nous leurrant aussi. Il ne faut pas présumer de ses forces et, fanfarons de vertu, tomber dans le piège. Comme le dit Troïlus, souvent nous sommes pour nous-mêmes de vrais démons et faisons ce que tout à l'heure nous refusions de faire. Tentés par qui ? Par le Satan qui est en nous.

Heureusement l'instinct vital parle plus haut que tout. Non que je fasse confiance à la nature et pense comme La Fontaine :

Maintenant il ne faut pas
Quitter la nature d'un pas,

mais pour nous affirmer en ce monde, il faut bien nous fonder sur des absolus. Croire en soi, tout est là. Et pour croire en soi, il faut bien s'en remettre à quelque chose d'aussi obscur, d'aussi primitif que l'instinct.

Mais comment croire en soi ? Je connais ma fragilité et j'agis comme si j'étais invulnérable. Je méprise le qu'en-dira-t-on et pourtant je n'ignore pas que je n'existe dans la société que par le regard d'autrui : si ce regard me rehausse, me voici célèbre ; s'il me rabaisse, me voilà ver de terre, un fantôme, rien.

L'acte de croire établit un lien magique entre Dieu et nous. On entre en croyance comme dans le mythe, par effraction, par enchantement. Cette entrée vous revêt d'une splendeur invisible aux non-initiés. Le mythe vous protège et vous enchaîne, il vous met en pleine lumière en vous plongeant dans les ténèbres, il vous marque au front et vous consacre à l'éternité.

*

Connu et inconnu, l'artiste doit créer dans la solitude tout en vivant en ce monde. Véritable dilemme, embarras majeur : à qui dois-je m'en remettre pour savoir si j'existe ? À ceux qui m'ignorent et me méprisent ou bien à moi qui ai de Marcel une idée secrète, un sentiment immédiat et sans réplique ?

Les autres ne voient en moi qu'un homme de confection tiré à des milliers d'exemplaires, courtois, d'une rassurante banalité : moi en revanche, je me découvre comme un être unique irrésistible, un monstre délicieux. Qui a raison ? L'abîme qui sépare la vision que je me fais de moi et l'image que les autres s'en font m'a incité à glacer mes élans, à museler ma spontanéité, à jouer double jeu : si je me montre sûr de moi, impérieux, plein de désirs troubles que je n'ose m'avouer, parfois sombre et désespéré, parfois soulevé d'une joie énorme, les autres prendront peur et fuiront. J'ai besoin de leur présence, de leur amitié. Je ne suis pas fait pour vivre en ours, en ermite, en contempteur du genre humain.

Les moralistes ont beau jeu de railler la paranoïa de l'artiste créateur. Chez lui, le narcissisme, l'hypertrophie du moi et l'égoïsme dépasseraient la mesure tolérable. Sans doute, mais la création est à ce prix. Demandez à Picasso si c'est par philanthropie qu'il a peint *les Demoiselles d'Avignon*, si c'est l'amour de la personne humaine qui l'a poussé à déformer les corps et les visages, à créer des monstres ? Je ne sens chez moi aucune excessive paranoïa : j'appartiens au type fort répandu de l'écrivain écartelé entre son génie secret et son image sociale de professeur, de critique musical et de mondain. Tout déchiré que je suis, il faut bien que je continue à vivre, c'est-à-dire pour moi à écrire, puisque tout mon bonheur tient dans l'acte d'écriture, que je continue à accomplir ma trajectoire d'astre invisible même si le monde ne possède pas encore la lunette qui lui permette de m'apercevoir. L'honneur consiste à faire comme si on était reconnu alors qu'on ne l'est pas encore, ou pas assez, ou pas sous l'éclairage que l'on souhaite. Disons que les lentilles qui nous rendraient justice n'ont pas encore été placées sur les télescopes de la société ! Hofmannsthal avait raison de dire : *Hors du temps comme la perception d'une étoile, porter témoignage, même si on ne vous a pas reconnus.*

Nos moralistes, nos donneurs de leçons parleraient moins de la paranoïa de l'artiste s'ils lisaient les mystiques espagnols. Thérèse d'Avila leur apprendrait que notre désir est sans remède, que l'amour déteste la justice parce que celle-ci est de l'ordre logique et que l'amour ignore la raison, que parler de mesure et de convenances, c'est ne rien comprendre à la poésie ni à Dieu. Le désir nous torture parce qu'il a une dimension tragique, inhérente à sa nature : il ne peut faire que nous torturer mais il nous illumine aussi et nous métamorphose. Il nous pousse à nous dépasser nous-mêmes, si bien que nous souhaitons l'amour tout en sachant que la possession en sera vaine, que nous n'atteindrons à la plénitude que devant la Face de Dieu, après notre mort. Mais cela ne concerne pas notre moi en ce monde...

Ainsi je crois et je doute, je me meus en ce monde tout en habitant sur une étoile, je mène la vie de tous les Français et je me sens différent, mon existence n'offre aucun intérêt sinon pour moi qui la trouve précieuse, singulière, unique. Mais n'est-ce pas la condition de l'homme, *the way of all flesh* comme disait Samuel Butler ? Ainsi va toute chair, cette chair qui est poussière et néant et pourtant sans prix, objet de tous nos soins, de notre tendresse alarmée, de nos désirs...

Il se peut aussi que la contradiction ne soit qu'un leurre et que, considérés d'un certain point, tous ces contraires : le Ciel et l'Enfer, le dessus et le dessous, la profondeur et la frivolité, le corps et l'âme, trouvent une solution d'unité, d'équilibre et de cohérence. C'est ce que je me dis quand, exaspéré par les forces qui me tiraillent, je me sens d'humeur philosophante et porté à la conciliation. Je signe alors un traité de paix avec moi-même ; le principe d'opposition se dissipe en fumée...

Avec qui je n'ai jamais signé d'accord, ce sont les utopies politiques. Aucune ne m'a séduit. Que dis-je « séduit » ? Elles m'ont toujours révolté. Nos intellectuels de gauche qui ont tour à tour donné dans ces criminelles illusions : Staline, Castro, Mao, Khomeyni me reprochent de ne m'être engagé, comme si prendre le parti de la civilisation occidentale telle que la monarchie capétienne et sainte Thérèse d'Avila l'ont modelée n'était pas un engagement. À rebours de mes contemporains je n'ai jamais varié, changé de monture en cours de route et renié ce que j'avais adoré. Bien sûr, si j'avais voulu faire carrière, établir ma réputation, j'aurais dû hurler avec les loups, courir le loup universel, je veux dire prôner les idées à la mode et en changer aussi souvent que change la mode.

On me reproche aussi de ne pas me constituer « témoin de mon temps ». Je laisse cet emploi à plus attentifs et plus perspicaces que moi. Si l'observation de la réalité sociale et politique m'avait intéressé, je serais devenu historien, essayiste, journaliste et non ce que je suis, un rêveur plus touché par l'invisible que par le visible. Sinon me serais-je attaché comme je l'ai fait à Georges Dumézil et à ceux qui croient surtout aux réalités mythiques ? Mon souci majeur n'a pas été de scruter les questions d'actualité, mais de suivre le chemin de perfection via le fantastique, d'atteindre les demeures philosophales et de vénérer la liberté intérieure. Voilà pour moi le véritable sens de la quête du Graal. La pierre étincelante du Graal symbolise ce qui vous libère, vous illumine et vous comble de joie.

Les problèmes qui ont occupé la France pendant deux décennies : décolonisation, droit des peuples opprimés à acquérir indépendance et souveraineté ne m'ont pas mobilisé, mais enfin comme n'importe qui j'ai pris position...

Je ne me suis jamais considéré comme un intellectuel, comme la conscience de mon époque : le Juste, le Vrai, le Bien ne me semblent pas les principes qui régissent ce monde où nous voyons sévir le mensonge et la force brutale. Pour moi, la tâche d'un écrivain est d'écrire. Il se justifiera par l'univers qu'il a incarné. Les engagements de nos intellectuels depuis trois siècles (mais auparavant la race existait-elle ?) ont presque toujours donné dans les erreurs, dans les démences à la mode, dans les plus sinistres infatuations. Sous prétexte de rompre avec l'ordre établi jugé imparfait ou détestable, ils se sont posés en révoltés, en anges exterminateurs, en prophètes de solutions finales – de toute façon des millions et des millions de victimes. L'Histoire me fait horreur, l'engagement politique me fait horreur. Ces peuples entiers passés au fil de l'épée par des Tamerlan sans cesse renaissants et qui toujours s'emparent du pouvoir m'inspirent une pitié sanglante : pourquoi l'époque des héros dura-t-elle si peu de temps ? N'y a-t-il plus d'Héraclès, de Thésée, de Persée pour tuer les monstres et nous sauver ? Sommes-nous à jamais livrés au Prince de ce monde ?

*

Revenons à la récente actualité. De même que je n'étais pas pour Vichy malgré mon peu de goût pour la démocratie, je me suis trouvé du côté de ceux qui condamnaient la guerre d'Algérie, mais sans doute pour des raisons qu'ils auraient désavouées. On ne me trouve jamais là où on s'attend à me trouver parce qu'on ne connaît pas les raisons qui me déterminent.

À propos de cette affaire qui déchira la France et qui me déchira aussi, voici les raisons qui ont dicté ma prise de position.

D'abord une raison d'ordre métaphysique. Je pense que les colonies sont faites pour être perdues. Ce sont des possessions illusoires qui relèvent du sort et de la fortune, et non pas de vraies richesses.

La seconde raison ressortit à l'histoire ou si l'on veut à la métahistoire et à ma théologie personnelle. La Révolution de 1789 a détaché l'Amérique du Sud et les Antilles de l'Espagne, la loi du talion exige que les idées de Moscou privent la France de son empire. Ayant perdu la guerre et la face en 1940, nous ne pouvions prétendre à dominer une partie du monde. L'Espagne réduite au territoire ibérique, ayant montré au XXe siècle qu'elle était plus Espagne et plus géniale que jamais, j'espère que la France, confinée dans l'Hexagone, saura conserver la même fierté. J'observe que Bolívar a échoué dans son grand dessein qui était de constituer les États-Unis de l'Amérique du Sud, une vaste confédération allant du Mexique à la Terre de Feu. Les États créés par le Libertador sont en perpétuelles révolutions, guerres civiles, soubresauts et décisions désespérées. Comme quoi la panacée démocratique n'agit pas toujours ! La prétendue libération faite par le Libertador a produit beaucoup de misères et de ruines. On me dira : de quoi te mêles-tu ? Es-tu un Indien des Andes ? Non. Pas plus que je n'étais Algérien. Mais cette circonstance ne m'empêche pas de penser.

Troisième raison, d'ordre économique : nous n'avions plus la puissance et la richesse qui marche avec elle pour nous payer le luxe d'un empire colonial. Je le savais par Pierre Gaxotte et par les hommes politiques amis de mon père qui avaient travaillé pour le gouvernement : seule l'Indochine nous rapportait quelque chose (à cause des hévéas sans doute) ; les autres colonies nous coûtaient la peau du dos. L'Indochine perdue, à quoi bon s'exténuer à garder ce qui nous ruinait ?

Enfin une raison d'ordre culturel : les Algériens détenaient la chance, inestimable à mes yeux, d'apprendre à l'école « Nos ancêtres les Gaulois... » et d'être à tu et à toi avec Racine et La Fontaine, mais ils ont préféré le monde arabe, cela les regarde et ne regarde qu'eux. Si j'étais né Algérien, j'aurais peut-être aspiré à l'indépendance ; en tant que Français je n'ai pas à prendre parti.

Les voir mener une guerre d'indépendance ne m'apparaissait ni scandaleux ni choquant, mais qu'on ne me demandât pas de porter les valises des fellaghas ni de signer le Manifeste des 121 ! C'était planter un poignard dans le dos de nos soldats. Je n'ai aucune disposition pour la traîtrise. Cet appel à l'insoumission, à la désertion, au boycott de l'armée relève des tribunaux militaires. On fusille des espions pour moins que cela !

Quand j'explique avec humour que les Algériens pouvaient dire à bon droit « Nos ancêtres les Gaulois... », c'est que je mets la civilisation au-dessus de la race et de la religion. La civilisation est un choix, et non une fatalité. Jamais la Gallo-Romanie n'aurait existé (Lyon, Bordeaux, Narbonne furent de riches et brillantes métropoles) si les

Gaulois n'avaient compris que la civilisation romaine était plus puissante, mieux organisée, plus ouverte à l'avenir et capable de progrès que les valeurs du druidisme. Malgré les invasions barbares, avec la régression et le chaos qui en ont résulté, le principal de l'héritage gréco-latin a subsisté – et, bien sûr, le christianisme. J'adhère à l'Occident parce que je l'ai choisi. Je m'en tiens à ce que je veux aimer.

Je n'ai pas voyagé en Algérie quand elle était française, pas question que je m'y rende maintenant !... D'ailleurs le Maghreb ne m'attire pas. Pour l'islam, l'Alhambra, la mosquée de Cordoue, celles d'Istanbul et du Caire, l'Inde moghole suffisent à m'éblouir.

On aurait tort de croire que le Manifeste des 121 a été conçu en fonction de l'islam, ce fut en faveur de la Révolution. Tout intellectuel de gauche se devait de le signer à l'automne de 1960.

Plusieurs de mes amis, André Masson, Jean-Louis Bory, Alain Robbe-Grillet et certaines de mes relations ont apposé leur nom sur la liste. Les historiens auront peine à comprendre leur décision, chacun agissant pour des raisons différentes et parfois opposées. Mandiargues a signé par dandysme anarchisant. Solier parce qu'il approuvait n'importe quoi avant de partir en vacances, Robbe-Grillet par dilettantisme provocateur et Bory parce qu'il voulait toujours être dans le coup. La redoutable Paule Thévenin a terrorisé Boulez, Cuny peut-être, Olivier de Magny sûrement et les a eus à l'usure. Qui a signé pour les mêmes raisons que Sartre ?

Bien penauds quand ils ont vu les gendarmes chez eux ! Robbe-Grillet et Solier quittaient leur domicile avant l'aube et n'y rentraient qu'à la nuit tombée. Dans l'une des livraisons des *Cahiers des Saisons*, nous avons publié la visite domiciliaire que Bory subit à Méréville et qu'il a contée avec sa désinvolture habituelle. Il ne magnifie pas l'événement, ne se donne pas pour « une âme d'élite » face à la police aux gros souliers... Plus tard il convint devant moi qu'il avait agi avec légèreté : des hommes de gauche comme Barthes, Lévi-Strauss, Edgar Morin, bien d'autres avaient refusé de signer.

– Toi, tu es un insoumis mondain, me dit-il.

C'est dans cet esprit qu'en 1961 il rédigea *Portique pour un homme* quand les *Cahiers des Saisons* me consacrèrent un portrait littéraire.

À propos du Manifeste des 121, quelle fut ma surprise d'y trouver la signature de Maurice Blanchot ! J'avais fait sa connaissance chez mon amie Yette Jeandet qui tenait une librairie rue de Verneuil et réunissait souvent les intimes à dîner. Blanchot ressemblait à ses personnages, Thomas l'Obscur ou Aminadab : grand, très maigre, taciturne, d'une timidité maladive, pâle, le visage semé de taches de rousseur, il ne développait jamais sa pensée, se bornant à répondre par monosyllabes, suivis d'un bref sourire, aux questions posées. Quand on était assis à table à côté ou en face de lui, il ne facilitait pas la conversation. Il menait une existence d'intellectuel pur, ne vivant que pour réfléchir aux problèmes de métaphysique et de civilisation. Il a fini par habiter auprès de son frère et de sa belle-sœur, délivré de tout souci matériel.

Yette Jeandet travaillait avec lui à Jeune France, cette association patronnée par Vichy pour rassembler les forces spirituelles de notre pays vaincu. Jeune France dirigé par Pierre Schaeffer, qui inventa plus tard la musique concrète, enregistrée sur bandes, manipulée ensuite, connut d'abord le succès. Schaeffer avait réuni, outre Blanchot, Claude Roy, Albert Olivier, des peintres comme Manessier, Singier, Le Moal, des architectes, des artisans. Ce groupement, indépendant et frondeur, ne dut pas satisfaire Vichy qui l'a dissous en 1942. Maurice Blanchot n'avait pas attendu le verdict, il avait pris congé en novembre 1941. Il m'écrivait à ce sujet le 9 novembre : « Ayant remis ma démission à la direction de Jeune France, je me sens tenu de vous dire pourquoi ; après avoir vu dans les cahiers auxquels je vous avais demandé de collaborer un intérêt que je croyais réel, j'ai dû changer de sentiments.

« Si vous voulez bien parcourir les quelques lignes ci-jointes, vous trouverez, brièvement esquissées, les raisons qui m'ont fait un devoir de partir, et vous m'excuserez de vous mettre au courant de cet incident personnel, en vous rappelant l'intérêt que j'attachais à votre collaboration. »

C'était la première fois qu'on me demandait de faire partie d'une équipe littéraire : cela me remplissait de fierté. Blanchot venait de publier *Thomas l'Obscur* et faisait figure de chef de file. Après l'aventure surréaliste, moribonde à cette époque, et le départ de Breton pour les États-Unis, il paraissait le seul, avec Paulhan et Bataille, à pouvoir instaurer un nouveau mouvement.

Est-ce à cause de son bref passage à Jeune France, est-ce à cause de mes relations de sympathie, qui d'ailleurs ne se sont jamais transformées en amitié, je tenais Blanchot pour un homme de droite et ne m'attendais pas à lire son nom auprès de ceux de Nadeau et de Mascolo. Mais on peut virer de bord, ou bien j'avais manqué de sagacité, à moins qu'il ne fût un intellectuel anarchisant et insoumis à sa manière... Ce qui est sûr, c'est qu'il savait donc parler, se jeter dans la mêlée et rendre encore plus énigmatiques Thomas l'Obscur et Aminadab !

À quoi il pourrait me répondre que parfois on est obligé de passer de l'éternité aux questions du jour... Il s'y était, intéressé dès 1937. Dans le premier numéro de l'*Insurgé* du 13 janvier, on peut lire de sa plume l'article suivant : « Depuis dix-huit ans que la France s'avilit on a dressé un certain nombre de réquisitoires contre le régime et l'équipe dirigeante. Il est temps aujourd'hui de dresser un réquisitoire contre la France. »

En 1941 quand je lui parlai de cet article, il me répondit par un sourire évasif. Le Manifeste des 121 que, paraît-il, il contribua à rédiger est-il une façon de dresser un nouveau réquisitoire contre la France ?

CHAPITRE X

Suzy Mante-Proust, femme de qualité et de qualités – La Recherche, *œuvre modelée par le désir et le rêve – Le temps d'Illiers et le temps de Combray – Le Narrateur fils unique dans un univers féminin – Les Guermantes-Bavière « maison presque royale, plus ancienne que les Capétiens » inventés par Proust – L'asthme drogué – Comment le gentil Marcel devint père de l'Église et prophète de l'Ancienne Loi : la hideur du monde créé.*

On fait grief à Suzy Mante, la nièce de Marcel Proust, d'avoir si peu connu son oncle : elle allait sur ses dix-neuf ans à la mort de l'écrivain, comment une fille élevée à l'ancienne, qui ne sortait pas le soir, aurait-elle pu voir un homme qui faisait de la nuit le jour et prenait son café au lait à minuit passé ? On lui reproche aussi d'avoir bazardé les meubles de son illustre parent : aussi longtemps que vécut la belle-sœur de Marcel, Madame Robert Proust, c'est elle qui détenait les droits, et non sa nièce qui n'avait pas voix au chapitre.

Suzy Mante, tout au contraire, acheta les lettres et les manuscrits de son oncle qui passaient en vente privée ou bien à l'hôtel Drouot et, avec une piété exemplaire, se consacra à la diffusion de l'œuvre proustienne. Elle insista auprès de Claude Gallimard pour que *la Recherche* parût en livre de poche afin de réaliser le vœu de son oncle de se trouver dans « les bibliothèques de gare ».

Dans sa petite enfance, quand Proust menait encore une existence à peu près normale, elle vit souvent son oncle qu'elle tenait pour un magicien : il pouvait tout, il exauçait tous les désirs. Comme il lui avait demandé ce dont elle avait le plus envie et qu'elle lui avait répondu : « Un flamant rose ! », elle se persuadait qu'elle aurait reçu l'oiseau merveilleux si Madame sa Mère ne s'était interposée : qu'allons-nous faire de cet animal à la maison ?

Des décennies plus tard, elle connaissait l'œuvre de son oncle sur le bout des ongles et vivait dans la constante compagnie de ce prodigieux créateur. Elle rêvait de lui, conversait avec son ombre et parlait de lui si souvent que ses amis qui n'étaient pas tous proustolâtres, tant s'en faut, trouvaient qu'elle exagérait. Sauguet, qui excellait dans les à-peu-près cocasses, l'avait surnommée Suzy Démente Proust. Au cours des trente ans que dura notre tendre amitié, combien de fois l'ai-je entendue dire quand passait un télégraphiste à l'air désinvolte ou bien un apprenti boucher qui livrait des commandes : « Regarde celui-là, il aurait plu à l'Oncle Marcel ! » J'en étais moins sûr qu'elle, ne sachant au juste ce qui excite le désir des autres. Le choix de mes amis m'a souvent laissé pantois. Suzy professait sur ce chapitre une opinion définitive : « On parle de la variété infinie des goûts, c'est pourquoi j'ai toujours vu hommes et femmes tomber sur le même ! »

J'admirais pourtant qu'elle fût obsédée par la mémoire de son oncle au point de voir avec son regard et de penser avec ses pensées.

C'est ainsi qu'elle se flattait d'avoir trouvé pourquoi Proust avait donné le nom de Swann à son personnage de grand bourgeois juif esthète et lettré : « Mon oncle avait l'esprit labyrinthique. Il aimait les allusions littéraires, les jeux de mots et les devinettes. Bertrand de Fénelon tenait une grande place dans sa vie. Tout le monde sait qu'on surnommait Fénelon le cygne de Cambrai. Mon oncle appelait-il son ami dans l'intimité Cygne ou Swann ? Le langage inventé qu'on trouve dans les lettres à

Reynaldo Hahn n'a pas d'autre origine : du badinage érudit... »

La mère de Proust, Berthe Weil, restée tout à fait israélite, sinon dans ses pratiques, du moins dans sa manière de penser, n'a pas inculqué à ses fils la piété chrétienne : Marcel ignorera toujours ce que sont la faute et le péché, le sacrement de pénitence et la communion des saints. Une année que j'accompagnais Suzy au Père-Lachaise, elle me fit remarquer que sa grand-mère qui avait élevé le tombeau n'avait pas pu se résoudre à y voir figurer une croix : c'était une dalle tout unie. « Comme elle devait y reposer auprès de son mari et de ses fils, elle ne voulait pas que ce signe pesât sur son ombre ! » me dit-elle. « Je dépose sur la tombe des croix en buis ou en myrte, on les vole tout de suite. Elles servent de reliques aux admirateurs de Proust. »

Suzy était une femme de qualité et de qualités. Autant que *la Recherche*, elle connaissait *la Comédie humaine* et les *Mémoires d'outre-tombe*. Le secret des ducs si cher à Balzac l'égayait comme les migraines de la Verdurin. Ce qui la passionnait, c'était de connaître le dessous des cartes, le secret de certaines alliances, les simagrées du snobisme. Férue de généalogie, d'histoire et de petite histoire, elle collectionnait les anecdotes qu'elle classait en deux catégories, les balzaciennes et les proustiennes. Elle-même se concevait comme un personnage de *la Recherche*. Quand elle me confiait une réflexion que je devais garder pour moi, elle me disait comme son oncle à Reynaldo : « Tombeau ! » Elle usait beaucoup du téléphone, déclarant avec humour qu'« on avait assez écrit dans la famille ! »

Fastueuse par nature, aimant à recevoir et recevant avec somptuosité, elle aurait invité les dieux si les dieux fréquentaient encore notre terre. Elle n'attendait rien de ceux qui venaient chez elle sinon les plaisirs de la conversation. Elle en attendait si peu qu'elle ne s'étonnait même pas de ne pas être remerciée. Cela venait de ce qu'elle était lucide, sans illusion sur l'espèce humaine ni sur la politique des nations. Notre complicité était extrême, les mêmes choses nous amusaient, les mêmes nous indignaient, car si nous ne nourrissions pas l'espoir de voir les hommes cesser d'être féroces et le monde impitoyable, nous n'avions pas quand même oublié le pouvoir de l'émotion et des larmes. Jamais Suzy n'est devenue une vieille femme sèche et cynique comme, au dire de François Mauriac, l'était dans son automne la comtesse de Chevigné dont le profil d'oiseau et l'élégance avaient inspiré à Proust le personnage d'Oriane. Quant à la comtesse Greffulhe, ajoute Mauriac « que j'ai connue très âgée rue d'Astorg, elle ne disait pas un mot, ne faisait pas un geste qui ne fût du pur Guermantes (et du plus sot quelquefois) ». Suzy ne copiait personne, elle ne regrettait pas les grandes maisons où elle avait vécu, les collections de bleus de Chine et les meubles signés qu'elle avait dû vendre, tout cela était pour elle biens abstraits, pure mémoire. Elle restait fidèle à elle-même et à son style de vie.

Il n'y avait en elle aucune malignité, aucune tendance au mépris ni au dénigrement. Elle entendait la plaisanterie, elle avait assez d'humour pour convenir de ce qu'elle ne comprenait pas. Elle joignait à un grand usage du monde, et à beaucoup d'agrément dans l'esprit la facilité de la politesse qui lui permettait de feindre de s'intéresser à ce qui ne l'intéressait pas. « Il faut laisser tomber la pluie », disait-elle avec un sourire indulgent.

Elle avait un beau visage, un teint de camélia très uni et les yeux sombres de son oncle. Elle avait hérité de la maladie familiale, l'asthme, qu'elle avait tendance à soigner elle-même : elle absorbait quantité de remèdes. Sûre d'avoir un juste diagnostic et le « sens des maladies », elle regrettait de n'avoir pas étudié la médecine.

– J'aurais fait un excellent docteur, affirmait-elle. Mes parents ne me l'ont pas permis. Imagines-tu leur fille disséquant des cadavres ? Quel scandale ! Enfin, les Dubois-Amiot et les Weil étaient de bien meilleure bourgeoisie que les Proust, c'est pourtant chez les Proust qu'était logé le génie !

*

Combien de fois Suzy et moi avons-nous évoqué la distance qui sépare la vie du Narrateur et celle qu'a menée en effet l'écrivain !

– Après le Prix Goncourt, me disait Suzy, les journalistes, mal informés, ont écrit que *la Recherche* était une autobiographie à peine déguisée, alors qu'elle se présente comme une construction purement fictive et romanesque.

– Proust a réussi à donner le change. Le fameux baiser du soir n'a-t-il pas été réellement attendu et reçu par lui ?

– Oui, bien sûr, ce baiser et bien d'autres éléments sont véridiques. Mais dans son œuvre, mon oncle a donné à ces faits vrais une ampleur, un développement, une orchestration qui leur confèrent une tout autre signification. Il en a fait des symboles.

– De sorte que ce Narrateur où l'on voit le double ou le sosie de Marcel n'en représente que la copie non conforme, la vérité imaginaire ?

– Tout à fait. Les critiques qui essaient de rétablir les choses prêchent dans le désert ; le public tient à ce que Marcel et le Narrateur ne fassent qu'un.

Nous nous amusions à dénombrer ces différences qui sautent aux yeux. Marcel avait un père qu'il aimait, respectait et admirait, mais qu'il ne voyait guère : le professeur Adrien Proust, accaparé par ses travaux, son enseignement, les devoirs de sa situation sociale, visait à l'Académie. Marcel avait une mère très cultivée, d'esprit sérieux, qui détestait le monde, ne sortait jamais le soir et ne songeait qu'à l'éducation de ses deux fils. Elle en fit des hommes civilisés, raffinés, férus de lettres et de sciences. Si elle ne les imprégna pas de sensibilité catholique, elle les rendit sensibles à la poésie des cérémonies religieuses et à ce que Chateaubriand appelle le génie du christianisme. De sa part, c'était pure vertu.

Les critiques pressés, les lecteurs distraits oublient toujours que Proust avait un frère, de deux ans son cadet.

Robert, qu'il aimait beaucoup : les lettres à lui adressées commencent par : « Mon chéri, mon Robert adoré. » Dans ses *Souvenirs*, Suzy raconte que dans leur petite enfance les deux frères « s'entendaient comme larrons en foire » et qu'ils restèrent toujours très liés ; quand Robert se maria en 1903, l'aîné en reçut un tel choc qu'il eut une crise d'asthme et dut rester alité pendant un mois... Un mois... Aussi longtemps que deux ans plus tard après la mort de sa mère chérie ! Robert tenait assurément une grande place dans la vie intime de Marcel. C'était un esprit brillant, aussi versé dans les lettres que dans les sciences, il s'illustra dans l'histoire de la médecine. C'est lui qui publia les tomes de *la Recherche* qui parurent après la mort de l'écrivain. Suzy éprouvait pour son père un amour qui touchait à la vénération : les deux désastres de ma vie, me disait-elle, la mort prématurée de mon père et celle de mon mari !

Mais cette constante et vive intimité entre les deux frères n'a pas laissé de trace dans *la Recherche* : le Narrateur est fils unique ! Pour une autobiographie déguisée quelle lacune ! Ce serait un assassinat, un cruel règlement de comptes en tout cas, si tout dans *la Recherche* n'était pas fiction, invention, création au sens absolu du terme. Les nombreux essais qui l'ont précédée, *Contre Sainte-Beuve* comme *Jean Santeuil*, ne prennent de sens qu'en fonction de ce qui est à mes yeux une évidence éclatante qu'on s'obstine à ne pas reconnaître : *la Recherche* n'est ni un roman de mœurs malgré la description du snobisme et du milieu aristocratique, ni la chronique d'une époque malgré l'affaire Dreyfus et la guerre de 14-18, ni une étude de caractères malgré Charlus, Françoise, Oriane de Guermantes et la Verdurin, ni même une méditation sur la mémoire et sur ce qui concerne le temps, c'est une pure construction rêvée, un univers créé en nous par le désir, le souvenir et le songe. En partant à la recherche du temps perdu, ce n'est pas le passé que Marcel Proust a trouvé, encore moins le présent, c'est l'éternel. Nous n'atteindrons jamais à la divinité puisque nous portons en nous la mort, mais nous pouvons pressentir l'éternel quand nous unissons la mémoire au désir et au rêve. Le thème principal de *la Recherche*, c'est l'irréalité du monde où nous vivons. Dans le temps d'Illiers je vois celui de l'existence vécue, dans celui de Combray, la réalité recréée par le rêve. Le monde d'Illiers nous présente Marcel et Robert, « s'entendant comme larrons en foire », jouant sous le regard attendri de Papa et de Maman, parents très affectueux, le monde de Combray nous propose un Narrateur, enfant unique, gâté, despotique, irremplaçable et délicieux. Il règne sur un monde essentiellement féminin : mère adorée avec laquelle le cordon ombilical n'a pas été rompu, grand-mère non moins chérie, la tante Léonie, la toute-puissante Françoise gardienne des traditions, Gilberte la compagne de jeux et son élégante maman, Odette Swann. Ces présences féminines font autour du Narrateur un rempart en même temps qu'elles composent pour lui une sorte de cour où il se trouve l'objet de tous les soins, de toutes les pensées, où il se métamorphose en une créature divine servie par des personnes réelles qui sont aussi des mythes : ces « mères » goethéennes représentent la terre nourricière, la nécessité, la nuit et même la mort.

Oui, le Narrateur est bien ce prince autour duquel tout vit et s'organise – comme dans les rêves ! *La Recherche* est un rêve qui ne peut prendre vie et forme que dans l'écriture. C'est pourquoi dès l'adolescence Marcel Proust s'est conçu comme écrivain et que plus tard il a trouvé son identité, sa patrie et sa raison d'être dans la littérature. Le genre de recherche, de projet, que Marcel Proust a lancé comme un défi à son entourage et à son époque ne pouvait s'accomplir que dans l'œuvre littéraire. Il ressemble au renégat qui rejette les croyances, mais conserve les images sacrées auxquelles son existence est liée. Pour le Proust écrivain ces images sont toutes féminines, même si dans sa vie vécue il aimait à s'entourer d'hommes et de jeunes gens.

L'expression de « temps perdu » ne doit pas nous induire en erreur : ce n'est ni le temps gaspillé en futilités, ni le passé qu'on essaie de ressaisir, ni une entité sentie comme appartenant à la durée, où sommeillerait la mémoire, le temps de Combray est le temps du paradis éternel, sans défaut, sans péché, une pièce d'étoffe qui se déroule à l'infini et que nuls ciseaux ne couperont jamais. À Combray, le Narrateur vit hors du siècle, habité par les visions de lanterne magique et par celles des haies d'aubépines. Si ces visions ne fondent pas la doctrine de l'art réparateur, de l'art sauveur que va exposer *le Temps retrouvé*, elles affirment du moins la précellence de la beauté.

Le monde de Combray ne connaît qu'un seul homme, Swann, encore n'y vient-il que le soir, en simple visiteur. Remarquons que Haas, le modèle présumé de Swann, n'a jamais mis les pieds à Illiers ni fréquenté les Proust et les Amiot habitant la bourgade : c'étaient de trop humbles gens pour ce monsieur qui se flattait de l'amitié du prince de Galles. Swann le raffiné, l'esthète, érige en morale le culte de la beauté : il n'en faut pas davantage pour que Combray célèbre la beauté éphémère des aubépines et celle perdurable et sacrée que l'on contemple à l'église dans le vitrail de Gilbert le Mauvais. Ainsi dans le douillet, feutré, chaleureux matriarcat de Combray le Narrateur ne pouvait avoir ni Père ni Frère, il représentait à lui seul l'essence de la masculinité et c'est bien ainsi que, dans ses rêves et ses désirs, Marcel se concevait : royal, tout-puissant et solitaire.

Suzy me dit que, fille unique, dans son enfance très protégée, elle avait eu l'impression que tout tournait autour d'elle : ses parents, les domestiques, les gens de connaissance, ce qui ne l'empêchait pas, pendant les promenades journalières avec la gouvernante, de mourir de peur d'être abandonnée à un croisement de rues et d'être exposée aux brigands et aux gitans. Elle était à la fois choyée et livrée aux démons.

Marie-Claude Mauriac, sa fille, a dit un jour devant moi : « Tous les enfants sont martyrs. » Songeait-elle aux frayeurs de Suzy ou à ses propres fantasmes ?

Suzy Mante m'a confié qu'elle comprenait fort bien que pour rendre son projet plus efficace, sa démarche plus exemplaire, pour reconstruire un passé irréel – qui n'avait jamais eu lieu – mais vécu dans l'inconscient, le désir et le rêve, son oncle ait eu besoin d'un narrateur isolé, dorloté par toutes les femmes et régnant dans un univers essentiellement féminin, mais elle ajoutait que *la Recherche* ne se passait pas seulement à Combray : il y avait aussi Balbec, Paris et Venise... Que lui répondre, sinon que, dans toutes les sections de l'œuvre, les femmes prédominent. Le duc de Guermantes fait petite figure à côté de la fulgurante Oriane et le pauvre Verdurin près de l'insupportable Patronne. Les seuls représentants prestigieux du sexe fort n'ont pas de rapports affectifs, étroits et véritablement amicaux avec le Narrateur : Swann, Charlus le génial excentrique, le monstre le plus généreux de *la Recherche* et enfin les trois artistes, Bergotte, Elstir et Vinteuil, qui sont plus des symboles de leur art respectif que des êtres de chair et de sang dont on se souvienne. Les autres hommes ne sont que des utilités (Jupien, Morel), des burlesques (Cottard, Brichot, Bloch) ou des types poussés jusqu'à la caricature (Norpois).

Et que sont devenus les amis tendrement aimés, Jacques Bizet, Reynaldo Hahn, Lucien Daudet, Bertrand de Fénelon ? Qu'il y ait eu ou non échange de privautés sensuelles ne change rien au fait que Proust a éprouvé pour eux un sentiment violent. Ce qui comptait pour lui, c'était l'intensité de la passion, la violence du désir, la similitude des goûts et des caractères, la complicité. Dans l'hiver 1887-1888, il écrit à Bizet : « Ma seule consolation quand je suis vraiment triste est d'aimer et d'être aimé. Et c'est vraiment toi qui réponds à cela. » Que sont-ils devenus ? Tombés dans la trappe, néantisés ! Il y a dans *la Recherche* « des jeunes filles en fleurs », mais point de jeunes gens dans la fleur de leur beauté, à moins qu'on ne détecte leur présence dans l'ambiguë Albertine et dans Saint-Loup. Celui-ci est le seul personnage avec lequel le Narrateur entretienne des rapports amicaux, voire affectueux, d'égal à égal. Mais si Saint-Loup n'avait pas appartenu à la « race rose et dorée », s'il n'avait pas été Guermantes-Bavière, le Narrateur lui aurait-il voué une telle dévotion ? Je ne retrouve pas dans leur échange d'amitiés la confiance et l'abandon que Proust témoignait à Reynaldo et à Lucien. Non qu'il ait exclu ces anciennes amours de sa mémoire et de son cœur, mais ils n'avaient pas place dans l'économie d'ensemble de *la Recherche*, pas plus que le docteur Adrien Proust et son frère Robert. *La Recherche*, œuvre d'imagination où l'inconscient affleure sans cesse, est moins nourrie de ses souvenirs que de ses craintes, de ses hantises et de ses remords, moins modelée par ses désirs que par ses fantasmes et par la projection presque délirante qu'il se fait de l'artiste créateur. Il s'est toujours comparé aux plus grands, il savait au fond de lui-même qu'il était l'un d'entre eux. Il y a autant de différence entre l'homme Balzac et le père de *la Comédie humaine* qu'entre l'homme Proust et l'architecte de cette immense cathédrale dont le lyrisme soutient la masse.

L'amour pour les amis tendrement aimés appartenait à la communion mystérieuse, au partage de ce qui demeure le secret inviolé. En revanche, l'amour de Swann pour Odette et du Narrateur pour Albertine appartient à l'ordre de la jalousie et de la souffrance, de la possession et de la vanité. Ce sont là deux mondes absolument différents, contradictoires et qui s'excluent l'un l'autre. Sans doute Proust a-t-il estimé qu'il témoignerait davantage de son génie créateur en bâtissant un système de l'amour possessif et jaloux où n'entrerait que peu ou rien de ses expériences vécues. Gourmont n'a-t-il pas dit : « On n'écrit bien que ce qu'on n'a pas vécu » ? L'amour proustien s'ajoute à la longue liste de ceux qu'a enregistrés notre littérature : l'amour courtois, l'amour cornélien, l'amour précieux, le donjuanisme, le jeu byronien, la passion romantique, etc. André Maurois remarque que cette peinture est neuve, mais tragique.

Il faut avouer que l'amour proustien nous paraît bien étrange dans ses principes comme dans ses manifestations. Le désir et l'angoisse en constituent les ressorts majeurs. Cet amour n'existe que dans notre imagination, la réalité le déçoit. « En amour, le choix ne peut être que mauvais », dit Proust. La jalousie se substitue à la tendresse, elle est inguérissable, insatiable, sourde à toute raison : on en vient à ne « posséder » l'autre que pendant son sommeil !

Mais comme celles que nous aimons ne peuvent être sans cesse endormies, l'amour devient torture et même la mort de la personne chérie ne nous délivre pas de la jalousie et de l'angoisse d'exister, cela fait le sujet d'*Albertine disparue*. Il n'y a que l'oubli qui nous libère de la souffrance d'aimer. L'oubli consigne la mort définitive de ceux qui nous faisaient vivre.

D'où la conclusion désolante et désolée du Narrateur dans *le Temps retrouvé* : « Puisque nos sentiments les plus forts comme avait été mon amour pour ma grand-mère, pour Albertine, au bout de quelques années, nous ne les connaissons plus, puisqu'ils ne sont plus pour nous qu'un mot incompris, s'il est un moyen d'apprendre à comprendre ces mots oubliés, fallût-il pour cela les transcrire en un langage universel, mais qui du moins sera permanent, qui ferait de ceux qui ne sont plus, en leur essence la plus vraie, une acquisition perpétuelle pour toutes les âmes… » Autrement dit, la seule façon de sauver les morts de l'inéluctable oubli, c'est d'écrire *la Recherche !*

Le système inventé par le Proust écrivain pose en principe que l'amour est une auberge espagnole où, si l'on n'apporte pas ses provisions et sa literie, on ne trouvera ni à manger ni à dormir, parce que cet amour n'est qu'une chimère de notre imagination. C'est un amour-néant pareil à celui que propose la prostitution : on obtient contre de l'argent un simulacre de passion ; toutes les caresses étant tarifées, personne n'est dupe sauf celui qui, en payant, veut se duper lui-même. Mais ce qui est plausible de l'amour vénal peut-il se transposer dans l'amour vrai, sincère, *true love* comme disait Shakespeare ?

Les avis diffèrent, allant de : il n'y a pas d'amour vrai (combien d'hommes ignoreraient l'amour si on ne leur avait pas dit que l'amour existait ? écrit La

Rochefoucauld) jusqu'à : tous les amours sont vrais, même celui qu'on achète.

Marcel Proust nous suggère de sublimer le désir et de demander à l'art de nous sauver, le petit pan de mur jaune peint par Vermeer faisant office d'extrême-onction.

*

Que le temps du rêve ne se limite pas à Combray, qu'il imprègne aussi bien ce qui se passe à Paris, rien ne le montre mieux que la transfiguration des Guermantes-Bavière, « maison presque royale, plus ancienne que les Capétiens » ! Rien que cette précision montre que nous ne sommes pas dans le domaine de la réalité historique, mais dans le fantasme : dans les années 1880-1920 aucune maison ducale en France ne pouvait soutenir pareille prétention. Ce n'est pas dans les familles qu'il fréquentait, les Gramont, les La Rochefoucauld, les Brancovan, les Bibesco, qu'il a pu voir se réaliser de pareils fastes : n'oublions jamais que pour Marcel Proust la noblesse, objet de ses songeries privilégiées, est une race disparue comme les licornes, aussi loin de nous que Babylone ou l'Atlantide. Les Guermantes-Bavière n'auraient eu d'équivalent en France qu'avec les Guise, les Lorraine ou les Montmorency, maisons qui n'existaient plus depuis longtemps, depuis le XVIIe siècle, ou encore des princes médiatisés allemands comme les Hohenlohe, les Tour-et-Taxis. D'où le perpétuel porte-à-faux dans lequel le romancier a placé les représentants de son illustre et fictive famille qui pensent et agissent comme s'ils se trouvaient encore au XVIe siècle et qui doivent prendre parti dans l'affaire Dreyfus ou la séparation de l'Église et de l'État, sujets qu'ils ne peuvent même pas concevoir et qui offusquent leur fierté.

Proust crée la légende sans se soucier de l'histoire. Je suis scandalisé de voir que les critiques continuent à discourir sur son réalisme, comme si lui-même n'avait pas fait état de ses dons visionnaires : « Je vois clairement les choses jusqu'à l'horizon, mais celles qui sont au-delà de l'horizon je m'attache à les décrire. »

Je ne prendrai qu'un seul exemple parmi bien d'autres. Si un Guise ou un Lorraine dînait chez des bourgeois, on ne l'aurait pas relégué à la seconde place : quel que fût son titre, le nom de sa maison suffisait à le faire respecter. Il n'empêche que chez les Verdurin le baron de Charlus est placé à la gauche de la maîtresse de maison, la droite étant réservée au marquis de Cambremer.

Il est obligé de se dédoubler, d'expliquer au pauvre Verdurin l'ancienneté de sa famille (ce qu'un Guise n'eût pas fait, ni un Charlus tel que nous le présente Proust dans d'autres épisodes) et il l'explique comme on peut le faire à un roturier ignorant d'aujourd'hui : « Comme vous n'êtes que baron... Permettez, répondit M. de Charlus, avec un air de hauteur, à M. Verdurin étonné, je suis aussi duc de Brabant, damoiseau de Montargis, prince d'Oléron, de Carency, de Viareggio et des Dunes. » Après quoi il décoche un trait qui le fait redevenir Guermantes, mais un Guermantes contemporain de Proust, et non de Henri III ou de Philippe II : « D'ailleurs, cela ne fait absolument rien. Ne vous tourmentez pas, ajouta-t-il en reprenant un fin sourire qui s'épanouit sur les derniers mots : j'ai tout de suite vu que vous n'aviez pas l'habitude. »

Proust a rêvé ses Guermantes, il ne les a pas observés dans le monde d'alors, il ne les a pas tirés d'innombrables croquis pris dans les maisons ducales où il avait ses entrées.

C'est dans la solitude que Proust se découvrait lui-même, non dans le monde, fût-il aristocratique. C'est aussi dans la solitude que naissent les enfants de notre chimère. Ils gardent la marque de leur origine et ne se confondent pas avec les créatures de chair que nous avons fréquentées. Proust, amoureux dès l'enfance de la fabuleuse race qui habitait les palais de la Renaissance, favorisait les artistes et vivait avec génie, a prolongé son existence au point de l'exiler dans les Temps modernes qui la rejettent et avec laquelle ils n'ont rien en commun : Proust a fait ce que font les poètes épiques, il a grandi ses héros et magnifié leurs actes. Non seulement les Guermantes-Bavière, la reine de Naples, la princesse de Parme et bien d'autres sont l'objet de cet agrandissement, mais la mère et la grand-mère du Narrateur transfigurées par le regard de l'enfant, tante Léonie et la robuste Françoise bénéficient du même traitement épico-lyrique qui agit sur ces modestes femmes à la façon d'un verre grossissant et leur confère une grandeur qu'elles ignoraient posséder. Même le beauceron village d'Illiers au paysage plutôt ingrat a été transformé par la vision de Marcel qui en a fait Combray parfumé par l'aubépine...

*

Proust eut sa première crise d'asthme au cours de sa dixième année. La puberté arrangea les choses, la maladie ne revint en force que plus tard, ce qui lui permit de faire d'excellentes études, d'accomplir son volontariat, de passer licences de droit et de lettres... et aussi de fréquenter le monde aristocratique, la race rose et dorée qui le fascinait à cette époque-là. Marcel fut-il un enfant de verre malingre et souffreteux ? Non, mais d'une extrême émotivité, sans doute nerveux et fragile. Sa précocité intellectuelle surprenait ses camarades comme ses maîtres.

Ce ne fut qu'après 1907 quand l'asthme d'abord allergique devint asthme drogué, que Proust se condamne à la réclusion, redoutant le printemps et les pollens, le bruit et les changements de température. Aux avis des médecins il préfère ses recettes personnelles, les cigarettes Espic, les inhalations de nitrite d'amyle, les fumigations de cette poudre Legras qui tache ses cahiers comme ses vêtements. Il abuse du café, du champagne, de la bière frappée. Il s'endort au petit jour avec du véronal pour se mettre en forme le soir avec du café et de l'adrénaline. Les remèdes opiacés gênent sa respiration : il dort assis, il n'a plus de confiance qu'en la mort. Elle vient sous la forme d'une bronchite aiguë suivie d'une pneumonie. Il avait refusé à son frère de l'ausculter et de le soigner. Quand Reynaldo Hahn arrive à forcer sa porte, il est trop tard.

Le délabrement opéré par la maladie et par les moyens singuliers utilisés pour y remédier altérèrent le caractère de celui que ses amis avaient connu comme le gentil Marcel; son humeur devint acerbe et sombre. Il assassina ce qu'il avait adoré et *la Recherche* se transforma en un véritable jeu de massacre. Certes elle avait toujours comporté des passages ironiques et cocasses, et certains d'entre eux me donnaient des accès de fou rire, mais à mesure que la verve du romancier se fait plus agressive, notre rire jaunit, c'est un rire qui fait mal : passe encore que Proust nous découvre la méchanceté de Françoise, la futilité de la duchesse de Guermantes, mais il pousse la dérision jusqu'à faire triompher ceux que d'abord il avait brocardés, la Verdurin devient princesse de Guermantes, Legrandin accède aux honneurs. Il se venge sur tous, s'acharnant sur Charlus qu'il mène aux limites du gâtisme, sur ses personnages masculins – même Saint-Loup ! – qu'il envoie grossir les bataillons de Sodome, sauf l'insoupçonnable Narrateur ! Une telle démesure, une telle fureur réclament réflexion : ce n'est pas seulement l'aristocratie, royaume du néant, naguère adoré et maintenant honni, vilipendé, ce sont toutes formes de société, toute la création visible qui lui semblent mauvaises. On dirait que, nouvel Isaïe, il lapide et voue à l'exécration, que père de l'Église, il fulmine et excommunie. Le sang juif chante dans ses veines, l'esprit de Pascal l'illumine. Adieu l'éclat de la noblesse légendaire, adieu Florence et Versailles, tout se disloque et s'abîme ! La hideur du monde créé s'impose à lui. Rien ne l'attire désormais que l'éternité. La malédiction qui, nous assure-t-il, s'abattrait sur les sodomites est de sa part pur fantasme, souvenir biblique, invention littéraire. Dans la réalité Proust s'est fort bien accommodé de ses goûts. Ses relations avec Reynaldo Hahn, Lucien Daudet, Fénelon, Agostinelli et le «passager» ne portent aucune trace de misère et de damnation. La prétendue malédiction qui frappe Sodome est un postulat intellectuel qui s'harmonise avec l'étrange conception de l'amour qu'il développe dans *la Recherche*. Quand la passion d'amour ne se réalise que dans la jalousie et dans la chimère de l'imagination comme celle du Narrateur pour Albertine, il faut, de nécessité absolue, que les « autres » portent sur le front le signe noir de Caïn et finissent dans la douleur, dans l'abjection. Tel est le sort des réprouvés dans le monde inventé par le Démiurge Proust.

Laissons le dernier mot à Suzy : « Mon oncle n'aimait pas les hommes, m'a-t-elle dit un jour, il aimait l'*Éternel* masculin. »

CHAPITRE XI

Francis, marquis du Marais et le docteur Poupoule – Viens, je te ferai l'amour en musique ! – De l'orgue et des cloches – Ma musique doit se jouer avec sensualité – Le verre de whisky de Madame Butterfly.

Francis Poulenc aimait à se promener avec moi dans le Marais ; c'était son village. Le bois de Vincennes figurait sa forêt de Brocéliande et Nogent-sur-Marne sa lointaine campagne où il s'enchantait de ce qu'on jouait dans les guinguettes des airs de Vincent Scotto et de Henri Christiné.

Sa famille maternelle possédait à Nogent une demeure sur une colline avec une terrasse à la française, un jardin rempli de fleurs et d'oiseaux. En bas, la Marne, les bastringues et les marchands de frites, et aussi le champ de courses du Tremblay. « Ces contrastes, c'est tout ce que j'aime ! » concluait-il.

Il trouvait « divine » la rue de Turenne où j'habite parce que sa mère y était née, parce qu'elle s'était mariée à l'église Saint-Denys-du-Saint-Sacrement, « votre paroisse », disait-il avec emphase. Il soulignait ainsi certains mots soit par humour, soit pour leur accorder une affectueuse importance.

– Moi, je ne suis pas né dans le Marais, mais je m'y sens quand même chez moi. Mes grands-parents Royer s'y étaient établis depuis longtemps avec d'autres ébénistes, tapissiers, bronziers qui hantent le quartier. Rue des Arquebusiers, rue du Roi-Doré, rue Villehardouin, quels noms ! Voyons ce qu'il y a de nouveau, disait-il au commencement de la promenade.

Ses yeux pétillaient de malice et comme il était sûr de s'amuser, il se mettait à rire par avance. Comme il aimait à rire et comme il savait rire ! Il s'arrêtait sans cesse devant les papeteries, les herboristes, les confiseurs, les mercières. La rue de Turenne n'était pas encore déshonorée par le prêt-à-porter, gros et demi-gros, et les mornes vestiaires ne s'alignaient pas à touche-touche.

Du nouveau, il y en avait toujours, mais pas forcément de cette sorte de nouveauté qui réjouit. Pour deux ou trois hôtels remis en état, que de maisons dégradées par l'abandon et le négoce !

– Ça donne la chair de poule, disait Poulenc. Entrons à l'église, là, du moins, rien ne change.

Non, rien n'avait changé et la *Pietà* de Delacroix était toujours aussi mal éclairée. J'admirais pourtant l'opposition des rouges sombres et des verts tragiques.

– Hum ! disait-il, et il étouffait dans sa main une sorte de grognement, expliquez-moi pourquoi Ingres et Delacroix me laissent froid alors que Picasso et Matisse m'inspirent de la passion ?

Il le savait sûrement, mais il voulait voir ce que je répondrais.

– Parce que vous n'avez pas connu Ingres ni Delacroix. Vous aimez la peinture, vous aimez encore plus ceux qui la font et qui sont des amis.

– C'est vrai, ceux que j'ai chantés dans le *Travail du peintre*, tous des amis... Il y manque pourtant Matisse, la joie, le soleil, Matisse qui disait : « Quand je peins une femme nue ou bien habillée, je ne crée pas une femme, je peins un tableau. » Le musicien pourrait déclarer la même chose : « Quand je compose, je ne sais pas si cela deviendra une danse ou une mélodie, je développe un thème. »

– Vous aimez autant les peintres que les poètes ?

– Oui, Matisse a peint les tableaux que je rêve, que je ne réaliserai jamais, Éluard a écrit les poèmes que j'aurais aimé faire. Ce sont eux qui m'ont donné le plus d'idées sur mon art. Les musiciens ne peuvent rien m'apprendre de nouveau.

C'est que la musique, il la possédait en lui. Une fois passées les années d'apprentissage avec Ricardo Viñes, avec Satie, avec Stravinski, il n'écoutait plus les musiciens que pour sa délectation, pour le plaisir et non pour s'enrichir, Mozart surtout, mais aussi Chabrier et Debussy. À huit ans, il s'était pris de passion pour Debussy au cours d'un concert : « Comme c'est joli ! C'est un peu faux ! » s'était-il écrié. Rentré chez lui, il avait essayé de reproduire sur son piano les accords de neuvième qu'il venait d'entendre, qu'il n'avait encore jamais entendus...

– C'était faux, mais juste ce qu'il fallait pour rester savoureux. La fausse note provocante, délibérée, m'a toujours paru le huitième péché capital.

– Et Bach ? lui demandai-je un jour pour le taquiner.

– C'est le plus grand, d'accord, tout le monde s'accorde là-dessus, mais ce n'est pas mon préféré. Quand on se fait la barbe et qu'il vous vient un air sur les lèvres, pou, pou, pou, à cela vous reconnaissez votre préférence et vous pouvez dire voilà mon ami !

– Même quand c'est du Scotto ou du Christiné ?

– Mais bien sûr ! On se dévergonde parfois. Le snobisme artistique est aussi stérile que les autres. Il faut s'en tenir à sa vérité propre, à sa petite chanson personnelle.

Ce n'était faute de connaître la musique des autres. Il admirait Pierre Boulez et suivait avec attention les efforts des jeunes compositeurs. À quatorze ans n'avait-il pas joué les *Six petites pièces* de Schœnberg et en 1922 n'était-il pas allé avec Darius Milhaud à Vienne et chez Alma Mahler n'avait-il pas conversé avec Alban Berg et Anton Webern ? La dodécaphonie, la série, il savait très bien ce que cela représentait. Mais il préférait s'en tenir à son chant intérieur, à sa mesure personnelle.

Il s'habillait aussi sur mesure et chez les meilleurs faiseurs. Son élégance, son image sociale nuisaient à sa réputation. Il passait pour un mondain et l'on sait, comme le dit Proust, que les gens n'accordent jamais de génie à un homme qu'ils ont vu la veille à l'Opéra. L'idée convenue du poète maudit a la vie dure ; elle satisfait on ne sait quel plaisir de revanche chez les bourgeois repus.

Enfant gâté de la nature et de la musique, il a réussi tout ce qu'il a entrepris de la chanson à l'opéra, du concerto au psaume. S'il s'est abstenu de la symphonie et du quatuor, c'est par lucidité et intelligence critique : il savait que ces genres ne lui convenaient pas ; ils n'auraient pu exprimer la petite chanson qui chantait en lui et ne chantait qu'en lui : « Le quatuor à cordes n'est pas dans mes cordes », disait-il avec humour. En 1947, il avait demandé à Joseph Calvet de déchiffrer les trois mouvements du quatuor qu'il venait de composer, mais il fut si honteux de ce qu'il entendit qu'il jeta la partition dans un égout, abandonnant le projet.

– Dès les premières mesures je pensai : « Comme ce thème sonnerait mieux pour le hautbois ! Ici il faudrait un cor, ici une clarinette. » Du coup, c'était condamner cette œuvre.

Dès sa jeunesse, il a senti d'instinct que, hormis le piano, c'était aux bois et aux vents qu'il devait s'adresser. Il aimait la sensualité pastorale de la clarinette, la volupté et la grosse voix du hautbois, le ton goguenard du basson et le cor qui évoque les forêts profondes. Toute sa musique de chambre exalte ces instruments.

C'est pourtant au piano qu'il dut son premier succès : les *Trois mouvements perpétuels* furent écrits en 1918, Poulenc avait dix-neuf ans. Il venait d'être mobilisé : c'est en octobre à Saint-Martin-sur-le-Pré, en Champagne, qu'il composa sur le piano de l'école communale ce qui fit aussitôt sa gloire.

Un an plus tard, il était encore en uniforme, affecté à Paris au ministère de l'Aviation. Il rentrait une nuit par les Champs-Élysées quand une femme s'approcha de lui :

– Beau militaire, veux-tu venir avec moi ?

Elle ne tentait guère Francis, ni par sa tournure qui n'était pas des plus minces ni par sa voix qui n'était pas des plus fraîches, mais il se décida quand elle ajouta :

– Viens, je te ferai l'amour en musique !

Ils gagnèrent un banc dans un recoin obscur et là, la dame se fixa au poignet un bracelet muni de grelots et de clochettes.

– Je me rappelle que ça sonnait en ré majeur, disait Poulenc en pouffant de rire.

Il aimait aussi à conter l'histoire d'une dame du monde ardente, décidée aux privautés les plus intimes, et que turlupinait le mystère des tonalités. Elle lui donna comme raison de son emportement :

– Francis, il faut absolument que vous m'appreniez le si bémol majeur !

Il racontait tout et n'importe quoi pourvu que ce fût cocasse : il taisait ce qu'il y avait de tendre et de passionné dans ses attachements, laissant à la musique le soin d'exprimer sa nature profonde. Jamais chez lui la passion n'obnubilait la réflexion : il aimait à distraire ceux qui l'écoutaient, non à les troubler ; son excellente éducation lui interdisait le sanglot. Le serrement de cœur, les larmes, c'était pour *la Voix humaine*, pour *Dialogues des carmélites*…

Ayant du goût pour les hommes du peuple, il était lié en 1940 avec un chauffeur de grande remise qui possédait une Panhard-Levassor vaste comme un corbillard. Sa sœur et son beau-frère, notaire de son état, en usèrent quand ils partirent sur les routes au moment de l'exode. On y entassa les rouleaux d'or, l'argenterie, les objets d'art, les actes et les manuscrits précieux confiés au digne officier public par des clients affolés. La Panhard-Levassor, gorgée de trésors, ressemblait au chameau que le sultan envoyait jadis à La Mecque. Mais grand embarras au moment du déjeuner : on ne voulait pas prendre son repas avec le chauffeur, on ne pouvait pas non plus le faire manger seul à une table à côté.

– Je trouvai la solution, me dit Francis. On pique-niqua au coin d'un bois. Le plein air et l'herbe fraîche arrangent tout…

Sa nièce Rosine Manceaux qui faisait partie de l'expédition m'en a donné par écrit une version très différente. Qui faut-il croire ?

D'anecdote en anecdote, de fou rire en fou rire, la fin de la promenade rituelle arrivait, nous allions dîner chez Bofinger dont la décoration désuète, les plantes vertes et les serveurs en long tablier blanc qui leur tombait sur les pieds amusaient Francis. Le sommelier le connaissait et lui disait :

– Alors, Monsieur Poulenc, ce sera comme d'habitude ?

Voilà pourquoi il m'adressait des lettres signées Francis Marquis du Marais. Ce qui ne l'empêcha pas quand Oxford en 1958 le nomma docteur *honoris causa* de m'envoyer sa photographie avec « le docteur Poupoule ».

Poupoule pour les intimes avait une grande sensibilité que beaucoup d'intelligence musicale avait encore affinée. Lors d'un récital où Gérard Souzay avait chanté sa *Chanson à boire*, je lui dis que l'interprète m'avait paru excellent. Poulenc fit la grimace et me répondit que pour chanter cet air « comme il fallait », une voix d'opéra était nécessaire, une Germaine Lubin, une Ninon Vallin.

Dans les années 1950, les cantatrices célèbres n'inscrivaient pas Poulenc à leur programme. « J'en ai assez des chanteuses prétendument intelligentes qui n'ont qu'un filet de voix. »

De son vivant, il n'aura pas eu le bonheur d'entendre ses mélodies données « comme il faut » par une Régine Crespin, par une Jessye Norman. Il faut reconnaître que, n'y aurait-il qu'une seule note à produire avec du souffle, avec de la puissance, il est bien agréable de l'entendre « comme il faut ».

Un soir où nous assistions à une représentation de *la Cerisaie* chez les Barrault-Renaud, après le spectacle Francis tint à aller féliciter Pierre Bertin. Jadis ils avaient été très liés, le comédien chantait ses premières chansons, et surtout les *Cocardes* qu'il était de tradition de donner en forme de scie aux dîners du samedi organisés par Darius Milhaud. Ce furent, bien entendu, de belles retrouvailles, des « tu te souviens, tu te rappelles », quand Auric, une mèche collée sur le front jouait à la Titine, quand Radiguet dans *le Gendarme incompris* récitait du Mallarmé, etc. Tout cela coupé d'éclats de rire.

Une fois démaquillé, Bertin nous raconta que la veille une dame de ses relations était venue dans sa loge et lui avait confié sa perplexité : « Quand Madeleine Renaud doit quitter à jamais la maison où elle a vécu, où sa mère est née, elle n'arrive pas à partir, elle caresse les murs et s'arrache enfin à ces lieux chéris en s'écriant "Oh ! Maman !"

» – Eh bien ! sais-tu ce que cette dame m'a dit ? "Madeleine Renaud est parfaite dans son rôle, mais pourquoi met-elle tant de temps à sortir de scène ? Pourquoi palpe-t-elle les murs ? Est-ce parce qu'il pleut dehors ? Il n'y avait donc pas de parapluies en Russie ?" »

Là-dessus j'admire que Tchekhov ait su trouver la phrase qu'il fallait, le mot en situation : « Oh ! Maman ! »

– Je n'écrirai jamais pour le théâtre, lui dis-je, une telle chute ne me serait pas venue à l'esprit.

Bertin se mit à sourire.

– Je vais te réconforter, mon petit Marcel, la phrase n'est pas de Tchekhov. C'est Barrault qui l'a inventée !

*

Poulenc était aussi comte de Touraine où il possédait à Noizay, près d'Amboise, une maison qui lui rappelait le Nogent de son enfance. C'était une vraie maison, je veux dire que son âme l'avait pénétrée et qu'elle lui ressemblait : une façade régulière, classique et un intérieur plein d'imprévu. Une terrasse à la française, des jardins avec obélisques et buis taillés qui s'étageaient jusqu'à la route. Sur le côté, un mail de tilleuls. Derrière la maison, toutes les dépendances étaient creusées dans la falaise, cellier, bûcher, buanderie comme autant de grottes et de repaires secrets. Francis avait tenu à palisser la façade avec des grenadiers comme cela était à la mode au temps de Balzac. C'était une façon d'imiter « La Grenadière » toute proche et d'honorer Balzac.

– Je relis Bossuet et La Fontaine, me dit-il lors d'un de mes séjours à Noizay qui devint Nazelles dans *les Soirées* pour piano, je relis aussi Éluard et Bernanos. Je les oblige à s'entendre, à faire bon ménage, je leur force un peu la main, mais j'y arrive... Au lieu d'exciter les hommes les uns contre les autres, on ferait mieux de leur apprendre la gaieté. Une musique grave et même religieuse peut être gaie : c'est le sourire de l'âme.

Aussi a-t-il chargé sa nièce de veiller à ce que sa messe d'enterrement comporte une entrée et une sortie gaies, de l'orgue seulement, du Couperin, du Nicolas de Grigny, et des cloches, beaucoup de cloches afin qu'elles « bringuebalent mon âme ».

Son vœu fut exaucé – trop tôt : Francis nous fut enlevé à soixante-quatre ans, enlevé en un instant. Trouvons du réconfort à la pensée qu'il n'aura pas subi les angoisses de l'agonie, que les tortures du doute que connaît la Prieure des *Dialogues des carmélites* lui auront été épargnées. Il fut enterré le samedi 2 février 1963 ; il y eut de l'orgue et des cloches. « Ces funérailles de Francis Poulenc, célébrées à l'aube d'un matin glacé, cette messe de communion à Saint-Sulpice durant laquelle pas une note ne fut jouée de Francis Poulenc, nous le rendaient plus proche que n'eût fait aucune de ses musiques. Ce faux mauvais garçon était un vrai pécheur, je veux dire un vrai chrétien. Certes j'étais déçu de ne pas entendre, comme je m'y attendais, les *Litanies à la Vierge noire de Rocamadour*. Et puis j'ai compris : il sera toujours temps de retrouver Francis Poulenc dans sa musique ; nous en aurons le loisir aussi longtemps que nous ne l'aurons pas rejoint. Mais ce matin le silence du musicien, ce silence qui épousait celui de sa dépouille, son effacement devant l'antique liturgie me bouleversaient », dit François Mauriac dans son *Bloc-Notes* du 9 février.

Poulenc aura quitté le monde comme il aimait à quitter les réunions que sa présence animait, de façon brusque et discrète, sans vouloir troubler la fête. Nous savons ce qui fait sa gloire : un sens exquis de la ligne mélodique et de la polyphonie vocale qui le rend contemporain des maîtres de la Renaissance, une prosodie sans défaut, la candeur de sa musique religieuse, la sensualité de sa musique profane, enfin un certain ton qui fait qu'on reconnaît sa voix dès les premières mesures. Il possédait le secret de savoir s'adresser à chacun en particulier et de s'adresser au cœur. Cela explique que cet homme qui passait pour ne hanter que la haute société fût si à l'aise avec les gens du peuple, que son œuvre que certains jugeaient frivole détienne plus de poids et de gravité que beaucoup d'austères compositions. Au-delà des différences sociales, il visait aux sentiments universels, au-delà des principes esthétiques et des querelles d'école, il écoutait la petite chanson qui chantait en lui : il avait la sagesse de la préférer à toutes les autres.

Poulenc parlait de son œuvre en toute liberté. Il jetait au feu toute sa musique pour piano, sauf les *Trois mouvements perpétuels* de 1918, sa *Pastourelle* et sa *Toccata*. Il voulait aussi jeter au feu toute sa musique de chambre. Il exagérait ! Je me récriais :

– Pas le *Trio pour piano, hautbois et basson*, pas les dernières sonates !

– Je vous accorde le *Trio* et les dernières sonates. Qu'elles survivent !

Il mettait par-dessus tout ses mélodies, ses motets, *le Bal masqué* et le « drame surréaliste » d'Apollinaire, *les Mamelles de Tirésias*.

« De quarante-cinq à cinquante ans, disait-il drôlement, je me suis habillé trop jeune pour mon âge. La *Sinfonietta*, c'est une nouvelle version des *Biches*, mais des biches de quarante-huit ans, quelle horreur ! Et mon *Concerto pour piano* qui porte rouflaquettes et casquette sur l'oreille ! Halte-là ! Ça ne va plus. »

C'est pourquoi, depuis le *Stabat Mater* de 1950, il se consacra surtout à des œuvres d'inspiration religieuse. Il s'agit toujours du même homme. En catholique, Poulenc estimait, comme l'estimait l'Église médiévale, que « tout est dans tout », que l'on glorifie Dieu avec des charlestons et des sambas aussi bien qu'avec du contrepoint à plusieurs voix ; il pensait en revanche qu'il fallait donner à nos aspirations terrestres, fussent-elles futiles ou charnelles, un avant-goût d'éternité.

Il avait moins peur de la mort que de la maladie qui

ronge et qui dégrade. En 1954, il se crut atteint d'un cancer de l'intestin et me demanda souvent de lui tenir compagnie le soir rue de Médicis. Son idée fixe le rendait morose, hypocondre parfois, anxieux toujours. Nous écoutions des enregistrements de ses œuvres. Rien ne trouvait grâce à ses yeux. Tantôt c'était l'interprétation qui péchait :

« Ma musique doit se jouer avec sensualité, même la religieuse. Il existe une sensualité sacrée. Voyez l'Espagne ! La musique française passe pour abstraite, intellectuelle ou légère. Quelle erreur ! Elle est sensuelle avant tout. Songez à Gounod, à Chabrier, à Debussy ! Seulement voilà, on ne la joue pas comme il faut. Dans un concert, une fausse note, une faute de mesure ne me font ni chaud ni froid, c'est le style seul qui importe. Pas de faute contre l'esprit ! »

Tantôt il s'en prenait à lui-même :

« Que restera-t-il de tout ça ? Le *Stabat Mater*, je le souhaite. Je ne suis sûr que du *Concerto pour orgue et timbales*. »

J'avouai que je ne le connaissais pas :

– Bonne occasion pour l'écouter.

Quand son humeur se rassérénait, il se mettait au piano et jouait des fragments des *Carmélites* qu'il était en train de composer. De l'aventure tragique des religieuses de Compiègne qui, pendant la Révolution, prononcèrent le vœu du martyre et moururent sur l'échafaud, il avait fait sa propre aventure. La mort de la Prieure symbolisait sa propre mort. Non qu'il prît sur lui les terreurs d'une autre comme la Prieure, ayant pris sur elle les faiblesses de Blanche, meurt de la mort de Blanche alors que celle-ci meurt avec le courage qu'aurait montré la première, ses propres affres lui suffisaient, et ses doutes et les questions qu'il se posait. De tous les passages qu'il me donna à entendre, ce fut, bien sûr, la mort de la Prieure qui me frappa le plus. Il avait ce qu'on appelle une voix de compositeur et remplaçait les notes aiguës qu'il ne pouvait atteindre par des à-peu-près en fausset. Mais n'importe, sa sincérité faisait le reste. Cette expérience me marqua tellement que, par la suite, quand je vis l'opéra sur une scène, il m'apparut que ce n'était pas vraiment un drame lyrique, mais un récit dont le personnage principal s'appelle Francis Poulenc. Ne cherchons pas dans cet opéra (tel est le nom que lui donne l'auteur quand il le dédie à Monteverdi, Verdi et Moussorgski, mais la succession de ces noms prouve qu'il ne songe pas à un genre bien défini) la France sous la Terreur ni les infortunées carmélites, ce que nous trouvons, c'est l'angoisse religieuse de Poulenc qui meurt avec la première Prieure, renaît avec la seconde et chante le *Salve Regina* final. À la façon des donateurs dans les tableaux du Moyen Age, je me l'imagine dans un coin de son opéra, à genoux, disant pieusement son texte et sa musique.

Cette musique lui donne un mal fou («La sainteté, c'est difficile, mais la musique sacrée genre *Carmélites* c'est terrible!»). Il écrit à son complice Pierre Bernac fin août 1953 : «Je surveille chaque note, fais attention aux bonnes voyelles sur les sons aigus; quant à la prosodie, je crois qu'on comprendra tout. Les phrases essentielles sont presque sans orchestre» Et aussi : «Je suis horriblement triste... Sans doute ce climat d'angoisse était-il nécessaire à ces dames. Je n'aurais jamais cru que je pourrais écrire une œuvre de ce ton. J'en remercie Dieu en dépit de ce que cela comprend de souffrances. Et on dira après cela, le charmant Poulenc!»

Quand j'entendis l'œuvre au Palais Garnier le 21 juin 1957 avec Denise Duval, Régine Crespin et Denise Scharley, plein de mes souvenirs de la rue Médicis et des scènes que Poulenc m'avait chantées lui-même, je n'eus aucune peine à reconnaître les deux thèmes qui fondent et organisent son opéra. Le thème de Blanche n'est autre que l'*Agnus Dei* de sa messe de 1937 et le thème de la mort de la Prieure est emprunté au premier mouvement, andante noble et grave, de ce *Concerto pour orgue* qui lui tenait tellement à cœur qu'un soir nous l'avions écouté trois fois de suite. Il voulait s'assurer qu'il n'avait rien inventé de plus achevé, de plus personnel. Dans l'article où je rendis compte de la création des *Carmélites* à Paris, j'indiquai ces deux idées principales qui, reprises et développées, donnent à l'œuvre son unité et son mouvement, mais bien sûr je m'abstins de signaler dans quelles circonstances j'avais entendu pour la première fois la mort de la Prieure. Poulenc s'en souvenait fort bien : quand je le revis, il me dit que mon article lui avait fait plaisir, surtout le fait que j'aie reconnu le thème du *Concerto pour orgue*.

– Vous vous rappelez nos soirées ? ajouta-t-il. J'étais bien troublé à cette époque-là. Ma foi n'a jamais varié, mais on passe par de mauvaises périodes... Maintenant tout s'est assagi. Je suis sûr, au Jugement dernier, que si quelque chose peut intervenir pour me sauver, ce sera le thème du *Concerto*...

Il m'offrit une partition des *Dialogues* et prit soin de rappeler dans la dédicace : « En souvenir des mauvais jours... et des bons aussi, bien sûr ! »

Au cimetière de Picpus, me recueillant devant la tombe des martyres carmélites, je songeai à Francis Poulenc qui les avait prises pour intercesseurs ; lui au moins ne doutait pas de l'action de la grâce et du salut obtenu par la communion des saints !

Comme Debussy se vantait d'admirer Wagner et d'avoir fait le pèlerinage de Bayreuth, mais d'avoir refusé son influence, Poulenc a su, dès sa dix-huitième année, secouer le joug spirituel et artistique de Stravinski. Ce fut sa légitime défense, et aussi son salut. Vénérer Satie, Stravinski, mais s'en tenir à distance, a permis à Poulenc de voir plus clair, d'être plus impartial que les gens de sa génération. Il admirait la prosodie infaillible et le bonheur mélodique de Massenet et le génie occidental de Tchaïkovski à une époque où ces musiciens étaient vilipendés. Le sens du théâtre et de la scène à faire chez Puccini ainsi que sa sûreté dans l'écriture orchestrale lui semblaient insurpassables ; combien de fois l'ai-je entendu dire qu'il aurait voulu avoir écrit le passage du « verre de whisky » dans le premier acte de *Madame Butterfly* ! Il se flattait de n'avoir pas de principes, mais d'avoir du goût ; il tenait par-dessus tout à rester sensible à la musique intérieure qui jaillissait en lui. Que cette musique fût d'inspiration profane ou sacrée, qu'elle vînt des guinguettes de Nogent ou des salons aristocratiques, qu'elle reflétât son côté « mauvais garçon, casquette sur l'oreille » ou son côté paysan aveyronnais naïf et croyant, elle l'exprimait tout entier, elle était si bien Poulenc que dès les premières mesures on la reconnaissait pour telle.

Il ne faudrait pas croire que cette musique, toute spontanée, irrésistible qu'elle est, coulât de source, en un flux violent et de façon inconsciente : Poulenc travaillait avec lenteur, se raturait souvent, cherchait avec obstination le rythme, l'accord harmonique ou la modulation qui correspondaient à ce qu'il sentait en lui-même. Il lui arriva de chercher des mois, parfois des années telle agrégation sonore, telle conclusion qui le fuyaient. Il était la patience même ; son amour de la perfection le rendait exigeant, perspicace, jamais satisfait. Il ne doutait pas de ce que son génie apportait au monde musical, il doutait de sa faiblesse, de sa négligence pour le réaliser.

CHAPITRE XII

Un salutaire avis – Denise Bourdet : sa côte et son petit arbre – Jésus-Christ en tenue de champion – Les dîners du dimanche soir – Le culte de l'amitié – Un oiseau rare : une bourgeoise... – Le panthéon des gloires défuntes.

J'entends encore Denise me donner ce salutaire avis : « Ne te risque pas à parler des femmes, même pour en dire du bien ! – Et pourquoi ? – Parce que tu n'en dirais jamais assez de bien ! »

Après cette mise en garde, comment passer outre ? Mais si, comme l'a fait Denise Bourdet, on a porté l'amitié à la hauteur d'une vertu cardinale, il faut bien que les survivants s'aventurent à le dire. Chez elle l'intimité du cœur allait avec celle de l'esprit ; elle était aussi fidèle qu'exigeante en amitié. Elle ne passait rien à ceux qu'elle aimait parce qu'elle haïssait la médiocrité et ne se passait rien à elle-même. Elle ne désirait que la perfection.

Depuis longtemps nous savions qu'elle était condamnée, Suzy Mante-Proust me l'avait confié sous le sceau du secret : « Mais tombeau ! avait-elle ajouté, Denise ne me pardonnerait pas cette indiscrétion. » Jamais, en effet, la pauvre n'a fait mention de son état de santé ; attendre de sa part une plainte, un attendrissement, pas question ! J'ai joué la comédie qu'elle escomptait ; elle avait horreur de l'effusion, de la sensiblerie, de tout ce qui pouvait ternir l'image qu'elle se faisait d'elle-même et de ceux qu'elle aimait. Elle tenait la mort en bride comme si elle avait cheminé, non pas avec l'amère et implacable souveraine, mais avec le plus allègre des alezans.

Je n'étais pas « sa côte », cette référence biblique revenait à Jacques Février, mais son « petit arbre ». C'est dire qu'il existait entre nous de la complicité, une sorte de tendresse qui ne s'exprimait pas avec des mots ni avec des gestes, mais qui allait de soi, qu'il ne fallait pas amoindrir en en cherchant la raison. L'amitié est aussi mystérieuse que l'amour.

Dans les derniers mois de sa vie, l'angoisse la forçait à me téléphoner souvent.

– Je fais des mots croisés. Je pourrais consulter le dictionnaire, je préfère te déranger...

Il lui arrivait aussi de ne fournir aucun prétexte :

– Je t'appelle pour entendre ta voix. Dis-moi ce que tu veux.

Comme j'étais censé ne rien savoir de sa maladie, je lui racontais des choses drôles et parfois son rire résonnait dans le récepteur. Elle riait peut-être simplement pour jouer le jeu, mais enfin elle sauvait les apparences. Comme elle ne souffrait pas et disposait de forces vivaces, elle continuait à aller dans le monde, au théâtre, à voyager. Elle aura été alitée trois semaines.

À la dernière visite que je lui rendis à la clinique, elle me raconta que le mois précédent elle se trouvait à Vevey chez les Morand. Sur la route de l'aérodrome, craignant d'arriver trop juste, elle demanda à Paul de presser l'allure :

– Mais, Denise, regarde le compteur ! Cent soixante...

– Cela fait nos âges réunis, fit-elle avec gaieté. Elle en riait encore en me le racontant.

Je la revis une fois chez elle, mais elle était au-delà de toute conscience : savait-elle qu'on l'avait ramenée quai d'Orsay ? Après la thrombose cancéreuse, elle avait le côté gauche paralysé.

– Ôtez-moi donc ce qui me pèse sur le corps ! ordonnait-elle. Qu'est-ce qu'on a posé sur ma jambe qui me gêne comme ça ?

Son agonie dura treize heures. Le cœur faiblissait, puis il battait de nouveau avec régularité et le flux vital passait. Elle restait immobile, muette, sans soupir ni râle, comme déjà dans l'autre monde. Treize heures.

Je la revis sur son lit mortuaire, Giselle ou Ophélie au milieu des fleurs. Elle avait précisé le maquillage requis, elle avait voulu ce teint de camélia, cette pâleur irradiée. Sa main était fraîche, pas encore de ce froid terrible qui vous glace. La mort transfigurait cette femme qui avait été la beauté sur la terre. Le voile de mousseline piquée de violettes blanches qui entourait sa tête lui faisait comme une auréole. Ce qui m'attristait, c'était de ne pas retrouver son regard sombre, presque minéral, qu'elle attachait sur vous et qui était une question, une attente confiante, peut-être un espoir.

Le père Laval célébra la messe de requiem avec beaucoup de piété et prononça l'éloge funèbre. Il rappela le culte de Denise pour l'amitié, la fidélité, sa curiosité de cœur et d'esprit : « Dieu lui était assez lointain, ajouta-t-il, mais elle aimait avec ferveur Jésus de Nazareth. »

Ces mots me rappelèrent ce qu'elle m'avait souvent dit et qui m'avait tant surpris : le Christ était son champion !

– Il porte mes couleurs dans ce tournoi qu'est la vie. Quand je mourrai, j'espère qu'il me tendra son gant et m'aidera à passer.

L'assistance nombreuse, émue, ne comprenait que des amis : gens du monde, acteurs, écrivains. Des monceaux de fleurs. Le dessus de cercueil, un fond de roses blanches sur lesquelles se détachaient des liliums rosés et des camélias se distinguait par sa subtile somptuosité.

Édouard Bourdet avait acheté une concession au cimetière de Passy et comme il n'avait pas le choix, ce tombeau se trouvait près de la porte d'entrée. « Édouard, lui avait dit Denise, vous n'en ferez jamais d'autres ! Nous serons pour toujours dans les courants d'air ! » C'est là, dans les courants d'air, devant la fosse ouverte et le cercueil de notre amie que s'accomplit un « petit miracle » :

François Mauriac se réconcilia avec Paul et Hélène Morand.

Denise aimait le monde. Après avoir mené de 1925 à 1940 la vie la plus brillante et la plus électrique (« Je ne portais alors que des robes de soirée, je sortais du lit pour aller dîner en ville ou aller au théâtre et ne rentrais qu'à l'aube »), elle restait en 1960 une des femmes les plus en vue de Paris et l'on n'imaginait pas sans elle de fêtes, de premières de gala, de réceptions élégantes. Elle représentait à la fois le théâtre, la littérature et la noblesse que confère la beauté. Nous avions mille occasions de nous retrouver : aux déjeuners du jury Médicis, aux soirées de la Comédie-Française où, possédant sa loge attitrée, elle m'invitait toujours avec Suzy Mante et Jacques Février, aux festivals d'Aix, de Bayreuth et de Lucerne, à Hyères chez Marie-Laure, chez nos amis communs, en un mot partout. Mais c'est dans les dîners qu'elle donnait chez elle à trois ou quatre intimes que ses qualités profondes apparaissaient le mieux. Elle ne pratiquait pas la provocation, l'extravagance tapageuse comme l'un des beaux-arts : à côté de Marie-Laure de Noailles elle figurait l'équilibre, le raisonnable, le modéré. Marie-Laure était travaillée par un démon qu'elle ne maîtrisait pas toujours, elle m'émouvait par sa fragilité, par la surenchère perpétuelle qu'elle faisait avec elle-même. Denise n'était ni inquiète, ni problématique, ni capricieuse, ni guéridon bavard, ni trépied vaticinant. On aurait pu l'appeler Sa Solidité : sereine, sûre d'elle, aimant par vocation les ouvrages de l'esprit, respectant le travail bien fait, elle savait écouter, retenir et juger. C'est pourquoi ses portraits littéraires [10] sont si justes et si précieux : cette femme qui aurait pu estimer que tout était dû à sa beauté et qu'elle n'avait qu'à paraître pour subjuguer, se montrait au contraire attentive à ce qu'on lui disait, curieuse des autres, de leurs façons de penser et d'agir. Elle était la Beauté et, miracle, la Beauté condescendait à vous regarder !

Certaines dames estiment que j'exagère quand j'appelle Denise la beauté sur la terre : elle aurait eu une ligne de menton trop accusée pour mériter ce titre. Peut-être ! Mais quelle structure de visage, quelles pommettes et surtout quels yeux ! Je ne voyais que ses yeux...

Fille d'universitaire, elle avait fait d'excellentes études et elle s'en souvenait. Tout enfant, elle avait joué au cerceau avec Paul Morand, intrigué Jean Giraudoux ; adolescente, elle avait fait battre le cœur d'Émile Henriot, de Jean-Louis Vaudoyer, de bien d'autres. Elle avait toujours vécu dans la littérature. Après avoir en secondes noces épousé Édouard Bourdet, elle vécut aussi dans le théâtre. Tous les comédiens qui avaient créé les pièces de son mari retinrent sa sympathie et surtout Pierre Fresnay et Yvonne Printemps, et Bourdet étendit le cercle de ses amitiés avec Jean Cocteau, François Mauriac, Poulenc, Sauguet, les Auric, Colette, Florence Gould. J'en passe. À cette époque, c'était l'auteur dramatique le plus joué, le plus fêté et quand il administra la Comédie-Française, renouvelant la mise en scène, donnant un sang nouveau à l'auguste léthargique, il fut de 1936 à 1940 l'homme le plus admiré et le plus critiqué et Denise la femme la plus enviée, la plus désirée... et la plus noctambule. C'est dans ces années-là qu'elle passait toutes les nuits dans les boîtes, les cabarets, les endroits à la mode. Un soir que Bourdet qui assistait à toutes les représentations de la Comédie voulut la rejoindre vers une heure du matin dans un établissement russe alors fort réputé, il demanda au portier si sa femme était arrivée. L'autre lui répondit, l'air scandalisé :

– Oh ! Monsieur, jamais avant trois heures !

Édouard Bourdet fut renversé par une voiture en février 1940. Délicate opération, longue remise sur pied. Denise, transformée en infirmière, cessa de sortir. Pendant l'Occupation, il n'en fut plus question.

– Et ensuite, je n'y pensais plus, me dit-elle. Ces nuits blanches, je les ai vécues dans une autre existence, à Saint-Pétersbourg par exemple, dont je n'ai ni la nostalgie ni la honte. Cela se passait dans la nuit des temps.

Elle usait souvent de cette expression pour désigner un passé aboli, perdu à jamais où l'on pouvait se demander si c'était de la même Denise – ou d'une autre femme – que nous parlions. C'était tout un pan de sa vie qui avait disparu avec la guerre, avec la mort d'Édouard Bourdet. Elle avait commencé une autre existence avec un train de vie plus modeste, mais furieusement littéraire, au risque de passer pour un bas-bleu. Sauguet, agacé de sa prédilection pour l'avant-garde Robbe-Grillet-Boulez, l'appelait Bélise Bourdet. Puisqu'elle avait fait peau neuve et avec crânerie, pourquoi n'aurait-elle pas donné dans la nouveauté ? Elle conservait ses anciens amis, les Morand, les Mauriac, mais elle fêtait Nathalie Sarraute, Marguerite Duras qui ne cachaient pas leur mépris pour le théâtre de Bourdet. Denise le savait, ne s'en offensait pas et se tenait au-dessus de la mêlée. Elle en appelait au cœur, à la qualité humaine; les théories, les esthétiques des uns et des autres ne la concernaient pas. Mieux encore, au moment du scandale Mauriac-Roger Peyrefitte, elle trouva le moyen de rester liée avec Peyrefitte sans que Mauriac y trouvât à redire. Elle n'agissait pas ainsi par diplomatie mondaine, mais par volonté délibérée de ne pas céder aux passions. Elle ne pouvait se passer du monde, mais ne se laissait pas annexer par lui, ni phagocyter. Elle refusait de s'aligner sur le modèle courant de la femme du monde : sans cynisme, sans anticonformisme style 1930 revu 1950, elle menait sa vie, l'œil aux aguets, avec le désir cruel de tout dire comme si cela justifiait le détachement souriant où elle avait décidé de s'établir.

Elle témoignait à Roger Peyrefitte une tendresse extrême et lui trouvait des vertus que certains mettent en doute. Jacques Février ne voyait dans cet attachement ni faiblesse ni provocation : « Chaque femme a son mauvais garçon », disait-il.

Jacques, « sa côte » qui l'avait connue jeune fille, avait suivi sa carrière et ses métamorphoses : Denise Rémon, Madame de Saint-Léger (la comtesse aux seins légers comme disait Giraudoux), puis Denise Bourdet, le grand style, la grande allure et toujours « d'une beauté magique, des traits purs, des yeux qui lui faisaient le tour de la tête ».

Il aimait à rappeler comment ils avaient fait scandale à Royan, en 1917 en jouant Satie à quatre mains. Cela se passait au casino de Foncillon, qu'on appelait encore la Redoute. Ils avaient exécuté *Trois morceaux en forme de poire* et *En habit de cheval*. Cela provoqua un charivari comme *Parade* au Châtelet deux ans auparavant. « À Berlin ! À Berlin ! » criait-on dans la salle houleuse. Il fallut protéger la sortie des deux pianistes.

Quarante ans plus tard, dans les dîners du dimanche soir patronnés par Denise, ils jouaient aux vieux époux qui se disent des rosseries. Elle raillait sa ladrerie, sa gourmandise et sa lâcheté, il lui remontrait que sa prodigalité la mettrait sur la paille, que ses amis devraient se cotiser pour qu'elle eût un enterrement convenable.

Il est vrai que Denise ne voyageait qu'en train de luxe et avec quinze valises dont un nécessaire en argent qui pesait une tonne. Quand elle passait quelques jours à Paris pendant l'été et que sa domestique landaise était en vacances, elle descendait à l'hôtel Crillon alors qu'elle habitait quai d'Orsay. « Qui m'apporterait le petit déjeuner ? » disait-elle à ceux qui s'en étonnaient. Elle n'entrait jamais à la cuisine, sa dévouée servante lui préparait son bain, son sac si elle sortait, lui appelait le taxi, la délestait de tous les tracas et attendait son retour pour l'aider à se déshabiller, les robes fermées par-derrière ne se défaisant pas toutes seules. À Bayreuth, Février lui rendait ce service, à Aix c'était moi. Je l'accompagnais jusqu'à sa chambre. « Si l'on nous voyait, qu'irait-on croire ? » disait-elle en riant. L'idée qu'on pût en penser quelque chose ne lui faisait ni chaud ni froid. L'opinion des gens la laissait indifférente.

Au temps de la splendeur, la « Villa blanche » des Bourdet à Tamaris, sur la rade de Toulon, fut un des lieux où l'on ne cessait de travailler que pour s'amuser. Lacretelle y écrivit *la Bonifas*, Marc Chadourne *Cécile de la Folie*, Morand et Giraudoux y conçurent mainte œuvre. Mauriac aussi peut-être qui se montrait alors insouciant et gai, voire taquin et qui ne refusait pas de chanter une rengaine de la foire de Bordeaux qui sévissait en sa jeunesse :

Démolissons, démolissons
La maison de saint Antoine
Démolissons, démolissons,
Saint Antoine et son cochon !

Cocteau et Bérard venaient de Toulon en voisins et amenaient tous leurs amis. Chaque année, en septembre et octobre, les Bourdet tenaient table ouverte : c'était fête tous les soirs !

En 1932, ils y donnèrent un bal dont on parla sur toute la Côte. Le thème en était la Belle Époque. La pergola au fond du jardin avait été décorée par Christian Bérard et par Cocteau.

– Quand j'ai dû vendre la maison, imagine-toi que les vandales qui l'ont achetée ont passé les fresques à la chaux. Je regrette la « Villa blanche », je m'en veux de m'en être séparée, je me le reproche tous les jours... Tiens, regarde les photos de la pergola, le marin de Cocteau, la Nini-Peau-de-Chien de Bérard... Nini-Peau-de-Chien sur la plage avec une petite fille...

Elle soupirait, puis chassait les idées noires.

– Nous recevions beaucoup de gens de théâtre, anglais la plupart. Pour se divertir, ils n'avaient qu'une idée en tête, les quartiers chauds de Marseille. Je suis allée dans tous les claques. On y passait des films porno. C'étaient des indécences à l'ancienne avec des hommes en caleçons longs, moustachus, ventripotents, montés comme des ânes et des femmes aux chairs dégoulinantes. Ne voulant pas jouer les prudes, j'accompagnais nos invités où ils désiraient. Ce qui les attirait surtout, c'étaient les chambres aux glaces sans tain où l'on voit ce qui se passe à côté. Ma hantise était d'assister aux ébats de notre chauffeur, célibataire, jeune et vigoureux. Par bonheur, ce désagrément me fut épargné...

Je lui demandai avec malice si ces sauteries ne la troublaient pas.

– Pas le moins du monde, elles me dégoûtaient plutôt. Songe que, jeune fille, je m'étais imaginé l'amour comme au second acte de *Tristan* : une progressive extase, rapprochement des corps, pénétration, félicité ! Comme j'ai déchanté le soir de mes noces ! Une telle agitation, et moi qui voulais flotter, planer, oublier mon corps ! Il fallait changer de position, remuer... Non, ce n'était pas ce que j'avais rêvé !

En revanche, le second acte de *Tristan* renouvelait ses émois de jeune personne. Elle se demandait combien de fois Tristan s'unit à Iseut. Deux fois sûrement, la musique l'exprime en toute clarté. Mais une troisième fois ne lui semblait pas impossible, la partition se prête à bien des conjectures. Aussi, quand nous étions côte à côte à l'Opéra, deux fois au Palais Garnier, une fois à Bayreuth, Denise pour me convaincre appuyait sa main gantée de blanc sur mon bras aux moments qu'elle estimait révélateurs. La troisième fois faisant toujours litige entre nous, Denise m'accusa d'être sourd ou de mauvaise foi. « Mais, concluait-elle, cela n'a aucune importance puisque dans la réalité, on n'atteint jamais à la sérénité de *Tristan !* »

– Te voici de nouveau victime de ton imagination ! lui dis-je à mi-voix.

– Pourtant, je n'en ai guère. Parlons plutôt de mes raisons d'aimer...

– Ou de tes déraisons !

– De mes raisons de désirer...

– Ou de tes déraillements !

– Si tu m'interromps sans cesse avec tes à-peu-près, je n'arriverai jamais à te dire ce que je veux.

– J'écoute.

– C'est rien. J'ai oublié.

Une fois je lui demandai si sa beauté n'avait pas fait des ravages parmi les femmes.

– Bien sûr, elles me suivaient par troupeaux. Invitée à un thé chez Natalie Barney, j'arrivai les pieds glacés. Pour les réchauffer, la maîtresse de maison enleva mes chaussures et mes bas et posa mes pieds sur sa poitrine, puis elle les couvrit de baisers. Mais avec elle, les privautés s'arrêtèrent là.

– Tu as essayé avec d'autres ?

– Oui, il faut bien connaître son sexe. Mais crois-moi Marcel, c'est encore plus assommant qu'avec les hommes !

Là-dessus, un éclat de rire me prouva qu'elle s'était beaucoup ennuyée.

– Je le regrette. À Lesbos plus on vieillit, plus on devient désirable. Quand, les chairs flasques, on ressemble à un parapluie mal roulé, c'est alors qu'on excite les passions les plus grisantes. Heureusement moi j'ai les livres, les amis et mon champion.

– Quel champion ?

– Jésus-Christ... Mais autrefois, je ne songeais pas à lui demander son aide. Quelle bécasse je faisais ! Je prenais des amants parce que les autres en prenaient, je fumais l'opium parce que c'était à la mode. Où est la liberté dans tout ça ? C'est maintenant que je me sens vraiment indépendante, je n'en fais qu'à ma tête, je n'attends rien du monde ni de personne, je regarde vers le Ciel.

Denise parlait de ses écarts et de ses faiblesses avec simplicité : Cela s'était passé dans « la nuit des temps », cela n'avait plus pour elle de réalité. Elle n'alléguait même pas la prescription : il s'agissait d'une autre femme qui s'appelait Denise et dont elle ne se souciait pas. Cette Denise, tout imprudente et bécasse qu'elle était, n'avait quand même pas oublié la mise en garde de son père. Quand elle atteignit quinze ans, il lui avait dit :

« Mon enfant, tu es très belle, très attirante, les hommes vont te faire une cour effrénée. Garde tes distances et n'oublie jamais que les trois quarts de la vie se passent en conversation ! »

– Quand je n'ai pas tenu compte de sa mise en garde, je m'en suis mordu les doigts. J'ai connu un grand-duc, descendant d'Alexandre II de Russie, un visage admirable, d'une courtoisie parfaite, d'un bon genre accompli. Mais il n'avait aucune conversation... Il a fallu rompre. Et avec ce dramaturge qui, en guise de conversation, me harcelait de cadeaux. C'est flatteur au début, les fleurs, les télégrammes, les boîtes de bonbons, mais comme c'est lassant ! On n'a plus une minute à soi. Il vous possédait par l'entremise des postiers et des confiseurs. Sa tactique consistait à vous assiéger. On joue une pièce d'Édouard à Londres. Nous nous y rendons. À la gare du Nord, je reçois une gerbe de fleurs, au premier arrêt un pneumatique, à Calais une boîte de chocolats et au Savoy, je trouve ma chambre envahie par les azalées ! Très vite on demande grâce, on envoie tout promener !

Jamais Denise, elle qui me disait tout (dans sa pensée cela devait m'aider dans mon travail d'écrivain), ne me fit la moindre confidence sur son premier mari ni sur Édouard Bourdet. Bonne éducation oblige : pas un mot sur celui dont on porte le nom ! Voilà un principe que toutes les femmes devraient observer : le chœur des pleureuses ne ferait plus de recrues !

À écouter Denise, je revivais le Paris littéraire et élégant du premier demi-siècle, je retrouvais dans ses propos les noms de ceux qui m'avaient passionné dans la bibliothèque de mon père et je me disais : « Elle les a connus, elle leur a parlé ! »

Elle tenait beaucoup aux dîners du dimanche soir : nous nous réunissions chez elle quai d'Orsay, Denise et Février buvaient de la vodka, Suzy Mante et Sauguet du champagne, Jacques Dupont et moi du whisky. Venaient parfois Poulenc, les Auric, Robert Veyron-Lacroix, Jeanne Ritcher, Yvonne de Casa-Fuerte. Ensuite nous allions au restaurant.

Pour Denise c'était une tradition et un rite qui dataient des années 1920. Les dîners dominicaux que donnaient les parents de Paul Morand au Dépôt des Marbres, dans un jardin sauvage orné de statues, puis rue de l'École-de-Médecine là où avait tenu séance le club des Cordeliers, étaient devenus pour la génération suivante des dîners pique-niques au restaurant. La condition pour en faire parti était d'avoir jadis été « aux Marbres » ou « aux Cordeliers ». Se réunissaient donc Paul Morand,

Jean Giraudoux, Denise et Édouard Bourdet, sept ou huit au plus. Le choix du restaurant était laborieux, plus laborieux encore celui du menu. Jean Giraudoux exigeait, cela faisait partie des rites, que chacun l'un après l'autre lût la commande du début à la fin et de la fin jusqu'au commencement. Qui se trompait offrait les cocktails. Au bout de quelques années, lassés des bistrots, les Marbres-Cordeliers se reçurent à tour de rôle. Une seule interdiction : parler de littérature. Une seule règle : la partie de poker de rigueur après le dîner. Giraudoux était le seul qui aimât vraiment ce jeu que Morand traitait avec désinvolture. Bourdet connaissait bien les cartes et les coups. Giraudoux voulait toujours savoir si on l'avait bluffé ; il « suivait » avec n'importe quelles cartes en main pour « voir » ce que l'adversaire possédait. Même si cela lui coûtait cher, très cher, il fallait que sa curiosité fût satisfaite. Morand s'en moquait et abandonnait parfois le jeu et le gain probable si l'envie de décamper le prenait. Édouard Bourdet en revanche jouait avec sérieux, observait les règles.

Enfin, nous disait Denise, tout s'achevait avec des chants. Des duos, des trios, des chœurs improvisés que dirigeait Giraudoux : il aimait à parodier le grand opéra.

Nos dîners à nous n'avaient pas cette aimable folie : au restaurant nous ne pouvions nous donner en spectacle ! Pourtant Sauguet, Poulenc auraient fort bien rivalisé avec Giraudoux pour transformer *la Walkyrie* en opéra-bouffe et *la Madelon* en messe polyphonique. Mais les propos étaient brillants, d'une drôlerie éperdue quand Sauguet s'emballait et qu'il faisait des imitations. Si Poulenc était présent, il tenait le dé de la conversation et tous l'écoutaient, charmés. Il savait filer l'anecdote, ménager les effets, raconter avec humour ; plus la conclusion apportait de surprise, plus il prenait un air malicieux et détaché comme si le hasard avait tout conduit. L'air de dire : « Tiens ! Vous trouvez ça drôle, je ne m'en étais pas avisé... » Alors seulement il se mettait à rire. Le rire de Poulenc : énorme, rabelaisien. Celui d'Auric : flûté, spasmodique. Celui de Sauguet : pincé, évasif, chevrotant. Celui de Février : stupéfait, pareil à un éternuement. Le rire de Denise : rapide, une sorte de trille.

L'ascendant qu'elle exerçait sur nous, la manière de royauté que nous lui reconnaissions étonnaient ceux qui ne voyaient en elle qu'une femme du monde, belle encore sans doute et toujours élégante, mais un peu distante et d'un abord difficile. Cela agaçait d'autant plus Marie-Laure de Noailles que le vicomte témoignait à Denise une amitié privilégiée. Ils passaient toujours en tête à tête à Grasse la première quinzaine de l'année : c'est là que Denise confectionnait ces oranges cloutées de girofle qu'elle offrait ensuite à ses intimes. Marie-Laure feignait de croire que ces rapports dépassaient la bienséance et s'amusait à jouer les épouses outragées. « Voilà ma rivale ! disait-elle avec une emphase bouffonne. Qu'est-ce que Charles peut bien lui trouver ? Elle manque d'intuition, elle ne saït que ce qu'elle sait, elle ne s'aventure jamais... »

Un soir, à Hyères, elle revint sur la question, comme si c'était l'idée fixe d'une femme jalouse et délaissée, rôle qu'elle tenait très mal et qui ne trompait personne. Elle le tenait pourtant devant Solange d'Ayen, Ned Rorem, Dino di Meo et moi qui n'étions pas dupes et faisions semblant de nous demander pourquoi Charles recherchait la compagnie de Denise.

– Elle ressemble à une fleur. Charles aime la botanique, dit Ned.

– Elle est calme et sage comme une Pénélope, dit Solange d'Ayen. Charles aime le rituel, la cérémonie.

– Vous n'y êtes pas, fit Marie-Laure en se levant. Moi, j'ai trouvé ! Jusqu'à son mariage, Charles n'a connu que des duchesses et des dames de petite vertu. Un jour, il a rencontré Denise et il a cru que c'était une terre inconnue, un phénix, un oiseau rare...

Puis, après un instant de silence, pour bien mettre en valeur le « mot » qui allait suivre, elle ajouta :

– Pensez donc à cette nouveauté inouïe, une bourgeoise !

Avec ce « mot » à la vérité duquel, bien entendu, Marie-Laure ne croyait pas, elle ne cherchait pas à assassiner une amie, mais à rivaliser avec sa grand-mère Chevigné ou avec Oriane de Guermantes. Aujourd'hui, dans les années 1990, la mode des « mots », mots d'auteur, de salon ou de coterie paraît fort désuète. On s'amuse autrement, comme on peut.

*

Bourgeoise ou non, Denise savait que les noms font rêver. Elle me disait :

– Denise Rémon sonnait bien à l'oreille. Comtesse de Saint-Léger était flatteur. C'est pourtant comme Denise Bourdet que je signe mes livres et qu'on parle de moi. Un nom affreux : une grosse bourde, une vilaine bourde ! Sais-tu comment m'appelle Louise de Vilmorin ? Dame Bourde…

– Encore un « mot » ! Quand on dit : « Denise Bourdet » ce n'est pas à bourde que nous pensons, mais à Paris, au théâtre et aux fêtes !

*

Je termine ce portrait par où j'ai commencé. Quand Denise m'assurait que je ne dirais jamais assez de bien des femmes, ce n'était pas par esprit de revendication féministe, attitude qui lui paraissait burlesque. Elle ne pensait pas que le Saint-Esprit progressiste voyageait par les femmes ni que le socialisme passait par leur ventre. Flora Tristan, Louise Michel la faisaient rigoler. Elle croyait à l'Église, à celui qu'elle nommait son champion.

– Quel dommage, me dit-elle un jour, que Michelet n'ait pas épousé la mère Sand ! Cela nous aurait valu de fameux journaux intimes, les cacas de George examinés et sacralisés par Jules, la matrone déifiée, quelle théologie !

Et son rire bref, en forme de trille, conclut cette religieuse élévation.

*

Ceux qui écriront sur la vie littéraire et mondaine en France au vingtième siècle ne pourront ignorer les livres publiés par Denise. Elle n'a pas renouvelé le genre du portrait, mais elle lui a donné beaucoup de diversité et d'agrément tout en restant d'une scrupuleuse exactitude.

– Tu sais que je manque d'imagination, me confiait-elle. D'ailleurs je n'oserais pas inventer. Elle avait connu tant de gens célèbres que les universitaires qui préparaient une thèse, les auteurs en mal de biographies recouraient à ses souvenirs.

– Je suis le panthéon des gloires défuntes, disait-elle avec humour, avec un sourire à la fois tendre et navré.

CHAPITRE XIII

Je connaissais Paul Morand avant de le connaître – Des bohèmes de luxe – Homme de chiquenaude plutôt que de coup de poing – La devise de Descartes : « Je m'avance masqué », convient à Morand – À soixante-cinq ans il avait son vrai visage : attentif, courtois, indulgent – On ne résiste pas à une duchesse – Céleste Albaret nous dit que la princesse Soutzo songeait à épouser Marcel Proust – De l'importance des cache-pot.

Je connaissais Paul Morand avant de le connaître, non seulement par ses livres que j'ai lus tout jeune, mais par ses amis qui étaient aussi les miens, Charles et Marie-Laure de Noailles, Denise Bourdet, Suzy Mante, Jacques Février, André Fraigneau, Jacques de Lacretelle, Jean-Louis de Lucinge. Ils me disaient : « Paul a fait ceci, Hélène racontait cela, tu te rappelles bien, c'était à Vevey... » Comme si je m'étais trouvé à Vevey à cette époque-là et que j'eusse été reçu au château de l'Aile ! Il m'arrivait de le croire... Je me persuadais ainsi que j'avais été l'ami de Paul depuis toujours alors que nos liens de sympathie n'ont commencé qu'après 1960 quand le couple se fut réinstallé à demeure dans l'immense maison au pied de la tour Eiffel.

C'étaient des bohèmes de luxe qui ne redoutaient rien tant que l'inaction et l'ennui. Mais ils faisaient tant de choses qu'ils n'avaient pas le loisir de s'ennuyer. Le monde ne les amusait que le temps d'y faire une apparition. Levés dès six heures du matin, ils trépignaient devant le téléphone avant de pouvoir appeler les amis. Heureusement il y avait l'étranger et les fuseaux horaires... Hélène lisait la presse internationale, se tenait au courant de tout et confiait l'essentiel à son mari qui n'ouvrait aucun journal. Plus que nonagénaire, elle ignorait le repos.

– N'êtes-vous jamais lasse ? lui demandai-je à la fin d'une réception.

– Je ne me fatigue jamais quand je m'amuse, répondit-elle.

Quant à Paul, son destin étant d'écrire, il écrivait sans cesse et partout, dans son lit aussi bien que sur les marches de l'escalier qui conduisait à sa chambre, un cahier ouvert sur les genoux ou bien il griffonnait des papiers qu'il fourrait dans ses poches et recopiait ensuite s'ils en valaient la peine. Cet homme réputé mondain et frivole aura publié quatre-vingts livres et pratiqué tous les genres.

Le sort lui a joué le même tour qu'à Proust : on lui reprocha son mariage brillant, sa situation et ses succès. Comment un homme du monde pourrait-il être un véritable écrivain ? Un artiste doit être laborieux, mesquin, écrasé par la société qu'il regarde de loin. Malheur à ceux qui s'inscrivent en faux contre cette convention ! Le syndicat des « nous les petits, les obscurs, les sans-grade » leur lance l'anathème surtout quand pendant l'Occupation on les a vus du mauvais côté... Hélène Morand avait cet air de parure qui ne se prend que dans l'aristocratie. Paul, après avoir essayé tous les masques, n'avait qu'un visage, le sien. Il avait dû attendre soixante-dix ans pour cela. Il n'avait plus besoin de se montrer présomptueux, téméraire, mystérieux, antipathique, insupportable. Tous les auteurs à succès le sont, *Ouvert la nuit, Fermé la nuit* ont excité le même intérêt que les premiers romans de Françoise Sagan, il n'avait qu'à être lui-même, rôle qu'il tenait avec autorité, gentillesse et désinvolture.

Cet homme soi-disant pressé ne se hâtait jamais, seulement il ne perdait pas un instant. S'il avait écrit « la vitesse est la forme moderne de la pesanteur », s'il aimait les voitures rapides qu'il conduisait avec habileté, il détestait la précipitation et faisait ce qu'il avait envie de faire à l'heure qu'il avait choisie, ne trouvant rien de plus harassant que la contrainte. Il mettait au-dessus de tout l'indépendance, la liberté intérieure. Les honneurs ne le troublaient pas. Après son élection à l'Académie française, il dit à Josée de Chambrun : « Le temps des mauvaises fréquentations est venu. » C'était sa façon de ne pas se prendre au sérieux.

Jaloux de sa vie privée, avare de confidences, il n'a laissé ni journaux intimes ni Mémoires : à nous de saisir sa personnalité complexe à travers ses chroniques, ses récits et ses portraits de villes comme *Londres, New York* ou *Bucarest*. C'est dans *Venises*, lamento d'une société engloutie dans la lagune, qu'il révèle ce qui lui tient le plus à cœur.

Qui était Paul Morand ? Jusqu'à la soixantaine passée, il a joué à cache-cache avec lui-même. Il aurait pu prendre la devise de Descartes : *Larvatus prodeo* (Je m'avance masqué). Il porta tour à tour un masque de dandy glacé, de bouddha sarcastique, voire cruel, de voyageur traqué, d'homme pressé (Morand-la-vitesse), de mondain désabusé : mais pour cacher quoi ? Une faille secrète, une blessure qu'il fallait dissimuler à tout prix ? Une faiblesse de caractère que personne ne devait savoir ? Il avait trop le goût du mystère, le sens du secret pour se livrer. Il préférait passer pour égoïste, indifférent, impénétrable alors qu'il était sensible, attentif, fidèle à ses amis et que le grand amour de sa vie, sa femme Hélène, fut sa raison de vivre. Ses contradictions, sa froideur apparente, son style de vie qui fascine ou rebute et dont son style littéraire emprunte le brillant contribuent à égarer le lecteur. Malgré le travail patient de ses biographes, Morand reste une énigme.

Denise Bourdet, une amie d'enfance pourtant, confesse son embarras. Elle rapporte de lui ce propos qui, sans résoudre la question, montre que l'auteur lui-même avait conscience de sa singularité. « Le besoin de fuite et l'isolement est chez moi inexplicable. J'avais une vie délicieuse, des parents parfaits, des amis rares. C'est, chez moi, un besoin de fuite constante, intérieure et profonde. Dans le domaine du sentiment, j'ai le même recul. Il m'a toujours été impossible, dans mes livres, d'écrire une ligne sur ceux que j'aime, ni sur moi-même. »

Faut-il se résigner à ne rien savoir, surtout quand Denise Bourdet rapporte cette opinion d'Hélène : « Ce qu'il y a de plus profond, de plus certain et de plus incompréhensible chez Paul, c'est son inaptitude au bonheur. D'où cette inquiétude, cette recherche, ce besoin d'être ailleurs. »

Avant de nous déclarer battus, évoquons son dernier roman : *Tais-toi*, de 1965. Morand n'y livre pas son secret, il l'ignorait lui-même, mais il tourne autour, il le flaire, nous avons le négatif d'une photographie, un volume en creux, des contours définis par une absence. *Tais-toi*, c'est le portrait indirect d'un homme taciturne. Les témoignages de ceux qui l'ont connu se détruisent l'un l'autre. Quel était-il en vérité ? Nous ne le saurons pas puisqu'il a décidé de se taire sur l'essentiel, comme Paul Morand qui se masquait pour ne pas se trahir, pour sauvegarder ce qu'il considérait comme son centre vital, comme la tête de Méduse qu'il portait en soi et dont le regard l'aurait pétrifié s'il l'avait laissé à découvert.

Comme dédicace à ce livre, il a écrit sur mon exemplaire : « Le franc-taire ou le franc-parler », ce qui signifie que se taire ou parler, faire ou ne pas faire revient au même quand on veut préserver sa « franchise », c'est-à-dire sa liberté. Morand un homme libre ? Assurément, mais trop soumis aux vicissitudes de l'histoire, aux plaisirs mondains, à l'amour de sa femme pour faire figure de héros de l'indépendance. D'ailleurs il ne se posait pas en modèle, ni en chevalier-miroir, encore moins en révolté hors de ses gonds. Homme de chiquenaude, il ne donnait jamais de coups de poing. Il était trop bien élevé pour cela !

Un roman écrit en 1910, il avait vingt-deux ans, et qu'il croyait perdu, *les Extravagants*, qu'on a retrouvé et publié depuis peu nous aide à définir le premier masque que Morand s'est plaqué sur le visage, celui de dandy impénétrable, d'une allègre férocité. Il décrit avec verve des esthètes décadents, sortes de fleurs coupées avides et exténuées, des bas-bleus qui tiennent salon et courent le cachet, des Américaines ivres de snobisme dont les bijoux eux-mêmes ont l'accent de Chicago, toute une faune divertissante sur laquelle s'exercent l'humour et la cocasserie du jeune Morand.

Qui lui a servi de mentor, qui lui a si bien appris à décocher ses flèches meurtrières ? Eh ! mais c'est Oscar Wilde en personne dont il n'affecte de se moquer que pour mieux brouiller les cartes ! Le jeune Paul pêche en eau trouble parce qu'il a pris soin de remuer la vase comme il faut. Sheridan, Thackeray lui ont dicté la règle du jeu.

Denise Bourdet nous révèle l'existence dans les années 20 d'un Morand enjoué, taquin, désinvolte, aimant jouer des farces aux compagnons des Marbres-Cordeliers : le dandy cosmopolite mettait au point certains de ses tours de passe-passe (comment s'enfuir sans que les autres s'en aperçoivent, comment disparaître sans laisser de traces). Cocteau nous parle aussi d'un Morand détendu, blagueur, aux dîners du samedi chez Milhaud. Son emploi ? Barman.

Puis viennent les masques utilisés conjointement du bonze inquiétant, du voyageur traqué, du mondain déchaîné. Au bal Proust donné en 1927 par le prince Jean-Louis de Faucigny-Lucinge, il apparaît en Charlus, séducteur péremptoire et baron aventureux, tandis que sa nouvelle épousée condescendait à incarner la bourgeoise Verdurin. Deux ans plus tard, au bal des Matières imaginé par Charles et Marie-Laure de Noailles où l'on ne devait utiliser pour son costume que des matières insolites, Morand avait fait coudre sur son habit et son haut de forme les couvertures de livres de chez Grasset et de chez Gallimard, ses éditeurs. Un écrivain ne pouvait mieux annoncer la couleur : il est vrai que, homme de lettres à cent pour cent, il n'aimait que la littérature.

En 1927 parut à New York un recueil de douze nouvelles *East India and Company*. Elles sont rédigées en anglais, on y sent rarement la patte de Morand ; en a-t-il confié la traduction à un Américain ? Voici un exemple du style de Paul Morand : « *They say you availed yourself of my absence to get a nice baby. This is very sweet and quite unusual in our country and it seams so funny that two children like you should have a third one to play with !*

(Vous avez profité de mon absence, me dit-on, pour avoir un délicieux bébé. Le procédé est des plus charmants et tout à fait surprenant chez nous : il semble si drôle que deux enfants comme vous en fabriquent un troisième pour jouer avec !) »

Je montrai cette lettre – écrite en 1924 à Barbara de Faucigny-Lucinge – à Nancy Mitford qui se mit à rire :

– On dirait du Voltaire. Quand vos écrivains s'expriment en anglais, c'est merveilleux, c'est fascinant, *but not at all british !*

Dans les nouvelles de *East India and Company* je ne retrouve pas le sel de Morand, sa malice et son goût de l'ellipse : c'est ensorcelant, mais pas du tout anglo-saxon ! Deux d'entre elles reprises dans *Rococo* sont dédiées à la duchesse de La Rochefoucauld. Pourquoi ces deux-là, *Nœuds coulants* et *Gone Native* ?

Entre 1928 et 1930 le couple Morand fréquentait beaucoup le jeune duc et sa femme ainsi que Léon-Paul Fargue. Pourquoi l'écrivain n'a-t-il pas repris en français les nouvelles d'*East India*, lui qui ne laissait rien perdre et donnait des versions différentes des mêmes histoires ?

J'ai posé la question à la duchesse Edmée comme on l'appelle maintenant. Elle m'a montré l'édition originale new-yorkaise et les deux textes sauvés des eaux, publiés en 1928 chez Lapina, comme onzième volume de la collection *les Panathénées*. C'est un livre joliment présenté avec un portrait de l'auteur par Marie Laurencin et le fac-similé du début d'une troisième nouvelle… qui ne figure pas dans le recueil (ni nulle part). Décidément notre Paul avait le sens de l'humour ! La duchesse Edmée se pose les mêmes questions que moi.

– Pourquoi n'a-t-il pas publié les autres nouvelles d'*East India*, je n'en sais rien. Peut-être parce qu'il voulait leur donner une forme nouvelle ? Et puis il aura été sollicité par d'autres travaux... Il voyageait aux Antilles, en Amérique du Sud... Il débordait de projets.

L'image de l'homme pressé, qui ne tient pas en place, qui a le don d'ubiquité, est bien pratique pour qui a l'obsession de la fuite et n'arrive dans un lieu que pour en partir aussitôt. Il faut rester trois jours ou trois ans, aimait-il à dire. Pour lui, bien sûr, c'était trois jours. Il avait déjà tout vu. Le premier titre de *l'Homme pressé* était *le Vif-argent*, plus imagé et poétique.

Les gens, aujourd'hui, voyagent comme le faisait Morand il y a cinquante ans : tour du monde en huit jours, avions à gogo, trempettes aux Seychelles, pique-niques sur l'Himalaya, seulement lui, il en rapportait des livres, *Rien que la terre, Air indien* : « Il ne me reste que la lune », disait-il mi-narquois mi-navré. Maintenant qu'on peut voir ce qu'on veut, il n'y a plus rien à voir...

Enfin, le masque du flagellant de Séville. Mais Paul n'a pas fait durer longtemps la mortification. Le personnage de repentant ne lui allait pas. Dernier déguisement : bicorne et habit vert. Tais-toi !

*

Je ne dirai pas qui il était, je n'en sais pas plus long que les autres, mais je peux répondre à certaines questions. Quand Gallimard consacra à Paul Morand une place dans la « Bibliothèque idéale », c'est moi que l'écrivain choisit pour tenir l'emploi. J'avais publié en février 1965, dans une livraison de la *NRF*, « Situation de Morand[11] ». Le texte avait plu à Paul qui me demanda, de préférence à d'autres plus experts et plus qualifiés, d'écrire ce livre sur lui. Je le conçus comme un discours plutôt que comme une biographie, vu le bref espace qui m'était accordé : ce fut une perspective en trompe-l'œil, pareille à la colonnade de Borromini au palais Spada, à Rome[12]. Ce qui ne m'empêcha de lui demander de vive voix ou par écrit ce que je voulais savoir. À mes questions de tous ordres, parfois indiscrètes, ou gênantes, Morand a répondu avec sincérité, se bornant à me dire parfois : « Gardez cela pour vous. » Sur l'exemplaire de *Venises* qu'il m'a envoyé, il écrit « Marcel à qui je dis tout ».

Veut-on savoir quelles notes il m'adressait ? « Je suis un bourgeois parisien du Marais par ma mère et un anti-bourgeois (style Flaubert) par mon père.

« Je jouais aux Champs-Élysées de Proust, quinze ans plus tard que lui, aux mêmes endroits que lui ; mon jouet préféré : le métro et les chevaux de bois devant L'Alcazar d'été. Je détestais les Tuileries. » (Lettre du 30 janvier 1970.)

Préférer les Champs-Élysées aux Tuileries et le métro à la grande roue n'est pas un crime, mais comment être ministre de France à Bucarest en 1943, ambassadeur à Berne l'année suivante ? Est-ce par légèreté ou aveuglement ? Quand les rats quittent le navire, Paul Morand s'avise d'y monter.

Réputé par certains diplomate maladroit et brutal, il a pourtant exercé des fonctions importantes. La seule protection de Berthelot n'aurait pas suffi à l'y maintenir s'il ne les avait pas prises au sérieux et traitées avec compétence. Son premier poste avait été Londres. Charles de Noailles m'écrit à ce sujet : « Oui, Paul et moi nous connaissons depuis l'époque lointaine de la première guerre (de 1914 à 1916) où il était à l'ambassade de Monsieur Paul Cambon et moi à la Mission de Liaison au War Office. Il écrivait alors Clarisse, ce que j'ai ignoré jusqu'au moment où Madame d'Erlanger s'en est vexée. Vexation qui n'a fort heureusement guère duré. Nos routes se sont souvent croisées depuis cette époque... » (Lettre du 20 décembre 1971.)

Les anciens amis de Morand me l'ont affirmé : en politique il ne croyait à rien ! Aucun système, aucune théorie fût-elle de Maurras, ne l'attirait. En revanche, il savait ce qu'il détestait : la guerre et la révolution. Pacifiste et conservateur, ces deux qualités s'excluent. Il faut parfois se battre pour sauvegarder ce qu'on aime. Plus pacifiste que conservateur, ce qui le perdit, Morand se rallia à Vichy plus par laisser-faire que par conviction. Il pensait que Pétain était le moindre mal et qu'il permettait de « voir venir ».

Dès la révolution de 1917, il a compris que l'Europe montait à l'échafaud, il s'est hâté de saisir les derniers reflets de la civilisation qu'il admirait. Il aurait pu dire comme Montaigne, je cite de mémoire et en modernisant : « Je suis dégoûté de la nouvelleté, j'en ai vu les effets très dommageables. Celle qui nous accable depuis tant d'années, elle n'est pas au bout de sa rage… elle a tout produit et engendré, voire les maux et les ruines qui se font depuis sans elle et contre elle : c'est à elle à s'en prendre au nez. »

Le communisme s'est effondré en Europe, mais il continue à pavoiser en Asie, en Afrique et à Cuba. Les montagnes de morts qu'il entasse l'une sur l'autre ne rebutent pas ses fanatiques.

Haine et confusion, voilà ce que dénonce Morand dans cette Europe de 1920 en proie à ses démons : on s'égorge en Russie, à Berlin et à Budapest, on crève de faim à Vienne, la Grèce se taille des tartines dans l'Empire ottoman, l'Angleterre fait main basse sur le pétrole de l'Irak, l'Irlande révoltée transforme en arsenal la Chaussée des Géants, partout des massacres, de la misère, des larmes… Les années folles ne sont folles que pour les Yankees. Dans *Fermé la nuit* Morand, ci-devant d'un monde disparu, chante le *De Profundis* d'une Europe défunte.

– Marcel, je préviens la question que vous allez me poser : pourquoi, en poste à Londres en juin 1940, n'y suis-je pas resté après que de Gaulle y eut installé son quartier général ? Parce que je n'étais pas célibataire. Ceux qui affluaient alors étaient des communistes, des anarchistes, ceux qui avaient à redouter les Allemands. Hélène m'a dit : « Paul, allons-nous-en ! Qu'avons-nous à faire ici ? Ce ne sont pas des gens de notre monde ! »

Moi j'ai frayé avec les Noirs de Harlem, avec les Chinois de San Francisco, les gaullistes ne me faisaient pas peur. Mais à cette date le mot n'existait pas encore. Je croyais que Londres allait éclater sous les bombes, que la guerre allait bientôt finir, que le monde touchait à sa fin. Je rentrai en France, désespéré[13].

Son ami, Jean-Louis de Faucigny-Lucinge[14], faisait partie de la Mission que Morand dirigeait à Londres. Ils avaient projeté de louer une maison où les deux couples vivraient ensemble. Finalement Morand loua celle de Richmond où il habita seul avec Hélène. Il laissa là-bas une partie de ses biens. En septembre 1944, il écrivit à son fidèle Jean-Louis :

« Tu seras un des premiers à aller à Londres : rends-moi le grand service de sortir de Knightsbridge ce qui s'y trouve dans le basement (Chartier peut te dire par téléphone où mes malles se trouvaient lorsqu'il quitta) et de me les déposer où tu voudras, soit dans un garde-meubles, soit au Savoy, soit dans un de tes hôtels jusqu'à une paix qui ne saurait tarder. Tu trouveras *in fine* la liste exacte de ce qui m'appartient. Si par hasard tu entendais dire que du Chayla y va avant toi, téléphone-lui et demande-lui de ma part le même service : il est comme toi, comme Édouard (Bourdet) un de ceux sur qui je peux compter.

« Dis à Édouard et à Denise que je pense à eux. Demande à Édouard de veiller sur ma mère et sur ma maison, si j'avais quelque ennui de ce côté, qu'il prenne conseil de Brisson. Je pense rester ici quelques mois. J'ai pris une villa à l'italienne, au débouché de la plaine du Rhône au-dessus de Chillon où je m'ennuie fort (villa Maryland, Territet-Mont-Fleuri). Lorsque le Maréchal a été emmené prisonnier, je me suis sabordé le mois dernier et j'ai demandé à Massigli un congé. » (Lettre du 7 septembre 1944.)

Il resta à Territet plus longtemps qu'il ne pensait. Ce furent des années de pénitence. En 1947 il s'installa au château de l'Aile à Vevey. La vie recommençait. Ensuite il vécut à Séville, à Tanger : il se sentait partout chez lui, sauf dans les pays communistes. Il avait d'ailleurs écrit : « La beauté ne nous attend pas en tel ou tel point du globe : elle est en nous. »

On lui reproche sa fidélité au maréchal Pétain (il s'est « sabordé » en août 1944). Il n'avait pourtant aucune attirance pour le fascisme à la française ni pour la révolution nationale modèle Vichy. Mais il croyait à l'attentisme sous la neutralité : tout plutôt que la guerre ! Frappé à mort par la révolution de 1917, il redoutait toujours le pire : en juillet 1940 il voyait Londres soufflé par les bombes et les nazis victorieux, en septembre 1944 il n'attendit pas d'être révoqué par Bidault, il se retira sur le mont Aventin : « Jamais je n'ai mangé autant de châtaignes ; notre baignoire en était remplie, nous les ramassions nous-mêmes. Ma femme lavait les draps, les repassait. J'allais lire les journaux à travers les vitrines pour n'avoir pas à dépenser dix centimes », a-t-il confié à Christine Garnier.

Période noire. Mais quand on veut vivre à sa convenance au-dessus des convenances, il faut payer le prix. N'ayant jamais appartenu à un parti politique, franc-tireur tous azimuts sauf contre la paix, il a quitté son Aventin non pour faire allégeance, mais pour commencer une nouvelle vie. Il y avait eu six ou sept Morand, il n'y en eut plus qu'un, celui que j'ai connu.

*

L'antisémitisme de Morand est une fable. Oui, il y a *France la doulce*. Mais à ce compte, il y a aussi dans Balzac Gobseck et Nucingen. Satiriser n'est pas persécuter. Morand a attiré mon attention sur l'un de ses premiers poèmes où il décrit le calvaire d'un homme nu jusqu'à la ceinture, les mains liées derrière le dos et qui flotte dans les eaux de l'Isar à Munich. C'est un juif victime des haines raciales.

Sans autre patrie que son esprit
Heureux d'être pauvre et niant tout autre

Possession que celle des Textes.

– Si j'étais l'antisémite que l'on dit, aurais-je rendu un tel hommage au peuple du Livre ? On me rebat les oreilles avec *France la doulce* comme si la satire des milieux du cinéma était interdite. Vous pouvez vous acharner sur le Vatican, les Jésuites, la grande banque, la haute bourgeoisie, personne ne vous en fait grief. Mais si parmi les producteurs de cinéma il se trouve des Juifs peu scrupuleux et que vous le disiez, vous voilà marqué au fer rouge ! À ce compte Shakespeare irait en prison pour *le Marchand de Venise* et Eugène Sue pour *le Juif errant !*

Paul haussait les épaules par lassitude aussi bien que par exaspération, il savait qu'on ne se débarrasse pas des étiquettes qu'on vous impose : les gens veulent que vous soyez ceci ou cela, ils l'ont décidé, ils n'en démordent pas. Paul reprit son monologue.

– Dans ma jeunesse, j'ai entendu mon père, le plus tolérant des hommes, classer le peuple élu en quatre catégories : les Juifs, les youpins, les Israélites et les barons. Qui tiendrait aujourd'hui un tel discours passerait pour antisémite, ce que mon père n'était absolument pas. Méfions-nous de l'air du temps !

« Pour Hélène, c'est une autre affaire. Grecque d'origine par sa famille, elle a trop longtemps vécu à Bucarest pour n'avoir pas pris les préjugés du pays. Elle aimait la dynastie régnante, elle admirait l'Allemagne, elle détestait les Juifs. Ce qui ne l'a pas empêchée de déclarer sur l'honneur que Jean Yonnel, qui a créé le roi Ferrante dans *la Reine morte*, était chrétien orthodoxe ! Pour moi elle représente l'Antiquité, le paganisme, la Méditerranée. Elle est à la fois une ode, une coupe et les figures gravées sur cette coupe, elle est le vestige vivant d'une civilisation que j'admire. Hélène est la Grèce. J'aime son sourire athénien.

Sans regret, sans forfanterie, Paul Morand confessait qu'il n'avait aucun sens religieux, qu'il avait rompu avec l'Église aussitôt faite sa première communion, ce qui avait navré sa mère catholique et très pieuse. Mais était-il parfois angoissé par les questions d'ordre métaphysique ?

– Non, je crois à l'au-delà, mais n'ayant jamais voulu braver Dieu, blasphémer et voir mon œuvre mise à l'Index, qu'ai-je à redouter ?

Une fois pourtant il eut un doute. À l'enterrement de Jean-Albert de Broglie, petit-fils de sa femme, le bedeau se planta devant la première rangée des assistants et les invita à aller communier. Paul n'osa pas se singulariser et avala l'hostie comme les Broglie. Mais il craignait d'avoir fait une communion sacrilège. Je le rassurai de mon mieux, lui disant que seule l'intention compte et qu'il n'avait pas voulu offenser Dieu.

– Bien sûr ! Il n'empêche que Maman n'aurait pas aimé cela du tout...

Je me rappelais qu'il avait écrit : « La honte n'est pas toujours la conscience du mal que nous faisons, elle est souvent la conscience du mal qu'on nous fait », et je me demandais si, à certaine époque de sa vie, des chrétiens fervents comme Claudel ou Maritain n'avaient pas cherché à ranimer sa foi, à rendre plus fragile sa bonne conscience.

– Non, répondit-il un jour à ma question. Je ne doutais pas, je n'avais pas d'état d'âme. Les incursions que j'ai faites chez Thérèse d'Avila et Jean de la Croix relèvent de la curiosité littéraire, non de l'inquiétude religieuse. Claudel n'a pas essayé de me convertir. Je n'ai jamais pris ma bonne étoile pour l'étoile des Rois Mages. Elle ne m'a pas égaré, mais elle ne m'a pas non plus conduit jusqu'à une étable merveilleuse.

La musique ne l'attirait pas plus que la religion. Avec Giraudoux, à Munich, il avait entendu des opéras, avec sa femme des drames wagnériens, mais son sens musical ne s'était pas développé, il confondait Mozart avec Beethoven et ne sentait pas la faveur insigne dont l'avait gratifié le destin : en effet, Ravel a enrichi d'une harmonie savante ses *Chansons de don Quichotte à Dulcinée* !

– Avec Ravel vous êtes sûr d'être chanté dans le monde entier ! lui assurai-je.

Cela ne le troublait guère.

– On ne comprend jamais les paroles de ce qu'on entend sur la scène, qui saura qu'elles sont de moi ?

– Vous avez connu le Groupe des Six...

– Oui, j'ai même écrit sur eux. Cela ne m'a pas débouché les oreilles. Darius Milhaud a mis en musique trois de mes *Feuilles de température*. Je ne sais si on les interprète. Quelle importance d'ailleurs ? Entre l'art sonore et moi, le courant ne passe pas.

Quand j'ai connu Morand, il ne portait plus de masque : je n'ai vu que son visage, c'est plus confortable, sinon plus naturel. Il ne posait pas pour la postérité, il était sincère, spontané, plein de fantaisie. Il finissait ses lettres par « mille loukoums » ou « mille roses trémières », en lieu d'amitiés. Cette bonhomie teintée d'extravagance lui allait à merveille. Il faisait ce qui lui passait par la tête. Nous ne nous jouions aucune comédie, nous nous aimions pour nous-mêmes malgré nos différences, ou plutôt parce que nous étions très différents. Il m'a écrit un jour : « Il faudra votre esprit chrétien pour me pardonner, pour ne pas en vouloir à ce contraire de vous-même que je suis : si peu musical, si opaque, si lié au réel, au présent, si peu civilisé de cœur. » (Lettre du 19 février 1970.) Même si l'on tient compte de sa courtoisie et de son désir de se déprécier devant celui qui faisait son panégyrique, il est certain que bien des choses nous séparaient. Mais il avait confiance en moi et savait que je ne le trahirais pas.

Je puis dire en tout cas ce qu'il n'était pas : ni pressé, ni libertin, ni provocateur, ni bon apôtre, ni imposteur. Sa ligne de conduite était aussi claire que son jugement : il aimait sa femme plus que les femmes dont il raffolait, la littérature plus que les livres dont il parlait si bien et les chevaux plus que les hommes qui l'intriguaient sans le retenir.

Rien ne pouvait mieux convenir à sa nature que la nouvelle : aussi y a-t-il excellé. Proche par son esprit et sa structure de la tragédie, elle prend le sujet juste avant le dénouement et le dévore en moins de rien. Comme le feu.

Paul Morand savait qu'on ne peut se présenter devant la postérité avec trop de bagages. Il faut jeter bien des choses par-dessus bord. Il a lui-même fait son choix *Nouvelles des yeux*, *Nouvelles du cœur*. De ce choix nous allons extraire ce qui nous enchante. Le fin du fin.

*

Ainsi je ne puis parler du Morand des années 20 : si mon père avait entretenu avec lui les relations amicales qu'il avait avec Francis Carco, avec André Billy, je l'aurais peut-être aperçu. Le succès fracassant d'*Ouvert la nuit* lui valut beaucoup d'imitateurs et beaucoup d'ennemis. On essaya de reproduire sa façon de photographier le monde et de l'exprimer en phrases drues et imagées. On crut que le style Morand s'obtenait par des recettes.

– N'imitez personne, me dit-il un jour, l'imitation est un suicide. Je ne sais plus qui a dit cela, mais j'approuve. C'est une façon d'assister à ses propres funérailles !

La brusque percée de Morand avec *Ouvert la nuit* agaça le monde littéraire. On s'en aperçoit aussi bien dans les *Mémoires* d'Élisabeth de Gramont (« Je le pris pour un espion, l'espion d'Aristide Briand, parce qu'il scrutait l'assistance de ses yeux opaques et saillants ») que dans les souvenirs de Julien Green, de façon moins agressive, mais d'autant plus redoutable[15] : « De taille moyenne et du genre un peu trapu, avec un visage jaunâtre et joufflu et des yeux noirs intelligents, sa voix tranquille n'avait apparemment aucun désir de choquer ou d'étonner ; comme presque chaque écrivain français, il avait des anecdotes à raconter et les racontait bien, c'est-à-dire vite, mais c'était tout sauf un brillant causeur ; il écoutait avec une grande courtoisie et la tête penchée un peu de côté, toujours prêt à sourire d'une plaisanterie et à y répliquer ; un Français ordinaire, bien élevé, mais pas de ceux à ameuter un cercle d'auditeurs ravis autour de lui comme

Cocteau, mais plutôt auditeur lui-même, attentif et observateur comme presque personne sur les bords de la Seine. »

Si je n'ai pas vu Morand avec ses « yeux opaques et saillants », avec son visage « jaunâtre et joufflu », je m'en remets au portrait que Romaine Brooks peignit de lui vers 1925. Assis sur un canapé sombre, il apparaît livide et fantomatique comme s'il n'était plus qu'un souvenir ; il a l'air de se demander si le succès va durer, s'il ne va pas bientôt humer la fumée de sa gloire défunte. C'est un bon tableau dont je ne connais que la reproduction, mais qui m'a laissé une impression trouble et profonde. Morand qui n'avait aucun sens de la musique (la seule qui le touchât était celle de la forêt quand le vent en remue les arbres) sentait bien la peinture. Il a parlé avec sagacité et tendresse de trois femmes peintres, Marie Laurencin, Irène Lagut et Romaine Brooks. Pour la dernière, il suffit de se reporter au numéro de mars 1968 de la revue *Bizarre*. Il est vrai qu'on ne met pas facilement la main dessus !

*

Un jour, je reçus de lui une lettre qui me surprit fort : « Cher Marcel, en décrivant dans *Venises* la garde-robe de mon père, je pense à la mienne. Où iront, après moi, ces armoires pleines de vestons, pardessus, chemises, mouchoirs, de quoi remplir trois pièces ? Vous avez ma taille : me rendriez-vous le grand service d'accepter que je vous lègue dans mon testament ? Vous trouverez que voilà une drôle d'idée : cela vous éviterait dix ans d'essayages, de courses, des tas d'heures perdues pour la littérature ou le plaisir. Sinon, tout ira aux Puces ! Kléber Haedens est trop grand et d'ailleurs, je lui lègue ma cave, ou ce qui en restera quand vous l'aurez bue à la maison, bientôt j'espère. »

Me rappelant le mot de Jean-Paul Richter, écrivain du romantisme allemand dont j'aime l'humour et l'extravagance, qu'on ne pouvait mieux témoigner sa sympathie à un ami qu'en enfilant ses vêtements, je répondis à Paul que j'accomplirais son vœu.

Aussi, le moment venu, ai-je reçu du greffe de paix de Vevey l'avis que Monsieur Paul-Charles-Émile-Ferdinand Morand m'avait légué « tous ses habits, hands, linge de corps, malles et valises, situés à Paris ou ailleurs ». Je ne sais ce que la Suisse romande désigne par « hands », mais je me suis vu possesseur d'habits que je n'ai jamais mis, une tunique d'ambassadeur, des redingotes pour aller aux courses d'Ascot, une tenue d'académicien, et aussi de bons vieux tweeds que je porte toujours. J'ai donné les chaussures à l'un de mes amis, Michel Cyprien. Leur pointure lui convenait. À la présentation à la presse du film que Daniel Schmid a tiré d'*Hécate et ses chiens*, il entend une journaliste dire sur Morand les éternelles pauvretés : mondanité, jovialité, poudre aux yeux.

– Comment veux-tu, lui fait-il, qu'un monsieur aussi superficiel ait pu concevoir un sujet aussi sauvage et dérangeant qu'*Hécate* ?

– Par hasard.

– Ce n'est pas le hasard, mais l'expérience.

– Et tu le sais comment ?

– Figure-toi que je porte les chaussures de Morand.

Décontenancée, elle se tait. Elle se dépite de voir un confrère aux pieds si savants !

*

En relisant *Venises*, je me demande si l'on tient suffisamment compte de l'influence qu'ont exercée sur le jeune Paul son père et les amis de celui-ci que Morand appelle les « longues moustaches », Régnier, Mauclair, Ferdinand Bac, Émile Henriot, le fresquiste Toché, les décorateurs Amable et Jusseaume. À travers eux c'est le symbolisme et l'atmosphère mystique de cette époque que notre ami a respirés. « C'est fou ce que tu peux ressembler à ton père », lui disait Jean-Louis Vaudoyer.

Morand les décrit comme des dandys très doux, vite ennuyés, d'excellente compagnie, purs et libertins d'esprit, oscillant entre Parsifal et Casanova « toujours saint dans la débauche ». Ces malheureux amants de l'art de vivre, de nature fière et délicate, dédaignant l'argent et les honneurs auront passé comme ils ont vécu, discrètement. Paul Morand m'a avoué que Giraudoux, à lui seul, a contrebalancé l'influence des « longues moustaches » et que le séjour à Munich en 1905 avec celui qui n'avait pas encore écrit, mais dont la personnalité était très forte, a décidé de son goût pour la littérature moderne.

« Giraudoux n'appartient à aucune école, me disait Paul, il est inclassable, indéfinissable. Ses livres ne sont qu'un seul livre, toujours interrompu, toujours repris, jamais terminé. Sa vie est tellement imbue de littérature qu'on ne sait pas où elle commence, où elle finit. »

Morand a écrit que les trois racines de cette plante rare appelée Giraudoux étaient « une grande lucidité, un grand amour, un grand orgueil ». Voilà un point de vue qui dérangera ceux qui ne veulent voir en Giraudoux qu'un précieux, qu'un entêté de sa province et un amoureux des jeunes filles.

Je me demande si Giraudoux n'est pas aussi secret et difficile à déchiffrer que Morand. Je ne l'ai jamais rencontré.

*

À verser au dossier des mondanités. De quoi alimenter la médisance : mais pourquoi donc reprocher avec tant d'aigreur à Morand ce qu'on passe à Balzac ?

Une année Marie-Laure de Noailles fit une exposition en même temps que Philippe Jullian et moi publiions un livre ; elle marqua l'événement en donnant une fête et choisit la date du 18 juin. Elle m'avait permis d'inviter tous les amis que je voulais. Ceux qui n'étaient jamais venus place des États-Unis en eurent le souffle coupé. Paul Morand qui était un vieil habitué connaissait par cœur ce palais du goût et de l'imagination. À son arrivée, il m'embrassa en me disant :

– C'est la première fois que je réponds à l'appel du 18 juin !

Par hasard, je me trouvais avec la maîtresse de maison, en haut de l'escalier d'honneur, quand il prit congé. L'ennui avait dû le pousser aux épaules, car il n'était pas resté bien longtemps. Il prétexta son travail, Hélène qui l'attendait, sans convaincre Marie-Laure ni moi. Il descendit quelques marches, quand apparut au tournant Solange d'Ayen.

– Tu vas voir, me dit Marie-Laure, il va revenir avec elle. On n'a jamais vu Paul résister à une duchesse !

– Une duchesse a toujours trente ans, me rappelai-je à propos. Je citais Balzac.

Paul, en effet, fit demi-tour, oubliant son travail et la fidèle épouse qui filait devant l'âtre...

J'avais invité aussi la duchesse de La Rochefoucauld qui, bien qu'habitant de l'autre côté de la place des États-Unis, n'avait pas frayé avec les Noailles depuis plus de trente ans. Conséquence, bien sûr, du scandale de l'*Age d'or*. Elle se présenta en grand arroi au sortir d'une première théâtrale.

– Ma chère, lui dit Marie-Laure, vous auriez pu venir en pantoufles, vous n'avez qu'à traverser la place.

– L'ennui avec les pantoufles, répondit la majestueuse Edmée, c'est qu'on en perd toujours une à minuit...

Minuit était passé depuis longtemps quand je vis, assis à l'une des tables de la grande salle à manger, Paul entre Solange d'Ayen et Madame de La Rochefoucauld. Cela lui rappelait le temps où il lui dédiait *Nœuds coulants* et *Gone Native !*

*

Au début de ce siècle, quatre dames venues de Bucarest avaient résolu de conquérir Paris : Anna de Noailles, Marthe Bibesco, Hélène Vacaresco et Hélène Soutzo. Les trois premières composèrent poésies et romans et connurent la célébrité ; la quatrième plus sage et plus rusée n'écrivit pas une ligne : elle épousa la littérature.

Il faut dire que les Chrissoveloni, venant de Grèce, habitaient depuis longtemps la Roumanie. La princesse Soutzo était plus hellène que balkanique. Le premier titre de *Lewis et Irène* était *Lewis et Hélène.*

A-t-elle ou non songé à se marier avec l'écrivain le plus génial du siècle ? J'ai entendu Céleste Albaret le déclarer à Suzy Mante-Proust. Un jour que nous étions allés à Montfort-L'Amaury visiter la maison de Ravel et sa gardienne d'alors, Céleste nous dit : « Un jour que Monsieur revenait du Ritz où il était allé voir Madame la Princesse, il me dit : "Ma petite Céleste, on vient de me faire une bien curieuse proposition. " Il ne précisa pas laquelle, mais comme il fréquentait beaucoup le Ritz à cette époque, j'avais mes idées sur la question. Madame la Princesse voulait épouser un grand écrivain. Monsieur réfléchit et ne donna pas suite. Madame Soutzo réfléchit de son côté, elle épousa plus tard Monsieur Morand. C'est aussi la littérature. Mais pas du même ordre. »

Pendant le trajet de retour, on ne débattit que de ces étranges propos. Suzy me mit en garde.

– Céleste était le dévouement même, mais un dévouement très jaloux, très absorbant. Elle détestait Hélène Soutzo et sans oser me parler à cœur ouvert, Céleste m'a toujours laissé entendre qu'elle ne tenait pas cette dame en grande estime. C'étaient allusions fielleuses, silences désapprobateurs. Il est possible qu'Hélène ait voulu épouser mon oncle, nous ne le saurons jamais.

En fin de compte, nous convînmes que Céleste avait peut-être inventé cette union désirée pour mieux faire ressortir son triomphe à elle, seule confidente, seule infirmière, seul ange gardien..., nous convînmes aussi que la princesse Soutzo voulait à tout prix un grand écrivain français.

– Dans les années 1920-1925, sur qui Hélène pouvait-elle porter son choix ? Les auteurs célèbres étaient déjà mariés ou ne songeaient pas à convoler. Il restait Morand, Giraudoux. À défaut d'Oncle Marcel, décidément inaccessible, elle eut la main heureuse avec Morand qui la trompa beaucoup, mais qui l'aima par-dessus tout.

Je dis à Suzy que les Morand formaient un couple exemplaire :

– Elle fermait les yeux sur les passades, ne s'énervait que si ces intrigues duraient un peu. Alors, pendant le déjeuner, elle frappait la table avec son index recourbé et disait à l'adresse de son mari : « Et maintenant Paul, Yolande, Josette ou Célestine selon les cas, cela suffit ! » J'ai assisté une fois à la semonce, Paul ne releva pas le propos et la conversation reprit.

– Oui, me dit Suzy, Paul avait le chic pour ignorer ce qui le gênait. Comme en règle générale il était bien aise de rompre, lui-même se lassant très vite, épris du changement, il obéissait à Hélène et lui laissait le beau rôle. Junon, ou plutôt Héra, triomphait.

Hélène Morand avait pris très tôt le genre vieille dame habillée de façon modeste et raffinée, de sorte qu'on oubliait son âge réel. Si l'on comptait, il paraissait fabuleux. Elle parlait d'une voix douce, un peu flûtée et n'élevait jamais le ton. Elle me donna ce conseil :

– Une femme devrait toujours épouser un homme plus jeune qu'elle, sinon que faire le soir ? Jouer aux cartes, regarder la télévision... Tandis qu'avec un mari fringant, elle est obligée de passer une robe du soir et d'aller au spectacle. Les théâtres empêchent les divorces.

Paul Morand s'entendait en vins, en repas délicatement préparés. Il prétendait même cuisiner. Josée de Chambrun raconte qu'il l'entraîna chez Dehillerin près de Saint-Eustache pour dénicher le meilleur instrument à glacer le caramel ! Dans une lettre à Chardonne (10 novembre 1965), il vante les connaissances exquises de Josée en matière de nourritures terrestres : « J'aimerais vous amener un jour à déjeuner chez les René de Chambrun parce que vous aimez en tout la perfection. Là, culinaire, "Je vous donne ma dinde maintenant, dit Madame de Chambrun ; dans un mois la chair de la dinde sentira l'huile. Pour le brie, attendez le premier gel, afin qu'il perde son goût ammoniaqué. Vous n'aurez de marennes convenables qu'après le 15 janvier. Je ne vous donnerai plus de ce Haut-Brion 40, car il descend la pente…", etc. Tout cela gentiment, à mi-voix, sans jactance, sur le ton le plus modeste et le plus naturel.»

Avec de telles dispositions, on devine que Morand n'était pas un homme facile à contenter. Hélène, maîtresse de maison vigilante, veillait à tout, mais il avait le coup d'œil aigu. Elle me confia : «Il voit la poussière oubliée derrière un vase, la fleur fanée dans un bouquet, ne dit rien, mais fait grise mine au valet de chambre. Je ne peux pas lâcher la bride, même quand je suis malade, col du fémur brisé ou autres niaiseries, il faut marcher. La nature a parfois raison de notre courage, pas pour Paul qui n'aime que la perfection. Pour lui, je dois être parfaite… ou ne pas exister. C'est ce qu'il appelle mon profil grec!»

Hélène Morand expliquait ainsi l'amour que lui portait son mari. Elle-même impérieuse, intransigeante, inflexible, elle arriva à maîtriser l'homme le plus rebelle à la soumission, le plus élusif, le plus doué pour la fuite. Elle le conquit de haute lutte, mais une fois la victoire assurée, ce fut sans réserves, pour le meilleur et aussi pour le pire, car s'il n'avait pas été sous l'ascendant d'Hélène, Morand en 1940 aurait nuancé son attitude. Mais il faut se rappeler qu'elle lui avait révélé que l'amour était un sentiment noble.

Jusqu'à la quarantaine, Morand a cru que l'amour était une faiblesse, une maladie honteuse qu'il fallait cacher. Quand il s'éprenait d'une femme, il avait l'impression de pécher contre lui-même, contre sa liberté, contre son honneur. Il se repentait de sa défaillance et rompait; il retrouvait alors son intégrité. Hélène sut le convaincre qu'on pouvait aimer sans se dégrader, qu'il valait la peine de perdre sa liberté pour acquérir certaine forme de plénitude, que l'amour était une façon de participer à l'éternel. Pour Morand qui n'avait pas le sens religieux, et encore moins de dispositions au mysticisme, l'amour était le seul moyen d'adhérer à l'ordre du monde, la seule approche possible du mystère originel. Il se mit à aimer Hélène et cessa de se contrefaire et de se grimer.

C'est par dévotion pour elle qu'il se convertit à la religion orthodoxe grecque quelques mois avant de mourir. Il eut ainsi les mêmes obsèques qu'elle dans l'église Saint-Stéphane et ses cendres furent mêlées à celles de sa femme dans le cimetière de Trieste où ils reposent. Jamais l'Église catholique, apostolique et romaine n'aurait autorisé cette fusion symbolique. Hélène tient ainsi Paul pour l'éternité.

*

Pour juger du caractère de Morand, une dernière anecdote. André Fraigneau lui dit un jour :

– Tout ce que nous avons pu absorber dans l'entre-deux-guerres ! C'est miracle que nous soyons encore en vie !

– Mon cher André, vous oubliez les cache-pot…

Entendez par là qu'il faisait semblant de boire et vidait ses verres dans les plantes qui ornaient les jardinières…

Paul Morand savait tenir ses distances et raison garder. Les gouffres ne l'attiraient pas. Pourtant on devine qu'il en avait respiré les remugles et les miasmes, sinon comment aurait-il conçu *Hécate et ses chiens* ?

Le 27 septembre 1971, il m'écrivit : « Revivre dans mes habits : un jour ils vous diront peut-être mon secret si j'en ai un ? En tout cas, c'est un beau conte, à venir… »

Le conte n'a pas été écrit ni le secret découvert.

CHAPITRE XIV

Un Américain des Charentes – Un mariage au Pavé des Chartrons – L'indulgence des épouses – Il était ma conscience, il ne me passait rien, m'a dit Paul Morand – Il considérait tout avec sérieux et même avec une certaine tristesse – « La jeunesse, tragique, la vieillesse, horrible. »

Le nom de Morand amène celui de Chardonne. À la fin de leur vie les deux compères ont échangé des lettres dont la liberté d'esprit et la critique des mœurs contemporaines inquiètent bien des gens. On ne les connaîtra que vers l'an 2000. Mais nos petits-neveux sauront-ils encore qui sont ceux que le couple Morand-Chardonne passe à tabac ?

Je serai peut-être aussi malmené. Chardonne avait pour moi de l'estime littéraire mais pas beaucoup de sympathie, sûrement pas d'amitié. Il me trouvait trop peu raisonnable. Il faut dire qu'il détestait le romantisme, le français pour son enflure verbale, l'allemand pour son abstraction. Le calvinisme charentais côté Boutelleau, le puritanisme quaker côté Haviland ne le prédisposaient pas à comprendre l'extravagance du catholicisme rhénan. « Ce goût que vous avez pour les rêves, les fantômes, les amours spectrales, me disait-il, rebute les gens : comment espérez-vous vendre vos livres avec de pareilles balivernes ? »

Il me tenait le même discours que François Mauriac et pourtant Mauriac et Chardonne, c'était le jour et la nuit ! Chardonne me ramenait sans cesse à la raison. Il la pratiquait souvent, ne s'y soumettait pas toujours. Je l'aime justement pour ses écarts, ses manquements à ce principe si français, à cette institution d'État qu'est la raison.

J'ai surtout connu Chardonne à travers ce que Morand me disait de lui. Il lui devait beaucoup ; c'est cet Américain des Charentes qui l'avait aidé à reprendre pied à Paris, qui lui avait fait connaître Nimier, Nourissier, Laurent, Déon, jeunes impertinents, sources de vie et d'allégresse.

– Chardonne m'a donné une leçon de courage, me disait-il encore. Compromis par ce qu'il avait écrit, il a gardé la tête haute, il n'a rien renié. Moi qui n'ai pas griffonné une ligne en faveur de l'Allemagne, j'hésitais à revenir à Paris. Il a des convictions, je n'en ai pas. Ce sont les idées auxquelles il tient qui lui donnent la force de lutter. Car, à sa manière allusive, ambiguë, déconcertante, il lutte pour ce qu'il croit être la vérité. Personne ne trouve grâce à ses yeux.

– Sauf vous…

– Moi non plus. Il me fait aussi des reproches. Il a trouvé le bonheur à Barbezieux. Mais il ne me juge pas digne d'habiter le Barbezieux de ses rêves. J'y fais tache par mes délits de fuite. Il faut rester où l'on est. Et puis je lui parais trop amer, trop sceptique. Cet homme si compliqué est dans le fond plus simple que moi.

Après la mort de Chardonne fin mai 1968, il me dit :

– J'ai perdu ma conscience. Il ne me passait rien.

*

Il n'avait pas d'affinités pour la littérature fantastique, il ne pouvait s'intéresser à moi. Du moins avions-nous le goût des lettres pour nous unir. Écrivain, éditeur, il ne respirait qu'un air littéraire. Son fils Gérard écrivait, son gendre Henry Muller aussi. Sa seconde femme, Camille Belguise, composait des ouvrages délicats et le fils de celle-ci, André Bay, joignait à la qualité d'angliciste celle d'auteur aux multiples talents. On imagine l'atmosphère de serre chaude, à la tension survoltée, quand tous vos proches, et surtout celle qui est toute votre vie, ont toujours la plume à la main. Société d'entraide et d'émulation, mais aussi travaux forcés à perpétuité. Chardonne se tira de ce mauvais pas vers soixante ans en inventant le style, dépouillé, dégraissé, réduit à presque rien par un usage éblouissant de la litote, de l'ellipse, de toutes les figures de rhétorique qui visent au court-circuit et à la surprise. Il est le Mondrian de la littérature moderne.

Quand il ne soignait pas les plantes, ne taillait pas les arbustes de son jardin de La Frette – que je vis une fois au temps des lilas et que je n'oublierai pas – il lisait, ou plutôt il humait les livres, les goûtant d'abord comme un vieux cognac, piquant une phrase par-ci par-là, les rejetant s'ils l'avaient déçu, en parcourant de larges extraits une fois son intérêt éveillé. Il avait un sens infaillible de la qualité. Ses jugements, souvent sévères, portaient moins sur le sujet, la composition ou les personnages, que sur le style. Tel livre avait de la branche, ou du bonnet comme on le dit d'un vin, tel autre faisait triste mine. Ce n'était pas un gourmet, ni un voluptueux de la chose littéraire comme un Thibaudet ou un Paulhan, mais le grand-prêtre d'une religion réservée aux happy few.

Car ce protestant si peu attaché à la Bible de son enfance, à toutes les formes extérieures de la religion et qui sans vantardise aucune se tenait loin de Dieu, avait pourtant un sens quasi religieux de la littérature ; il la regardait comme une chose noble et sérieuse, qui exigeait respect et sacrifice, qui ne pouvait être servie que par des initiés.

Quand il parlait des happy few, de l'élite qui a reçu la grâce, il ne songeait pas à la supériorité obtenue par la naissance ou par l'argent. Il comptait pour rien l'origine sociale, la richesse, les honneurs. Ce qui comptait à ses yeux, c'était l'intelligence, le talent, la finesse naturelle, l'instinct du beau. Quand il disait que la liberté n'était pas faite pour tous, que la démocratie était une utopie, ce n'était pas pour heurter l'opinion ni par anticonformisme mais parce que, revenu de tout, sans espoir de voir les hommes s'améliorer, ayant jeté par-dessus bord tout ce qui l'alourdissait, il ne lui restait plus que l'amour des lettres. L'amour tout court, il l'avait tellement intégré à sa propre substance, tellement vécu de l'intérieur que la femme aimée était devenue un second Chardonne, il ne s'en avisait pas plus que de l'air qu'il respirait. Tandis que les si bien nommées belles-lettres ravissaient en lui son exigence de beauté et de plaisir spirituel.

Ce qu'on appelle la haute société n'avait pas d'existence réelle à ses yeux, du moins dans la seconde partie de sa vie. Il nous disait : « Si Mauriac dans *Préséances* s'est si fort gendarmé contre l'aristocratie du bouchon, à Bordeaux, c'est qu'il n'y était pas reçu. » Il ajoutait aussitôt pour prévenir la question qu'on allait lui poser : « Moi, c'est tout autre chose, je m'y suis marié. »

Il faut dire qu'au Pavé des Chartrons on reste « dans nos familles, entre protestants » et que Mauriac n'avait aucune chance d'épouser une Cruse, une Luze, une Johnston. L'union de Chardonne avec Marthe Schÿler-Schröder ne réussit pas : elle était névrosée, il ne constituait pas un mari facile. Les écrivains sont rarement tolérables. Marthe ne sut pas ou ne voulut pas faire la part du feu. Elle se calcina sans attendrir personne. Chardonne disait : « Ne comptez pas sur autrui pour vous offrir un verre d'eau, allez le tirer vous-même au robinet. »

Je l'ai connu dans les quinze dernières années de sa vie alors qu'il souffrait de son vieillissement et de son incurable surdité, mais toujours élégant, gracieux, imperturbable. Il tenait des propos éblouissants avec des raccourcis qui faisaient mouche et des images qui rentraient les unes dans les autres comme des voitures en carambolage. Il avait une vision très personnelle du monde, de la société, de la civilisation. On parle toujours de ses paradoxes, moi ce qui me frappait, c'était son bon sens et son goût du convenable. Quand il disait par exemple : « La République de Venise établit le plus sage des gouvernements. Comme elle se méfiait des étudiants et des soldats, elle a mis son université à Padoue, ses casernes encore plus loin. Elle n'a gardé que ses bateaux – pour fuir ? » Hélas ! Elle n'a pas fui en 1797 quand Bonaparte a jeté le grappin sur elle. Elle n'a pas fui, elle est toujours là, prisonnière d'elle-même, aurais-je dû lui répondre. Mais il profitait de sa surdité pour esquiver la conversation. Camille Belguise écoutait, patiente et consternée. Parfois un sourire animait ses traits réguliers et ses beaux yeux clairs, de la couleur des chardons des sables, prenaient une expression énigmatique, indulgente et amusée.

Nous nous rencontrions chez Madame Solvay, Josette Day à la scène et à l'écran. Elle mettait son hôtel particulier de la Muette à la disposition de Chardonne ; il y réunissait pour déjeuner ceux qu'il désirait voir. Ses très chers Matthieu Galey et Jacques Brenner étaient de tous les festins, moi de temps en temps.

Il faisait peu de cas des connaissances d'histoire littéraire pour lesquelles il professait le même dédain que pour l'orthographe. Je renonçai vite à lui expliquer qu'il ne fallait pas confondre Marie Dorval et Jenny Colon, que le poète Gilbert n'était pas mort de misère à l'Hôtel-Dieu après avoir avalé une clé. Il faisait cas de cette légende. De toute façon, il n'écoutait pas ce que les autres disaient ou n'en tenait pas compte. Si l'on avait insisté, il vous aurait jugé grossier, bien cuistre en tout cas, ce qui vous aurait disqualifié. Il avait la férocité des gens bien élevés qui trouvent toujours en vous quelque chose à louer, mais ne vont pas plus loin. D'un laideron, il disait : « Elle a de longs cils, très lustrés », et d'un crétin : « J'aime sa façon de tirer sur sa pipe. » Il disait la vérité ; il suffisait de savoir interpréter ses réticences.

Je ne crois pas qu'il ait eu un sens très aigu de l'humour et de l'ironie. Bien qu'il fût grand lecteur de la littérature anglaise, je ne l'ai jamais entendu citer Dickens, Lewis Carroll, Thackeray ni Wilde. Le monde ne lui apparaissait pas, comme à Paul Morand, un jeu de massacre, une immense foire aux vanités, un spectacle burlesque. Lui, il considérait tout avec sérieux et même avec une certaine tristesse. Il n'en revenait pas que le monde fût si mal fait et les gens si peu aptes au bonheur. Ce qui amusait chez lui était le tour inimitable qu'il donnait à ses propos. La drôlerie était dans les mots, non dans le regard qu'il portait sur les choses et les gens.

Un jour, chez Josette Day, il me demanda ce que j'allais publier.

– *La Sibylle de Cumes*, répondis-je, c'est l'explication d'un rêve, une sorte de mythanalyse.

– Rien ne m'ennuie comme les rêves des autres, dit-il. Envoyez-moi pourtant le livre. Nous verrons bien...

Je reçus bientôt ce billet sur papier quadrillé, le bon, le véridique à ce qu'on dit. « Puis-je dire que je ne rêve jamais ? Ce serait trop dire. Presque jamais de cauchemars. Des rêves insignifiants de jeunes filles. Je dors beaucoup (10 à 12 heures). Pendant ce sommeil, ma pensée est en perpétuel travail. Travail utile et dont je ne dois rien laisser perdre. Souvent réveillé, un moment, la nuit. Il s'agit d'enregistrer ce qui a été mis au point, et qui ne peut attendre le lendemain pour être noté. C'est d'une application immédiate, bien au point et qu'il faudra utiliser telle quelle. » (19 mars 1966.)

Il m'avait écrit quatre ans plus tôt : « À la fin, la vie, c'est fatigant. La jeunesse, tragique, la vieillesse, horrible. Et tous ces mots que l'on veut faire chanter (nous autres) et qui ne signifient rien. »

Ces mots : « *signifying nothing, a story told by an idiot* », on voit que jusqu'au bout, Chardonne les a alignés, réunis, composés.

« Les mots... des oiseaux... Ils s'envolent avant qu'on puisse les saisir... », a-t-il dit à André Bay.

C'est sur ces mots que s'achève l'excellent livre de Ginette Guitard-Auviste qui est plus qu'une biographe : un témoin privilégié. Ceux qui n'ont pas connu Chardonne ont avec cette étude la possibilité de se faire une juste idée de l'étonnant personnage qu'il était.

Quelques jours avant de mourir, à l'heure où certains croient atteindre à certains secrets, à certaines vérités, il dit à André Bay : « Et puis, tu sais, je n'ai rien compris... »

CHAPITRE XV

Manque de clairvoyance : je croyais que rien ne bougerait quand tout allait changer – La tornade de Mai 68 – J'ai pressenti les bouleversements qu'elle allait apporter – Offensive contre la civilisation bourgeoise – Adieu, royaume du néant !

En lisant les pages de mon journal de 1968 deux décennies plus tard, je mesure mon manque de clairvoyance : j'étais à cent lieues de pressentir la tornade du mois de mai. Je m'imaginais que rien ne bougerait alors que tout allait changer.

Je me trouvais au festival de Bordeaux quand la grève des cheminots paralysa la France. Dès que les trains cessent de circuler, que les marchandises, les lettres et les usagers sont bloqués, on bascule dans l'irréalité, dans la nuit polaire. Monsieur Chaban-Delmas nous rapatria en mettant un autocar à notre disposition. Je me rappelle notre arrivée place de l'Étoile vers sept heures du matin, la capitale plongée dans la stupeur. Par chance un taxi en maraude put nous déposer au Marais un confrère et moi. Mais à quel prix !

D'abord le mouvement des étudiants m'avait paru allègre ; ils réclamaient l'avènement de l'imagination, de l'esprit ludique et du sexe déchaîné. Cet envahissement par les dieux qui se manifestait dans l'ivresse et dans le délire me rappelait les Lupercales romaines et ces sociétés viriles scandinaves où les jeunes guerriers se changeaient en ours et en loups. Mais cet air turbulent, reliquat de temps fabuleux, tourna vite à l'aigre : nos exaltés et nos ménades furent récupérés par les factions maoïstes et par les syndicats. Derrière le charivari débridé se dressa le spectre de la Terreur. Seulement on ne profanait plus les églises comme en 1793, on ne pillait plus les palais, on occupait la Sorbonne, l'Odéon. Les piquets de grève campaient dans les usines, congelant toute activité. Mort au système bourgeois castrateur et avide de profit ! Vive Lénine et le collectivisme, la misère et les camps de la mort ! Vieilles rengaines, inusables mirlitons ! La bêtise et l'horreur recommençaient. Dieu redevenait l'Innommable et la bourgeoisie la cause de tous nos maux...

Alors que certains de mes amis affectaient de ne voir dans l'insurrection de Mai 68 qu'un chahut d'écoliers, j'ai senti toute l'importance du mouvement, non seulement dans l'ordre politique et social, mais dans celui des idées et des manières de vivre. À ce qui pouvait encore subsister à cette époque d'habitudes aimables et polies, allaient succéder, je le craignais et l'avenir m'a donné raison, la contestation permanente, la dérision érigée en principe esthétique universel, la tyrannie du pouvoir underground. On ne devait plus entendre parler que de sous-littérature, d'antithéâtre, de pop art, de graffiti et de murs souillés. Triomphe de la canaille, exaltation du cloaque.

Pendant ce mai fatal, je n'ai jamais mis les pieds au quartier Latin ni nulle part, je n'ai quitté ma chambre que pour ne pas mourir de faim. Un soir, j'ai quand même vu défiler près de la Bastille ce que mes yeux se refusaient à croire, une armée de sorcières et d'humanoïdes comme en représentent les tableaux de Goya, des bandits de sac et de corde, des tricoteuses façon 1793, des pétroleuses façon 1871, tous et toutes portant sur le visage les marques de la férocité. Cela sortait des caves et des égouts, des crevasses et des fissures d'un macadam travaillé par les vampires. Tout ce qu'on croyait anéanti par l'école obligatoire et le salaire minimum garanti surgissait d'on ne sait quel passé sanglant et nauséeux. Où étaient les étudiants folâtres et les filles en transe ? La bestialité et le crime pactisaient de nouveau sous le Génie de la Bastille.

Trois fois seulement je me suis éloigné du Marais : Marie-Laure m'a envoyé son chauffeur et Jean Dutourd à deux reprises est venu me chercher : où trouvait-il l'essence alors que les pompes étaient vides ? Je lui sais une reconnaissance extrême de ce témoignage d'amitié. Je l'aimais déjà beaucoup pour son caractère indépendant, son mépris des préjugés à la mode, je l'aimai encore plus pour sa constance et sa fidélité. Camille, sa femme, me dit un jour : « Jean n'a pas d'état d'âme. Il n'est triste que si je me sens malheureuse. » À cette époque, il était de bon ton dans la presse de vilipender et dans les salons de mépriser *Au bon beurre*. Marie-Laure qui ne s'en laissait accroire ni par les journaux ni par les on-dit leur tira la bonne aventure : « Que ce couple est charmant ! Aussi dans notre garenne, loués par les uns, blâmés par les autres, souriants et incorruptibles, ces petits lapins (Jean et Camille) font-ils risette aux visons et aux chacals. » (*Journal d'un peintre*.)

Les risettes n'ont pas empêché les chacals de plastiquer leur appartement (ils habitaient alors avenue Kléber). Ils anéantirent leur passé, lettres, journaux intimes, notes, brouillons, souvenirs et sans l'avoir voulu leur conférèrent une nouvelle jeunesse, invulnérable cette fois et pleine d'attraits puisqu'elle ne réside que dans leur amour de la littérature.

Le soir du 30 mai, les Dutourd, Jacques Février, Caroline Naar, Alpay et moi nous allions reconquérir Paris. C'est notre 9 Thermidor. La Terreur Mao s'effondrait.

Mais l'esprit soixante-huitard, plus ou moins camouflé, continua ses ravages. Ce ne furent pendant des mois que comités d'épuration, séances de vigilance, mesures de salut public...

Je me croyais revenu aux beaux jours de l'automne 1944. J'entendais les mêmes idioties, j'assistais aux mêmes excès d'intolérance et d'étroitesse d'esprit. C'est ainsi qu'on voulait « épurer » le festival d'Aix, le Palais Garnier, la corporation des critiques, la Société des gens de lettres, et j'en passe. N'en finirons-nous donc jamais avec cet aveuglement ? Le sectarisme jacobin, l'amour de la révolution salvatrice vont-ils continuer à sévir sans que ceux qui s'adonnent à ces fantasmes destructeurs et sanglants corrigent leur tir, confessent leurs erreurs et deviennent enfin des hommes ?

Il n'y a pas de remède à cette folie, je le crains, je le vois bien aujourd'hui. Le marxisme-léninisme a fait faillite dans les pays de l'Est, mais nos communistes tiennent le même langage qu'avant, les yeux toujours fixés sur la ligne bleue de l'Oural...

Pour les révolutionnaires de 1792, le Mal c'était l'Église. Ils ont décapité Louis XVI pour assassiner Dieu. Pour les émeutiers de 1968, le Mal c'était la culture. Depuis deux siècles le progressisme socialiste réclame l'école pour tous, estimant que tous les hommes une fois instruits et détenteurs de diplômes, il n'y aura plus de guerre. Tout le monde sera tout le monde et la paix régnera.

Cette offensive contre la civilisation a d'autant plus surpris les hommes de mon âge que depuis 1945 on nous a rebattu les oreilles du mot d'ordre, la culture pour tous ! Création d'un ministère de ce nom, de maisons du même nom, gratuité de l'enseignement dans les lycées et collèges, prolongation de la scolarité, chefs-d'œuvre de la littérature universelle en éditions populaires, théâtre de Vilar, festival d'Avignon. On n'avait qu'à se baisser pour cueillir les fruits de la pensée immémoriale. Tout appartenait à tous. La culture, héréditaire, particulariste, petite-bourgeoise en un mot, devenait un mode de connaissance qui se fait, non par l'effort, mais par la révélation, un vrai supplément d'âme !

Et puis patatras ! Les fils de ceux qui avaient ramené l'Age d'or sur la terre ont tiré à boulets rouges sur les conquêtes de leurs papas. On pourrait dire qu'à force d'étatiser la culture, on a provoqué un phénomène de rejet. Ah ! Vous voulez nous imposer Corneille et

Shakespeare ? Eh bien ! vivent les chansons ineptes et l'almanach Vermot ! Cassons tout ! Règne de la violence.

Ce refus de l'humanisme bourgeois s'est accompagné d'une mise à l'index de toutes les formes de société. Il y avait longtemps que les salons au sens strict du terme étaient morts, on s'en prit à tout ce qui subsistait encore de la vie policée. À Paris il suffit de déclarer une chose démodée, vieux jeu, hors du circuit pour la faire disparaître. On ne parla que de démythifier, de démystifier. J'estime au contraire qu'il fallait restaurer l'esprit de cérémonie, d'office religieux, de mystère : il fallait tout remythifier afin de revenir aux origines et justifier notre civilisation, remonter aux sources et boire Dieu. Le rite fondateur est tout pour moi. Après avoir été contre l'existentialisme et la littérature engagée, contre l'esthétique du « nouveau roman », j'allais de nouveau me trouver exclu de l'esprit ambiant, de l'esprit qui a sévi depuis 1968 et qui se résume par : destruction, dérision, démythification, laxisme, populisme, la fête peut-être, mais quelle fête !

Adieu, royaume du néant, monde réputé indifférent, sans cœur ni conscience, oublieux, frivole tant qu'on voudra, mais dont les divertissements donnaient du piment à l'existence et qui servait de ferment pour soulever la lourde pâte de la multitude ! L'austérité commençait, l'ennuyeuse sagesse. Nous vivons maintenant comme au Désert.

NOTES

CH. I : 1. Marcel Schneider, article dans *Combat*, 2 août 1950 : « Première de *Cosi fan tutte*, soirée de gala. Aix a pris son air de fête comme les assistants leur tenue de soirée : les femmes, très élégantes, en peau, les hommes en smoking blanc. Aix a fait mieux encore : toutes les fontaines, illuminées, décrivaient des arabesques d'argent sur la nuit de Provence qui, de ciel nocturne, n'emprunte que le nom tant il conserve d'éclat jusqu'au matin suivant. On reconnaissait dans l'assemblée bien des visages connus, ceux qu'on voit à Paris aux générales et aux premières. Il ne manquait que la tour Eiffel.

« La cour de l'Archevêché aux vieux murs ornés de velours rouges et de torchères étincelantes contient le plus ravissant théâtre qu'on puisse rêver. On a l'impression d'entrer dans le palais de Dame Tartine, salons de beurre frais, murailles de pralines et chambres d'échaudés. Les décors que Balthus a conçus pour *Cosi fan tutte* ne viennent pas gâter le conte de fées : ils sont à la fois carton-pâte et vérité. Le peintre montre des chimères et cligne en même temps de l'œil afin de nous rappeler qu'il ne s'agit que d'un jeu et d'un exploit de l'imagination.

« Celle dont fait preuve l'opéra déroute le bon sens : que de rebondissements burlesques ! Quel imbroglio ! Enfin n'importe, Mozart sauve tout. Bon compagnon, il s'accommode aussi bien du paysage verdoyant de Salzbourg que de l'âpreté souriante de la Provence. Accord merveilleux de la musique et de la nature !

« Il y a aussi un autre accord, aussi merveilleux, celui qu'on voit sur scène entre les décors, les costumes, les mouvements, les gestes et les voix pour fondre tous ces éléments en une harmonie unique. Tout est fait pour suggérer un ballet de marionnettes. La mise en scène est réglée comme une danse : les acteurs font trois petits tours et puis s'en vont. Ce qui ne les empêche pas de jouer et de chanter à la perfection. Ah ! les voix italiennes, elles ont la légèreté qu'on accorde aux âmes ! Et en même temps précises, articulées comme celles d'automates. *Cosi fan tutte*, opéra-bouffe, doit être représenté comme on le fait à Aix : avec humour, comme un divertissement à ne pas prendre trop au sérieux.

« Le temps s'est arrêté, c'est le règne de la musique. Après le spectacle, les gens quittent le théâtre comme à regret. L'enchantement recommencera demain.

« Le cours Mirabeau, tout à l'heure presque désert, retrouve son animation. On rejoint ses amis au café des Deux Garçons, drôle d'enseigne, ou à la Brasserie du Festival devant la fontaine monumentale. Roland-Manuel discute avec Honegger, Auric et Poulenc. Dommage que Milhaud, Aixois de naissance, ait regagné les États-Unis où il enseigne, il se serait retrouvé chez lui. Passent André Jolivet et sa femme, Madame Albert Roussel, Lily Pastré, Marie-Laure de Noailles. On n'en finirait pas de citer les hôtes d'Aix. La ville reçoit et elle le fait avec la grâce aristocratique d'une dame du XVIIIe siècle. »

CH. II : 2. M. Schneider, « Le Bouquet slovène », La Table Ronde, novembre 1953. José Javorsek, *la Mémoire dangereuse*, Paris, Arlea, 1987, pp. 85-86, 187-190.

3. M. Schneider, « Monastères serbes et macédoniens », *Revue de Paris*, juil. 1958.

CH. IV : 4. José-Luis de Villalonga marquis de Castellvell est le nom espagnol de l'écrivain connu en France sous le nom de José-Luis de Vilallonga.

5. Baltasar Gracián, jésuite espagnol qui

connaissait bien son pays, justifie ainsi l'excès, la surenchère : « Le ciel, qui donne la perfection, donne aussi l'*ostentation*, sans laquelle les choses ne seraient que ce qu'elles sont. »

CH. V : 6. J'ai utilisé l'histoire du duc de Parme dans *le Prince de la terre*, Paris, Grasset, 1980.

CH. VII : 7. Voir ma contribution au numéro de *l'Herne* consacré à Jung.

8. Évocation de mon arrière-grand-mère Schneider dans *Sur une étoile*, Paris, Grasset, 1976, et dans *Mon Alsace*, Paris, Christine Bonneton, 1982.

CH. VIII : 9. Voir « Deux chevaux en ce jardin », dans *Opéra Massacre*, Grasset, 1965.

CH. XII : 10. Denise Bourdet, *Édouard Bourdet et ses amis*, Paris, La Jeune Parque, 1945.

– *Pris sur le vif*, Paris, Plon, 1957.
– *Visages d'aujourd'hui*, Paris, Plon, 1960.
– *Brèves rencontres*, Paris, Grasset, 1963.
– *Encre sympathique*, Paris, Grasset, 1966.

CH. XIII : 11. M. Schneider, « Situation de Morand », *NRF*, février 1965.

12. *Morand*, Paris, Gallimard, « Bibliothèque idéale », 1971.

13. Maurice Rheims, « Une amitié d'automne », *le Figaro Littéraire*, 14 mars 1988. L'auteur rapporte les propos de Morand à Pierre Salinger : « Quitter Londres alors que de Gaulle venait d'y installer son quartier général ? Vous devez mal me juger. Vous savez, la politique n'est pas le fait des écrivains. De la lâcheté peut-être, mais n'est-ce pas le propre des gens de plume ? Tout le monde ne peut pas être Blaise de Montluc. Stendhal était directeur du garde-meubles de l'Empereur et plutôt que d'aller à Waterloo, il a préféré conter la bataille. » Je ne doute pas que Morand ait allégué la « lâcheté » propre aux écrivains, mais je pense qu'il a voulu produire un effet provocateur, faire un « mot ». Je tiens

pour conforme à la vérité l'explication qu'il m'a donnée, qu'il a obéi à sa femme. Ce retour en France satisfaisait son pacifisme et sa position politique qui était l'attentisme dans une stricte neutralité.

14. Jean-Louis de Faucigny-Lucinge, *Un gentilhomme cosmopolite*, Paris, Perrin, 1990.

15. Julien Green, *l'Homme et son ombre*, Paris, Le Seuil, 1991, pp. 119-121.

Table

DU MÊME AUTEUR

FANTASTIQUE

Romans

LA PREMIERE ILE, Albin Michel, 1951.
LE GUERRIER DE PIERRE, Grasset, 1969, et Le Livre de Poche.
LE LIEUTENANT PERDU, Grasset, 1972.
LE PRINCE DE LA TERRE, Grasset, 1980.
MÈRE MERVEILLE, GRASSET, 1983, et Le Livre de Poche.

Nouvelles

AUX COULEURS DE LA NUIT, Albin Michel, 1955.
OPÉRA MASSACRE, Grasset, 1965.
DÉJÀ LA NEIGE, précédé de DISCOURS DU FANTASTIQUE, Grasset, 1974.
LA LUMIÈRE DU NORD, Grasset, 1982.
HISTOIRES À MOURIR DEBOUT, Grasset, 1985.
LA FIN DU CARNAVAL, Grasset, 1987, et Le Livre de Poche.

Essais

HISTOIRE DE LA LITTÉRATURE FANTASTIQUE EN FRANCE, Fayard, nouvelle édition, 1985.
E. T. A. HOFFMANN, Julliard, 1979.

ROMANESQUE

LE CHASSEUR VERT, Albin Michel, 1949 et 1994, et Le Livre de Poche.
LES COLONNES DU TEMPLE, Grasset, 1962.
UN ÉTÉ SUR LE LAC, Grasset, 1989.
LES DEUX MIROIRS, Albin Michel, 1956 et 1989.

INTIME

ENTRE DEUX VANITÉS, Grasset, 1967.
SUR UNE ÉTOILE, Grasset, 1976.
L'ÉTERNITÉ FRAGILE, tome 1, Grasset, 1989, et Le Livre de Poche.
L'ÉTERNITÉ FRAGILE, tome 2 (*Innocence et Vérité*), Grasset, 1991, et Le Livre de Poche.

MUSICAL

SCHUBERT, Le Seuil, Coll. Solfèges, 1955. Réédition 1994.
WAGNER, Le Seuil, Coll. Points, 1989. Réédition 1994.
LA SYMPHONIE IMAGINAIRE, Le Seuil, 1981.

Cet ouvrage a été composé dans les ateliers
d'INFOPRINT à l'île Maurice

IMPRIMÉ EN FRANCE PAR BRODARD ET TAUPIN
Usine de La Flèche (Sarthe).
LIBRAIRIE GÉNÉRALE FRANÇAISE - 6, rue Pierre-Sarrazin - 75006 Paris.
ISBN : 2 - 253 - 13620 - 4 31/3620/7